Fy Ffordd Fy Hunan

Hunangofiant Felix Aubel

Gol. Lyn Ebenezer

Argraffiad cyntaf: 2010

Rhif rhyngwladol: 978-1-84527-241-8

Mae'r cyhoeddwr yn cydnabod cefnogaeth ariannol
Cyngor Llyfrau Cymru

Cynllun clawr: Sion Ilar

Cyhoeddwyd gan Wasg Carreg Gwalch,
12 Iard yr Orsaf, Llanrwst, Conwy, LL26 0EH.
Ffôn: 01492 642031 Ffacs: 01492 641502
e-bost: llyfrau@carreg-gwalch.com
lle ar y we: www.carreg-gwalch.com

Argraffwyd a chyhoeddwyd yng Nghymru.

FY FFORDD FY HUNAN

Cyflwyniad

Mae'r teitl fan hyn YN dweud y cyfan. Yn sicr mae Felix yn un o'r bobl praffaf i mi eu cyfarfod. Mae'r gallu sy ganddo – i ddysgu, i ddarlledu, i ddeall ac i ddoethinebu – yn hynod drawiadol.

Paradocs o fachan. Pan ddaw e i'ch cyfarch, bron â bod eich bod chi'n disgwyl iddo fe glicio'i sodlau'n filwrol, ond yna fe ddaw'r wên ddireidus i'r wyneb ac fe gewch eich dallu gan y dei am ei wddf, sy bob amser yn llachar; cliw i'r bersonoliaeth sydd yr un mor lliwgar.

Yn sicr mae'i gefndir wedi'i alluogi fe i ymwneud â'r holl feysydd mae e wedi bod yn rhan ohonyn nhw, heb fyth falle eistedd yn gyfforddus yn y canol diogel. Beth arall allech ddisgwyl oddi wrth ŵr oedd â'i dad yn baffiwr ar y slei, ei fam yn athrawes barchus, a'i fam-gu â'r ddawn o ddarllen arwyddion mewn baw ieir!

Yn y gyfrol hon, nid yn unig y cawn ni stori onest, heb flewyn ar dafod Felix ei hun, o'i flynyddoedd gwahanol yn Nhrecynon, drwy ei gyfnod gwleidyddol ac yna i'r pulpud, cawn hefyd hanes anghredadwy ei dad, a'i daith o Slofenia i Gymru yng nghanol cythrwfwl mawr yr Ail Ryfel Byd. Hunangofiant sydd yn werth ei ddarllen gan Gymro a anwyd ac a fagwyd yng Nghymru ond sydd â'r gallu i edrych arni, ac arnom ni Gymry, o'r tu fas. Mwynhewch!

Elinor Jones

Pennod 1

Dywedir i Hitler a Stalin rhyngddynt fod yn gyfrifol am lofruddio dros dri deg miliwn o bobl yn ystod yr Ail Ryfel Byd. Eto i gyd, oni bai am eu hanfadwaith, mae'n annhebygol iawn y byddwn i erioed wedi fy ngeni. Yn sicr, fyddwn i ddim wedi fy ngeni yng Nghaerdydd yn hanner Cymro. Hitler a Stalin – a ffawd – orfododd fy nhad i ffoi am loches a'i gael ei hun yn löwr yn ne Cymru.

Ganed fy nhad, Felix Aubel, yn Zusenburg, Slofenia, yn yr hen Iwgoslafia ar 22 Rhagfyr 1918. Ef oedd yr ieuengaf o chwech o blant – pum mab ac un ferch – a aned i Franz a Maria Aubel. Ganwyd Franz Aubel yn Lwbliana yn 1880 ac yn 1896 cafodd ei anfon i Academi Filwrol Fienna i'w hyfforddi fel swyddog ym myddin imperialaidd Awstro-Hwngari.

Ar ôl graddio fel is-swyddog, bu Franz yn rhan o'r brwydro yn erbyn byddinoedd Ymerodraeth Otomanaidd Twrci. Yn 1905, cafodd ei arwisgo am ei ddewrder yn gwrthsefyll ymosodiad gan farchfilwyr Twrci yn erbyn milwyr traed Awstro-Hwngari ger afon Donaw. Gwasanaethodd fel milwr nes iddo briodi Maria Jaksic, merch i ffermwr a chigydd o Zusenburg, yn 1908.

Yn dilyn genedigaeth ei phlentyn ieuengaf, Felix, dioddefodd Maria Aubel gymhlethdodau meddygol pellgyrhaeddol. Ni fu'r un fath byth wedyn a dirywiodd ei hiechyd. Bu farw o niwmonia ar 1 Gorffennaf 1923, yn bennaf o ganlyniad hirdymor i enedigaeth Felix, a gadawyd Franz i godi ei deulu ar ei ben ei hun. Yn aml, beiai Felix am farwolaeth Maria, a byddai'r sefyllfa hon yn gadael creithiau seicolegol ar y plentyn ifanc, gan daflu cysgod dros ei holl fywyd.

Tad-cu a Mam-gu, tua 1908

Bu'n rhaid i Felix ddioddef plentyndod anodd ar y fferm a'r busnes cigydda yn Zusenburg. Yn ystod y blynyddoedd rhwng y ddau Ryfel Byd roedd bywyd yn anodd iawn yn economaidd. Dim ond gwneud pethau'n waeth a wnaeth Franz wrth iddo haeru'n gyhoeddus fod bywyd yn llawer gwell pan oedd Slofenia'n rhan o'r Ymerodraeth Awstro-Hwngaraidd a ddymchwelwyd yn 1918.

Ni fedrai Franz siarad fawr ddim o'r iaith Slofeneg gan iddi gael ei gwahardd o fewn y fyddin Awstro-Hwngaraidd. Fe'i gwaherddid hefyd yn yr ysgolion, gyda'r 'Slovenian Not' – yn union fel y 'Welsh Not' – yn cael ei weithredu'n llym rhwng y ddau Ryfel Byd gan y sefydliad addysg, a oedd yn nwylo'r Serbiaid. Yr unig iaith a ddysgid mewn ysgolion ledled Iwgoslafia oedd Serbo-Croat. O ganlyniad, ni fyddai Felix byth yn meistroli'r iaith Slofeneg.

Yn ystod ei blentyndod cyffredinol drist, profodd Felix aml i weithred greulon. Cofiai sut y bu iddo dderbyn lludw a chols wedi'u lapio fel anrhegion Nadolig tua diwedd y

Tref Zusenburg, cartref fy nhad fel yr edrychai tua 1930

1920au tra derbyniodd y plant eraill anrhegion go iawn. Roedd ei dad yn ddisgyblwr llym, a phrin y clywyd unrhyw sŵn chwerthin ar yr aelwyd. Ufudd-dod oedd y norm, a chosbwyd unrhyw anufudd-dod yn hallt â'r strap neu drochiad mewn pwll o ddŵr rhewllyd ar y fferm.

Doedd dim dihangfa i Felix nes iddo ymuno â Byddin Genedlaethol Iwgoslafia fel milwr proffesiynol yn 17 oed yn 1935. Fel rhan o'i hyfforddiant milwrol, fe'i hanfonwyd i academi filwrol ym mhrifddinas Serbia, Belgrad. Yma eto gorfodid y 'Slovenian Not' yn llym. Cofiai sut y fflangellwyd dau recriwt â chwip ceffyl am iddynt siarad eu hiaith frodorol. Byddai rhan sylweddol o'r hyfforddiant cynnar yn golygu dysgu siarad ac ysgrifennu Serbo-Croat, ynghyd ag ymgyfarwyddo ag arferion Serbaidd. Golygai bod yn 'Iwgoslafiad da' fod yn 'Serbiad da'.

Yn fuan iawn sylweddolwyd bod gan Felix allu rhyfeddol i ddyfalu pellter. O'r herwydd fe'i drafftiwyd i'r artileri lle gwnaeth enw iddo'i hun ar sail ei allu i saethu sieliau gyda chywirdeb eithriadol. Enillodd ddyrchafiad yn fuan ac erbyn

Nhad ym myddin Byddin Genedlaethol Iwgoslafia tua 1940

diwedd 1937, fe'i gwnaed yn rhingyll staff. Y flwyddyn ganlynol cododd i safle is-swyddog fel lefftenant. Pan dorrodd y rhyfel yn 1941, roedd yn Gapten Felix Aubel ym Myddin Genedlaethol Iwgoslafia.

Yn 1941 yr oedd Felix yn un o'r rhai a gymerodd ran yn y *coup d'état* i adfer grym i'r Brenin Peter II wedi i'w ewythr, y Tywysog Paul, arwyddo Cytundeb Teiran yn Fienna ar 25 Mawrth a alluogodd byddin yr Almaen i orymdeithio drwy ganol Iwgoslafia yn ddiwrthynebiad ar ei ffordd i ymosod ar wlad Groeg. Cythruddwyd Hitler gan benderfyniad Iwgoslafia i ddiarddel y cytundeb a phenderfynodd ddysgu gwers lem i'r Slafiaid. Am 5.12 y bore ar 6 Ebrill 1941 ymosododd lluoedd yr Almaen, yr Eidal a Hwngari ar Iwgoslafia. Bomiwyd Belgrad gan awyrlu'r Almaen, ac roedd Felix Aubel yng nghanol y llanast. Wedi un diwrnod ar ddeg, yn lleiafrif bach, yn ddigynllun a heb arfau digonol, rhwygwyd Byddin Genedlaethol Iwgoslafia'n yfflon gan y goresgynwyr. Credir i 400,000 o Iwgoslafiaid gael eu lladd, llawer ohonynt adeg y *blitzkrieg* dechreuol.

Gydag Iwgoslafia bellach dan reolaeth filwrol, roedd y Slafiaid yn rhanedig. Roedd y mwyafrif o'r rhai a fu'n rhan o fyddin genedlaethol y wlad cyn y rhyfel yn gefnogol i'r cenedlaetholwyr Serbaidd a'r cadfridog brenhinol, Draza Mihailovic. Dymunai'r *chetnik* neu'r brenhinwyr hyn weld adfer y Brenin Peter petai'r Almaenwyr yn cael eu gorfodi i adael y wlad. Ar yr ochr arall, ceid y Partisaniaid Comiwnyddol dan reolaeth Josip Broz Tito a oedd am weld sefydlu gweriniaeth yn Iwgoslafia pe bai'r *chetnik* a'r Almaenwyr yn cael eu trechu. Fel un a oedd wedi tyngu llw o deyrngarwch i amddiffyn brenhiniaeth Iwgoslafia cyn y rhyfel, teimlai Felix Aubel hi'n ddyletswydd arno i barhau â'r ymdrech filwrol dan faner frenhinol y Cadfridog Mihailovic. Fe gefnogodd Franz Aubel a thri o'i feibion y garfan frenhinol hefyd, ond fel llawer o deuluoedd eraill y cyfnod, roedd yr Aubels yn rhanedig ac fe dyngodd dau o'r brodyr, Franc ac Augustin, lw o deyrngarwch i'r Partisaniaid.

Am dros flwyddyn, o 1941-42, gwasanaethodd Felix Aubel fel swyddog brenhinol o dan awdurdod y Cyrnol Karabacich, Cosac Rwsiaidd a ffanatig a frwydrai yn erbyn y Partisaniaid Comiwnyddol yng nghoedwigoedd Serbia. Roedd creulondeb y Cyrnol Karabacich yn chwedlonol: pan ddaliai filwyr Partisan fe'u crogai a'u pen i waered o ganghennau'r coed ar fachau cig a wthiwyd drwy eu pigyrnau. Caent hongian yno am oriau, yn dal yn fyw, cyn i'r Cyrnol yn bersonol eu llifio'n araf yn eu hanner; cofiai Felix y fath ddefod yn cael ei llwyfannu gannoedd o weithiau ganddo.

Lladdwyd y Cyrnol Karabacich mewn man mynyddig i'r gogledd o Belgrad ym mis Mai 1942 gan rai o filwyr y Partisaniaid. Petai Felix yn sefyll lai na dau ganllath yn agosach ato, yna byddai yntau wedi dioddef yr un ffawd ac ni fyddwn i yma i ddweud ei hanes.

Ar ôl llwyddo i osgoi'r Partisaniaid Comiwnyddol o groen ei ddannedd, ffodd Felix o Serbia i Groatia. Tra oedd e ar ffo rhag yr Almaenwyr yn ardal ei eni yn Zusenburg yn ystod gwanwyn 1943, daeth Felix Aubel yn ymwybodol o'r modd y gallai ei gyd-wladwyr ei fradychu. Adroddodd sut y bu iddo, ac yntau mewn carpiau ac yn cuddio mewn sgubor, gael ei ddarganfod gan ffermwr Slofenaidd 'cyfeillgar' a'i wahodd i swpera gyda'r teulu. Llonnodd Felix o gael cyfle i ymolchi a gwisgo dillad glân ar yr aelwyd Slofenaidd 'gyfeillgar' hon. Paratowyd gwledd iddo, y pryd go iawn cyntaf iddo'i fwyta ers bron i chwe mis o ddibynnu'n llwyr ar ddeiet o gwningod, gwiwerod, llygod bach a hyd yn oed lygod mawr.

Ac yntau ar ganol ei brif gwrs, cynigiodd y ffermwr ddau wy ychwanegol iddo ac aeth i'r gegin i'w paratoi. Dechreuodd Felix amau bod rhywbeth ar droed, yn enwedig pan glywodd sŵn o'r tu ôl i'r drysau dwbl. Yn sydyn, neidiodd o'i gadair a rhuthro at y ddau ddrws a'u gwthio nhw ar agor yn sydyn yn erbyn y wal. Y tu ôl i'r drysau roedd dau ddyn yn dal ffrimpanau copr trwm. Disgynnodd y ddau yn anymwybodol i'r llawr, ffodd Felix a chuddio mewn llwyni wrth i filwyr yr Almaen gyrraedd y buarth.

Daliwyd Felix yn y diwedd gan luoedd yr Almaen y tu allan i Zusenburg ym mis Mai 1943, ac fe'i hanfonwyd i'r Almaen fel carcharor rhyfel, i ddinas yn nwyrain y wlad, sef Dresden. Wrth iddo gael ei hebrwng i'r gwersyll, daliodd ar gyfle i ddianc. Llwyddodd i ffoi i ardal wledig a cheisiodd gael lloches ar fferm. Wrth iddo gyrraedd y clos fe'i hamgylchynwyd gan bac o gŵn Alsatian. Pwysodd ei gefn ar goeden; teimlai'n rhy flinedig i ymladd. Oni bai i'r ffermwr Almaenaidd gyrraedd mewn pryd byddai wedi llewygu ac wedi'i larpio, mwy na thebyg, gan y cŵn ffyrnig.

Yn ffodus i Felix, doedd y ffermwr ddim yn Natsi. Roedd wedi gwasanaethu ar y Ffrynt Rwsiaidd yn ystod y Rhyfel Mawr ac mae'n debyg mai hen filwr Prwsiaidd ydoedd. Siaradai Almaeneg a chredai'n wreiddiol mai ffoadur o fyddin yr Almaen oedd Felix. Rhoddodd fwyd a dillad glân iddo a gwely am y noson. Yn anffodus i Felix, fe'i gwelwyd yn crwydro'r goedwig gan griw o filwyr yr Almaen ac fe'i daliwyd eto. Fe'i dygwyd i'r gwersyll penodedig y tu allan i Dresden ar 2 Mehefin 1943, ac yno, neu yn y wlad o gwmpas, y treuliodd weddill y rhyfel.

Ar y dechrau, meddai, roedd bywyd yn y gwersyll yn anodd iawn iddo. Weithiau byddai'n difaru ac yn teimlo'n

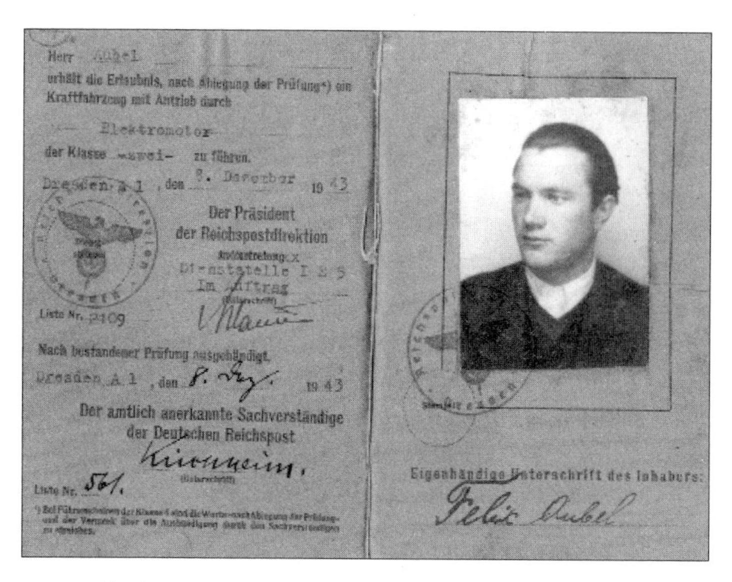
Herr Aubel
erhält die Erlaubnis, nach Ablegung der Prüfung*) ein Kraftfahrzeug mit Antrieb durch
Elektromotor
der Klasse -zwei- zu führen.
Dresden A 1, den 8. Dezember 1943
Der Präsident
der Reichspostdirektion
Dienststelle I B 5
Im Auftrag
Liste Nr. 2109
Nach bestandener Prüfung ausgehändigt.
Dresden A 1, den 8. Dez. 1943
Der amtlich anerkannte Sachverständige
der Deutschen Reichspost
Liste Nr. 561.
Eigenhändige Unterschrift des Inhabers:
Felix Aubel

Un o ddogfennau Nhad fel carcharor rhyfel yn Dresden, Rhagfyr 1943

euog am rai o'r pethau ysgeler y bu'n rhaid iddo'u cyflawni er mwyn goroesi. Gorfu iddo, er enghraifft, ladd cyd-garcharor Iwgoslafaidd mewn ymryson am dorth o fara. Byddai rhai o'r gwarchodwyr mwyaf milain, Natsïaid Wcreinaidd yn yr achos hwn, yn dal yn ôl y bwyd a fwriedid ar gyfer y carcharorion. Byddent yn cadw dau garcharor heb fwyd am nifer o ddyddiau ac yna'n gorfodi iddynt fynd i mewn i un o'r cytiau i ymladd hyd at angau am dorth o fara. Er i Felix ennill ei dorth drwy ladd cyd-wladwr, nid dyna ddiwedd y stori. O ganlyniad i'w 'lwyddiant', fe'i gorfodwyd i wneud hyn dro ar ôl tro nes i'r Comandant, a oedd yn ddyn llym ond teg, glywed am y fath ddigwyddiadau a'u hatal.

Gwellodd y sefyllfa'n raddol yn y gwersyll, a hynny oherwydd gallu Nhad i siarad ac ysgrifennu nifer o ieithoedd. Cyn i'r rhyfel dorri yn Iwgoslafia roedd Felix wedi cymryd cryn ddiddordeb mewn ieithoedd Ewropeaidd fel Rwsieg, Pwyleg, Hwngareg a Tsiec. Fel carcharor rhyfel câi gyfle i gymysgu â phobl o wahanol genhedloedd a thrwy hynny ehangu fwyfwy ar ei sgiliau ieithyddol.

Daeth ei allu ieithyddol i sylw'r Comandant a chaniatawyd iddo rai breintiau am ei waith fel cyfieithydd. Un o'r rhain oedd cael perthynas rywiol gyda rhai o'r menywod a weithiai yn y gegin. Er i hyn ddod â chryn ryddhad oddi wrth galedi bywyd y gwersyll, fe ddaliodd Felix glwyf gwenerol. Bu'n ffodus i gael meddyg ifanc o'r gwersyll i'w chwistrellu â rhyw hylif na wyddai beth ydoedd, ac fe wellodd. Mae'n rhaid fod y meddyg Almaenaidd hwn yn defnyddio cyffur gwrth-feiotig o leiaf ddegawd cyn i'r fath feddyginiaeth fod ar gael yn gyffredinol. Mae'n bosibl, felly, i Felix fod yn rhan o arbrawf meddygol i ddatblygu meddyginiaethau. Yn ei achos ef fe weithiodd, ac ni ddaliodd y clwyf byth wedyn.

Daeth trobwynt ym mywyd Felix fel carcharor rhyfel pan anfonwyd ef i weithio ar fferm cyn-Bencampwr Bocsio Pwysau Trwm y Byd, Max Schmeling, ar gyrion Dresden. Er bod Schmeling yn Almaenwr balch, doedd e ddim yn Natsi a chadwodd draw oddi wrth y goruchafwyr croenwyn, fel y gwelwyd wrth iddo baratoi ar gyfer ei ornest yn erbyn Joe Louis yn Efrog Newydd ym mis Mehefin yn 1938. Wedi i Louis ei lorio yn y rownd gyntaf, cafodd Schmeling ei ddiarddel gan Hitler a'i gyd-Natsïaid. Dychwelodd i'w fferm ond anfonwyd ef i'r Ffrynt Rwsiaidd yn y gobaith na ddychwelai'n fyw. Yn ôl Felix, cawsai ei saethu yn ei ben-glin yn Rwsia, a bu'n gloff byth wedyn. Ond roedd e'n dal yn ddyn cryf, a medrai godi llo o'r llawr i fyny at ei frest.

Cymerodd Schmeling at Felix fel rhyw enaid hoff cytûn ac aeth ati i ddysgu sgiliau bocsio a chodi pwysau iddo. Yn wir, yn ystod ei gyfnod fel carcharor ar fferm Schmeling cymerodd ran mewn gornestau ac fe gafodd ei fwydo'n dda gan ei hyfforddwr. Caniataodd hwnnw iddo gadw peth o'r enillion ariannol a gâi pan fyddai'n fuddugol. Er hynny, gorfodwyd Felix i weithio'n galed, nid yn unig ar y fferm ond hefyd mewn chwarel gyfagos. Er iddo drin y carcharorion yn deg, ni fedrai Schmeling oddef ffyliaid a gallai fod yn feistr caled. Ond perchid ef yn fawr gan Felix gan yr atgoffai ef o'i dad a'i ddisgyblu llym.

Gyda'r rhyfel yn troi fwyfwy yn erbyn yr Almaen, dygwyd Felix yn ôl i fywyd caletach y gwersyll. Cofiai sut y bu iddo ef a'i gyd-garcharorion ganu caneuon rhyddid adeg cyrchoedd bomio dadleuol y Cynghreiriaid ar Dresden rhwng 13 a 15 Chwefror 1945. Yn ystod pedwar cyrch, gollyngodd 1,300 o awyrennau Prydain ac America dros 3,900 tunnell o fomiau ffrwydro a bomiau tân ar y ddinas. Dinistriodd y danchwa a ddilynodd y bomio 15 milltir sgwâr yng nghanol y ddinas gan ladd tua 25,000 o'r trigolion. Cefnogai Felix bolisi Prif Farsial yr Awyrlu, Arthur Harris, a gredai fod y bomio'n ffactor allweddol o ran tanseilio hyder y boblogaeth gyffredinol yn ogystal â gwanychu gallu milwrol yr Almaenwyr. Yn ôl Felix, doedd y carcharorion rhyfel ddim yn hidio a fydden nhw'n cael eu lladd gan fomiau'r Cynghreiriaid cyn belled ag y byddai'r Natsïaid yn cael eu lladd hefyd.

Yn 1945 cyrhaeddodd Byddin Goch Rwsia, o dan arweiniad y Marsial Zhukov, Ddwyrain yr Almaen, gan fwriadu meddiannu Dresden fel rhan allweddol o gyrch y lluoedd Sofietaidd. Bu Felix yn ffodus gan i Gomandant Almaenaidd y gwersyll ryddhau'r carcharorion cyn i'r Rwsiaid gyrraedd. Caniataodd hyn iddo gychwyn ar ei daith tua'r gorllewin. Daeth y rhyfel i ben ar 8 Mai 1945, ond roedd Felix yn dal yn rhan ddwyreiniol y wlad, a oedd dan reolaeth lluoedd comiwnyddol Stalin. Gan fod Stalin wedi cytuno i alltudio carcharorion brenhinol Slafaidd yr Almaen yn ôl i Iwgoslafia i wynebu llid trefn newydd Tito, bu raid i Felix ffoi am ei fywyd i Orllewin yr Almaen, a oedd dan reolaeth Prydain ac America. Cynorthwywyd ef ar ei ffordd tua'r gorllewin gan Almaenwyr cyfeillgar, ond roedd bron â chlemio pan ddaeth patrôl Americanaidd o hyd iddo. Doedd e ddim ond yn pwyso wyth stôn, hanner ei bwysau arferol. Ni wnaeth Felix fyth anghofio caredigrwydd llawer o Americanwyr croenddu a fyddai'n aml yn barod i rannu eu bwyd gydag ef. Roedd hyn yn wahanol iawn i agwedd nawddoglyd a hiliol, hyd yn oed, Americanwyr croenwyn tuag at garcharorion o Ddwyrain Ewrop a ryddhawyd.

Ar sail ei allu i siarad nifer o ieithoedd, recriwtiwyd Felix tua diwedd 1945 i wasanaethu gyda heddlu newydd yr Almaen a reolid gan y Cynghreiriaid ac a sefydlwyd er mwyn cynnal cyfraith a threfn yng ngorllewin yr Almaen yn union wedi'r rhyfel. Sut bynnag, wrth i heddlu brodorol yr Almaen gael ei ailsefydlu fesul tipyn, doedd dim angen pobl fel Felix bellach. Erbyn diwedd 1947 roedd ymhlith cannoedd o filoedd o bobl a ddadleolwyd yn Ewrop, heb unrhyw eiddo o werth a heb unrhyw le diogel i fynd iddo.

Roedd ganddo nawr ddewis anodd: un ai dychwelyd i'w wlad enedigol, Iwgoslafia, neu ymfudo i Brydain neu Ffrainc i fod yn rhan o ailadeiladu'r gwledydd hyn wedi dinistr rhyfel. Roedd y dewis cyntaf yn un amhosibl iddo. Roedd Felix wedi colli popeth a feddai yn ei wlad ei hun; roedd y fferm a'r busnes bwtsiera yn Zusenburg wedi'u chwalu. Rhwygwyd y teulu gan y rhyfel cartref gwaedlyd rhwng Tito a'r Brenhinwyr. Lladdwyd tri o frodyr Felix yn y brwydro hwnnw, a bradychwyd ei dad, Franz, gan ei fab hynaf, Franc, a oedd wedi cefnogi Tito ac wedi meddiannu holl asedau'r teulu. Bu farw Franz ar 5 Mai 1947 o ganlyniad i'r grasfa a gawsai gan y Partisaniaid, a hynny ym mhresenoldeb ei fab hynaf bradwrus. Sylweddolai Felix, fel un a wasanaethodd fel swyddog canolig gyda'r lluoedd Brenhinol, y byddai'n wynebu cael ei ddienyddio petai'n mynd adref.

Gwyddai'n dda fod nifer a oedd yn yr un sefyllfa ag ef ac wedi dychwelyd eisoes wedi dioddef y gosb eithaf. Mynegai ei ffieidd-dra yn aml tuag at yr hyn a welai fel brad Prif Weinidog Prydain, Clement Attlee, tuag at ddioddefwyr Yalta. Golygai Cytundeb Yalta, a luniwyd gan brif arweinwyr y Cynghreiriaid ar ddiwedd y rhyfel, y câi gelynion Stalin, pobl fel Nhad, eu hanfon adref i'w dienyddio gan y Partisans. Trodd hyn ef yn erbyn Attlee a Sosialaeth wladwriaethol Plaid Lafur Prydain.

I ble, felly, yr âi Felix: ai i Iwgoslafia, ynteu i Brydain neu Ffrainc? Dim ond yr ail ddewis y gallai ei ystyried mewn gwirionedd.

Pennod 2

Cyn y medrai lanio ym Mhrydain, rhaid oedd i Felix sicrhau ffurflen waith gymwys drwy gytuno i weithio o fewn un o'r ardaloedd lle roedd prinder llafur ar gyfer ailadeiladu. Cyrhaeddodd hostel y Weinyddiaeth Waith yn West Wrattling, Swydd Gaer-grawnt, ar 5 Mawrth 1948. Cafodd ddewis gweithio un ai fel gwas fferm, fel chwarelwr neu fel glöwr, a dewisodd fynd yn löwr. Yn dilyn cyfnodau yn Full Sutton, Dwyrain Swydd Efrog, a Chanolfan Hyfforddiant Ieithyddol y Bwrdd Glo ym Melbourne, fe'i trosglwyddwyd ar 25 Mai i Hostel y Glowyr yn Oakdale, sir Fynwy, ac yna i Hostel y Glowyr ym Mhen-coed yn sir Forgannwg ar 12 Mehefin.

Ar ôl dysgu ychydig o Saesneg syml cafodd lety yn yr hostel yn Hirwaun yng Nghwm Cynon ar 14 Awst a dechreuodd weithio fel glöwr yng Nglofa Aberaman gerllaw. Roedd cryn dyndra a hyd yn oed beth gwrthdaro yno rhwng y gwahanol genhedloedd a drigai dan yr unto. Roedd y Pwyliaid yn casáu'r Wcreiniaid, y Tsieciaid yn casáu'r Hwngariaid tra oedd y Serbiaid a'r Slofeniaid yn casáu'r cynffonwyr Natsïaidd o Groatia.

Ceid gwrthdaro hefyd yng Nglofa Aberaman rhwng y glowyr Cymreig a'r 'tramorwyr'. Er eu bod yn gweithio'n eithriadol o galed ni fedrai Felix ddeall pam y byddai cynifer o'i gyd-weithwyr o ddwyrain Ewrop yn afradu eu harian ar yfed ac yn fodlon gamblo wythnos o gyflog ar gêm o gardiau. Ni fyddai ganddynt unrhyw beth i'w ddangos am eu llafur ar wahân i ben tost a phocedi gweigion. Fe wnaeth Felix, ar y llaw arall, brynu saith o siwtiau Burton o'i gyflog yn ystod ei chwe mis cyntaf yng Nglofa Aberaman. Roedd hyn yn unol â'i gred mewn dyrchafiad personol drwy waith caled er mwyn ennill parch mewn gwlad newydd. Rhan anhepgor o'r syniadaeth hon o integreiddio oedd dysgu siarad Saesneg cyn gynted â phosibl.

Cadwai Felix nifer o lyfrau nodiadau yn cofnodi ei ddatblygiad yn meistroli'r Saesneg. Nododd mai'r Saesneg oedd yr iaith anoddaf oll i'w chofnodi, a hynny oherwydd y llythrennau tawel a ddefnyddid wrth ysgrifennu geiriau. Gwyddai am y Gymraeg gan mai honno oedd iaith bob dydd llawer o lowyr Glofa Aberaman, ac aeth ati i geisio dysgu ymadroddion Cymraeg er mwyn deall yr hyn a ddywedai ei gyd-weithwyr 'brodorol' amdano yn eu hiaith eu hunain. Yn wir, synnwyd rhai o glywed Felix yn ailadrodd yn Saesneg rai o'r sylwadau a wnaent amdano yn Gymraeg.

Roedd Felix hefyd yn awyddus i gael ei dderbyn yn gymdeithasol gan y Cymry Cymraeg. Fe alwai am ddiod weithiau yn nhafarn y Lamb ym Mhenderyn, ac er mwyn dod yn ffrindiau gyda rhai o'r mynychwyr byddai'n aml yn prynu diod iddynt. Ond un nos Wener clywodd sgwrs rhwng dau ddyn yn dweud eu bod nhw'n dod yno am fod 'Felix y Ffŵl' yn prynu diod iddynt. Penderfynodd ddal ei dafod. Y nos Wener ganlynol aeth i'r Lamb unwaith eto a chymryd arno iddo anghofio'i waled. Wnaeth neb brynu diod iddo. O hynny ymlaen aeth ati i ennill parch y bobl leol drwy weithio'n galed ac ni cheisiodd brynu ffrindiau byth wedyn.

Er i nifer o'i gyd-ddynion o ddwyrain Ewrop gael eu rhwydo i'w priodi gan fenywod lleol o ddealltwriaeth isel, penderfynodd Felix na châi ef ei ddal. Cyn iddo briodi yn 1951 bu mewn dwy berthynas y bu bron iddynt â'i arwain at yr allor. Almaenes Iddewig o'r enw Ina oedd un o'i gyn-gariadon. Cadwai ei thad siop gemwaith yn Aberdâr. Hi oedd yr unig ferch ac mae'n rhaid ei bod yn meddwl llawer o Felix; yn wir, derbyniais sawl sofren ganddi dros y blynyddoedd. Ym mis Rhagfyr 1992 roedd fy mam ac Ina mewn gwelyau cyfagos yn derbyn llawdriniaeth i'w cluniau

Bwlch crefyddol rhy lydan – Nhad gydag Ina yn Hostel y Glowyr, Hirwaun, yn 1949

yn Ysbyty'r Tywysog Charles ym Merthyr Tudful. Pan ymwelais â Mam ar un achlysur dywedodd Ina mai hi a ddylasai fod yn fam i mi, gan ychwanegu y byddai wedi fy enwi i'n Rudolph, ar ôl ei thad. Rhaid bod hyn wedi achosi cryn embaras i Mam.

Yr ail fenyw y daeth Felix yn agos i'w phriodi oedd Dina. Ganed hi yn yr Eidal a daethai i Gwm Cynon yn ferch ifanc gyda'i rhieni, a oedd wedi prynu cafeteria ar gyrion Aberdâr. Roedd ei brawd John, a oedd yn berchen ar gaffi yng nghanol y dref, wedi gwasanaethu fel swyddog ym Myddin Prydain yn ystod yr Ail Ryfel Byd ac wedi derbyn medal am ei ddewrder. Roedd Dina'n awyddus i Felix adael y lofa er mwyn ymuno â hi yn y busnes, ond teimlai yntau'n anfodlon cyfnewid byd gwrywaidd y lofa am weini te a hufen iâ! Roedd Dina hefyd yn aelod pybyr o Eglwys Rufain, crefydd a gysylltid gan Felix â Natsïaid Croatia.

Er nad arweiniodd y berthynas at briodi, rhaid bod Dina hefyd yn meddwl llawer o Felix gan y byddwn i'n cael hufen iâ am ddim yn ogystal ag ambell i hanner coron ganddi pan alwn yn ei chaffi adeg dyddiau ysgol. Petai cwsmeriaid eraill yno, byddai'n cyfeirio ataf fel 'fy machgen bach'. Pan oedd hi ar ei gwely angau, galwodd ar Felix i ddod i gydio yn ei llaw ac roedd am i'w 'bachgen mawr erbyn hyn' fod yno hefyd. Bu farw'n dawel ychydig wedyn. Fe aeth Ina a Dina i'w beddau'n hen ferched di-blant. Yn achos y naill a'r llall o'r gwragedd gweithgar hyn, bu'n fater o'r hyn a allasai fod wedi digwydd.

Ym mis Hydref 1948, gadawodd Felix hostel y glowyr yn yr Hirwaun a symud i lety yn 41 Ffordd Brynmair,

Godreaman, a oedd yn dipyn agosach at Lofa Aberaman. Wn i ddim pam, ond roedd wedi symud yn ôl i Hirwaun erbyn mis Ebrill 1949, i letya yn Tramway. Yno, trodd at gerdded ar brynhawniau Sadwrn o gwmpas Parc Aberdâr ar ei ffordd i'r dref. Dechreuodd alw yn siop ffrwythau a losin Tom Beynon yn Nhrecynon i brynu sigaréts. Y tu ôl i'r cownter weithiau byddai merch Tom, sef Kathleen, Cymraes Gymraeg ifanc ac athrawes ysgol gynradd. Magodd Felix ddigon o blwc i ofyn iddi fynd allan gydag ef, a dyna gychwyn perthynas barhaol.

Siop Tom Beynon yn 72 Stryd y Felin, Trecynon tua 1932

Ganed Tom Beynon yn 11 Ffordd Bwllfa, Cwmdâr, i deulu o lowyr, yn un o un ar bymtheg o blant. Dilynodd ei dad a'i frodyr a mynd i weithio dan ddaear, ond gadawodd lofa'r Bwllfa i sefydlu siop ffrwythau a physgod yn 72 Heol y Felin, Trecynon, yn 1907.

Rhieni Mam, Tom a Mary Beynon yn Nhrefdraeth, tua 1930

Ar 16 Awst 1906 priodwyd Tom Beynon a Mary Thomas o Drefdraeth yn Eglwys Dinas Cross, a ganed iddynt dri o blant a oroesodd eu plentyndod. Yr hynaf oedd Mattie, a ddaeth yn athrawes, ond yn anffodus roedd yn dioddef o broblemau thyroid a bu farw'n 23 oed yn 1932.

David Beynon, brawd Mam yn y fyddin tua 1943

Nhad yn arddangos ei sgiliau bocsio tua 1950

Ganed David ar 30 Ionawr 1911. Ar ôl gadael Ysgol Ramadeg y Bechgyn, Aberdâr, aeth i weithio i Fanc y Midland yn Guildford, Surrey ac yna yn Aldershot, Hampshire. Ymunodd â'r Corfflu Cudd-wybodaeth yn Southsea, Hampshire, ac fe'i dyrchafwyd yn uwch-gapten ychydig cyn diwedd y rhyfel. Ei brif ddyletswydd yno oedd darganfod, monitro a dal ysbïwyr Natsïaidd o'r Almaen, a bu'n brwydro hefyd i geisio atal y fasnach mewn merched croenwyn yn nociau Caerdydd.

Ganwyd y trydydd o blant y Beynons, Miriam Kathleen, ar 13 Rhagfyr 1918. Aeth o Ysgol Gynradd y Parc, Trecynon, i Ysgol Ramadeg y Merched, Aberdâr, ac yna i Goleg Addysg Abertawe. Dechreuodd Kathleen ar ei gwaith fel athrawes yn ardal Yardley yn Birmingham ar 1 Ebrill 1940. O ganlyniad i ymgyrchoedd bomio'r Almaen fe'i symudwyd hi a'i disgyblion i Wersyll y Plant yn y Rhŵs, ger y Barri, ymhen llai na phedwar mis. Erbyn mis Chwefror y flwyddyn ganlynol roedd hi'n athrawes gynradd yn Llanilltud Fawr, ac yno y bu tan ddiwedd 1946. Yn ystod y cyfnod hwn bu'n hyfforddi dosbarthiadau ysgoloriaeth ar gyfer arholiadau'r 11+. Byddai'n dweud yn aml na châi hi unrhyw drafferth i ddysgu dosbarth o 48 o blant cyn belled â'u bod nhw i gyd yn wynebu'r blaen, mewn desgiau unigol ac yn nhrefn yr wyddor.

Priodas Nhad a Mam ym mis Mawrth 1951

Yn anffodus roedd iechyd rhieni Kathleen, yn arbennig ei mam, yn dirywio'n raddol. Teimlodd Kathleen felly reidrwydd i chwilio am waith yn agosach at Aberdâr ac fe'i penodwyd yn athrawes gynradd yng Nghwm-bach, bum milltir o Drecynon. Golygai hyn y gallai fyw yng nghartref ei rhieni, ond collai ryddid Bro Morgannwg. Gwellodd pethau wrth iddi ddechrau canlyn Felix Aubel yn ystod ail hanner 1949.

Wrth i'r berthynas rhwng Kathleen a Felix ddatblygu, bu farw Mary Beynon ar 9 Rhagfyr 1950 yn 71 oed. Er hynny, gwireddwyd ei dymuniad y câi Felix a Kathleen briodas eglwysig yn ei hannwyl Sain Ffagan. Priodwyd nhw ar 26 Mawrth 1951. Ond roedd yna amodau. Gwrthododd Felix ddyweddïo gyda Kathleen cyn ei phriodi gan nad oedd hynny'n draddodiad yn nheulu'r Aubels. Ar y llaw arall, gwrthodai Kathleen â phriodi Felix nes y byddai'n rhoi'r gorau i ysmygu. Gwyddai sut roedd ei thad yn dioddef o broblemau anadlu difrifol o ganlyniad i ysmygu dros hanner cant o sigaréts y dydd ers pan oedd yn un ar bymtheg oed. Cytunodd y ddau, felly, i gymodi.

Symudodd Felix i fyw i gartref ei wraig a'i dad yng nghyfraith yn 72 Heol y Felin, Trecynon, ar 3 Ebrill 1951. Dim ond ar ôl priodi y dywedodd Kathleen wrtho na fynnai gael plant. Nid oedd hi am i ddim byd ymyrryd â'i gyrfa, a hithau wedi'i phenodi'n athrawes yn Ysgol Gynradd Glynhafod ym mis Medi 1951. Ni fu hyn yn asgwrn unrhyw gynnen rhyngddynt am ychydig flynyddoedd, ond deuai'n agos yn y diwedd at chwalu'r briodas.

Parhâi Felix i fwynhau bywyd fel glöwr yng Nglofa Aberaman, ac ymddangosai Kathleen yn hapus wedi iddo addo rhoi'r gorau i focsio am arian fel dull o ychwanegu at ei incwm. Mae'n debyg iddo gadw at ei air y tu allan i gyffiniau'r gwaith, ond deuai adre o'r gwaith wedi'i gleisio'n arw. Honnai iddo ddioddef yr anafiadau mewn damwain dan ddaear ond, mewn gwirionedd, byddai'n bocsio am arian. Yr hyn a newidiodd ei fywyd yn llwyr oedd marwolaeth Tom Beynon ar 15 Chwefror 1953 yn 72 oed. Ymddengys i bwysau gael eu rhoi ar Felix i adael y lofa er mwyn cymryd at y siop, gan na fwriadai Kathleen roi'r gorau i ddysgu er mwyn rhedeg y busnes teuluol. Mae'n debyg i David fod yn allweddol yma gan iddo bwysleisio wrth ei chwaer droeon y câi iechyd Felix ei ddifetha petai'n parhau i weithio'n llawer hwy fel glöwr.

Yn groes i'w ewyllys, gadawodd Felix y lofa, ond cafodd un newydd da: caniatawyd iddo Ddinasyddiaeth Brydeinig ar 28 Gorffennaf 1953. Yn aml teimlai'n anhapus yn y siop, a gwelai eisiau cyfeillgarwch y gymdeithas wrywaidd yn y lofa. Cymaint oedd ei rwystredigaeth fel y bu iddo ystyried o ddifrif sefydlu busnes cludiant gyda rhai o'i gyd-fewnfudwyr o Ddwyrain Ewrop. Roedd tâl ar sail cynnyrch bellach wedi dod i ben yn y lofa, ac roedd y dynion diwyd a chorfforol gryf hyn erbyn hynny'n ennill cyflogau a oedd yn sylweddol is na chynt.

Gwrthwynebodd Kathleen hyn yn gryf gan y golygai ddiwedd ar fusnes teuluol y Beynons. O ganlyniad, dechreuodd Felix brynu hen dai condemniedig i'w hadfer a'u rhentu. Felly, i raddau, cafodd Felix ei ffordd. Byddai ei gyd-fewnfudwyr o Ddwyrain Ewrop yn dal i weithio yn y lofa, ond yn eu hamser hamdden, gweithient iddo ef. Weithiau byddai Felix yn cau'r siop i weithio gyda nhw tra byddai Kathleen yn dysgu.

Daeth gwir argyfwng y briodas i'r wyneb yn gynnar yn 1959. Cyfarfu criw o ddynion o Ddwyrain Ewrop yn nhafarn y Cambrian yn Stryd Whitcombe, Aberdâr. Yno, roedd gŵr o'r enw Jan o Tsiecoslofacia yn brolio'r ffaith iddo genhedlu pedwar o fechgyn. Gwawdiodd Felix am ei fod yn dal yn ddi-blant wedi wyth mlynedd o briodas. Gwylltiodd Felix a bu'n rhaid iddo gael ei dawelu gan bedwar o ddynion neu fe fyddai gwaed ar y carped. Aeth adref yng nghwmni cyfaill o'r enw George, cwlffyn o Serbiad a gâi ei alw'n Llygaid Mawr. Bu dadlau ffyrnig rhwng Felix a'i wraig. Mynnai ei fod am iddi gael ei blentyn, ac os na chytunai, yna byddai'n mynnu cael ysgariad a chael plentyn gyda menyw arall. Roedd meddwl am weld naill ai Ina neu Dina'n gwthio plentyn Felix mewn pram ym Mharc Aberdâr yn ormod i Kathleen ei ddioddef. Er mwyn achub ei phriodas, cytunodd i gael plentyn.

Cafodd Kathleen feichiogrwydd anodd. Wedi'r cyfan, roedd hi'n 42 mlwydd oed. Mynnodd ddal ati i ddysgu yn Ysgol Glynhafod nes roedd hi dros saith mis yn feichiog. Yna, oherwydd ofnau y gallai cymhlethdodau godi, aed â hi i Ysbyty Glossop yn Adamstown, Caerdydd. Ar 21 Medi 1960, esgorodd drwy enedigaeth Gesaraidd ar fachgen 6 pwys 12 owns. Roedd Felix wrth ei fodd, ond roedd storm arall ar y gorwel, y tro hwn ynglŷn ag enwi'r mab.

Mynnai Felix gadw at y traddodiad Slofenaidd o enwi'r mab hynaf ar ôl ei dad. Ymhellach, mynnai y dylwn gymryd fy ail enw oddi wrth fy nhad-cu, Franz. Ond cytunodd i'r enw hwnnw gael ei newid o'i ffurf Almaenaidd. Roedd Mam am i mi gael fy enwi ar ôl ei thad, Tom, a defnyddio Felix fel ail enw. Cytunodd yn y diwedd â'r enw Felix, gyda Franc – a swniai'n Gymreig – i ddilyn, ond mynnai fy mod hefyd yn cael enw Cymraeg go iawn. Awgrymodd yr enw Elfed, ar ôl y gweinidog Annibynnol a'r emynydd enwog y Dr Elfed Lewis, a oedd yn gyfaill i'w thad. Er mwyn osgoi unrhyw gymysgu rhyngof a Nhad, cytunodd y ddau y cawn fy ngalw'n Felix Elfed yn gyhoeddus.

Felix Elfed gyda'i rieni ym mis Hydref 1960

Dair wythnos wedi i mi gael fy ngeni, ailgydiodd Mam yn ei gyrfa yn Ysgol Glynhafod, ac yn 1961 fe'i penodwyd yn athrawes yn Ysgol Gynradd Pen-y-waun. Fe'm maged innau gan Nancy Edwards, a ddaeth yn gyfuniad o nani a chyfrinachwraig i mi. Ganed hi yn Nhrecynon yn 1918, ei thad yn löwr a'i mam yn forwyn. Heb fawr o addysg ffurfiol, morwyn oedd Nancy hefyd, ond llwyddai i gael dylanwad dros bobl a oedd o safle gymdeithasol uwch na hi. Yn wir, clywais Nhad yn datgan droeon, petai Nancy'n ysbïwraig dros Brydain yn yr Almaen, y byddai'r rhyfel wedi dod i ben flwyddyn yn gynharach!

Roedd Nancy wedi byw bywyd lliwgar. Priododd â briciwr, Dave Williams, er mwyn sicrhau y medrai ddefnyddio'r teitl 'Mrs' cyn cyrraedd ei deugeinfed pen-blwydd. Wedi'r cyfan, byddai bod yn hen ferch yn golygu'r stigma eithaf i fenyw ddosbarth gweithiol ddi-broffesiwn. Priodas ddigariad oedd hi, gyda Dave yn treulio'r rhan helaethaf o'i amser gyda'i fam yn y Llwyd-coed, tra byddai Nancy allan yn yfed. Yn wir, aeth allan ar y cwrw yng Nghlwb Lles Cwmdâr ar noson angladd ei gŵr!

Gan na allai gael plant ei hunan, byddai'n fy ystyried i fel ei phlentyn. Fe âi fy mam fiolegol yn wallgof os clywai fi'n cyfeirio at Nancy fel 'mam' yn ei phresenoldeb. Synnwn i ddim na fyddai hi wedi rhoi'r sac i Nancy oni bai am gefnogaeth Nhad i'w gynorthwywraig ddiwyd. Hi, wedi'r cyfan, oedd yn gofalu am ei fab, yn glanhau'r tŷ ac yn gwneud y golch a'r smwddio; byddai hefyd yn gweini yn y siop a hyd yn oed yn ei gynorthwyo wrth daro bargen mewn busnes drwy ei fwydo â gwybodaeth am amgylchiadau personol perchnogion tai.

Er y byddai Nancy'n edliw'n aml fod Nhad yn gwastraffu ei dalentau y tu ôl i'r cownter, doedd dim unrhyw awgrym ei bod hi'n ceisio difetha'i briodas. Beth bynnag, roedd ganddi ddigon i'w wneud yn cadw trefn ar nifer o 'ewythrod' i mi. Roedd un yn hen lanc, neu'n hytrach yn ddyn hoyw cyfrinachol, o'r enw Willie, y byddai Nancy'n gofalu amdano ar ôl iddi ddechrau helpu ei fam gyfoethog. Swyddog glofaol oedd un arall, Ted, a yfai ac a fyddai'n gamblo'i holl enillion, ar wahân i'r hyn a dalai i Nancy. Cwlffyn o uwch-sarsiant yn y Fyddin Diriogaethol a saer maen oedd Clem, a byddai Nancy'n ei yfed o dan y bwrdd yn aml, er ei bod hi o dan bum troedfedd ac yn pwyso llai na saith stôn. Yna roedd Pat, alcoholig o Wyddel a fyddai'n aml yn ymbil ar fy nhad i berswadio Nancy rhag ei anfon i fedd cynnar.

Dylanwadau allweddol cynnar eraill ar fy mywyd oedd dwy chwaer a oedd yn hen ferched, Bronwen a Sally o Drecynon. Roedd y rhain yn wir egsentrics a byddent yn rhoi stêc syrlwyn mewn cawl! Roedd ganddyn nhw frawd hŷn, Davy, a fyddai'n mynd lan i'r llofft gyda Raymond, Danny a Sid ar gyfer 'gwersi darllen Beiblaidd'. Aelodau oedd y rhain o gylch hoywon Trecynon. Mae'n bosibl fod Bronwen a Sally wedi mynd i'w bedd heb sylweddoli beth oedd gwir natur yr hyn a ddigwyddai lan llofft. Roedd un aelod o'r cylch yn fab i weinidog ac un arall yn ddiacon!

Fe greodd Bronwen a Sally ddiddordeb dwfn ynof mewn hanes. Fe fyddent hefyd yn fy stwffio â'u cawl enwog, gan fy nhroi i'n fwytäwr cig anniwall hyd heddiw! Nid nepell oddi wrthynt trigai pâr arall o hen ferched, Elizabeth ac Adelaide. Roedd y rhain eto'n gymeriadau ac fe fydden nhw'n fy annog i fynegi fy marn os teimlwn fod yna rywbeth y dylid ei ddweud.

Cofiaf fod pawb, bron, o'r rhain yn siarad Cymraeg, er y mynnent nad oedd eu Cymraeg yn ddigon da iddynt ystyried eu hunain yn siaradwyr yr iaith. Roedd yr agwedd hon, yn anffodus, yn nodweddiadol o lawer o aelwydydd dosbarth gweithiol yn y cymoedd.

Un o'r profiadau cynnar mwyaf ysgytwol a gofiaf oedd gwraig i werthwr nwyddau haearn o Ferthyr Tudful yn edliw wrth Mam mai dim ond i atal fy nhad rhag mynnu ysgariad roedd hi wedi fy nghael. I blentyn bach, roedd yr ensyniad hwn nad oedd ar Mam fy eisiau yn rhywbeth brawychus, ac fe gafodd effaith allweddol ar ddatblygiad fy nghymeriad.

Un man a gafodd ddylanwad mawr arnaf oedd Eglwys Annibynnol Gymraeg Ebeneser, Trecynon. Roedd fy nhad-cu, Tom Beynon, wedi bod yn ddiacon yno am ddeugain mlynedd, a byddwn yn mynychu'r oedfaon yno gyda'm rhieni. Y gweinidog ar y pryd oedd y Parchedig R O Thomas, a bwysleisiai bwysigrwydd cyfrifoldeb personol dros ein gweithredoedd. Yn athrawes ysgol Sul yno roedd Margaret Morris, merch un o Aelodau Seneddol Llafur Aberdâr, David Emlyn Thomas, a ddysgodd i ni bwysigrwydd Cristnogaeth ymarferol. Un o'r diaconiaid oedd Evan Griffiths, pregethwr cynorthwyol, egsentrig a sosialydd i'r carn, a ddysgodd i mi rinwedd siarad plaen. Fe wnaeth y geiriau canlynol a ddysgodd i mi'n fachgen fy rhoi ar ben y ffordd:

Dare to be a Daniel,
  Dare to stand alone,
Dare to have a purpose firm,
  Dare to make it known.

Pennod 3

Cychwynnais ar fy ngyrfa yn y pulpud yn bedair oed pan fyddwn i'n cyhoeddi emynau a salmau yng ngwasanaethau'r plant ar foreau Sul. Byddwn yn ymarfer drwy sefyll ar gownter y siop ar nos Sadwrn. Cymerais fy nghamau sigledig cyntaf tuag at bregethu hefyd drwy sefyll ar sach o datws a dynwared pregethwyr a fyddai'n galw yn eu tro.

Doedd Mam ddim yn credu mewn anfon plant i'r ysgol yn rhy ifanc. Gwell oedd ganddi fy nysgu yn y tair 'R' cyn i mi gychwyn ar fy addysg ffurfiol. Gan ei bod hi'n dysgu yn Ysgol Gynradd Pen-y-waun, cytunwyd mai yno i ysgol y babanod yr awn innau, a oedd filltir i ffwrdd. Golygai hyn y medrai Nhad fynd â'r ddau ohonom yno yn y car cyn iddo agor y siop.

Dechreuais ar fy addysg yn yr ysgol ym mis Medi 1965. Er mawr embaras i mi, mynnai fy mhrifathrawes, Mari Davies, ddatgan dro ar ôl tro 'fod gan Felix yr wybodaeth gyffredinol orau o'i oedran a welais i erioed'. Un arall a gafodd dylanwad sylweddol arnaf oedd Jennie Phillips, athrawes gampus mewn pynciau cyffredinol. Cadwai ei thad, Tom, siop ddillad y drws nesaf i 72 Heol y Felin, ac roedd e'n ffrind mawr i'r teulu Beynon. Ond wnaeth hynny ddim fy achub rhag y wialen am gamymddwyn. Yn wir, roedd Mam wedi dweud wrth ei chyd-athrawon am fy nhrin i yn union fel pob plentyn arall. Safai Ysgol Pen-y-waun yng nghanol stad dai cyngor ddigon garw, a bu'n rhaid i mi ddysgu amddiffyn fy hun. Ystyrid ymladd yn rhan naturiol o'r broses o galedu'r corff.

Yn 1966 aeth Mam drwy'r profiad ofnadwy o golli plentyn. Tra oedd hi ar ddyletswydd cinio yn Ysgol Pen-y-waun y gaeaf hwnnw, a hithau bum mis yn feichiog,

Ysgol y Babanod, Pen-y-waun, Gorffennaf 1968 – fi yw'r pumed o'r chwith yn y cefn

llithrodd ar y rhew a chollodd y baban oedd yn ei chroth. Bu Nhad yn gefn mawr iddi, er gwaetha'r siom na châi ail fab. Hysbyswyd ef gan y meddyg fod anafiadau Mam cynddrwg fel na fedrai feichiogi fyth eto.

Yng ngwanwyn 1968 roedd Mam mewn penbleth. Y mis Medi hwnnw rown i'n ddigon hen i fynd ymlaen i Ysgol Gynradd Pen-y-waun, lle roedd hi'n athrawes. Doedd hi ddim yn awyddus i ddysgu ei phlentyn ei hunan. Gwyddai am achosion tebyg, a oedd wedi arwain at y plentyn naill ai'n cael cam wrth iddo gael ei wneud yn esiampl i weddill y dosbarth neu gael ei faldodi, a chael ei ystyried yn ffefryn bach ei fam. Er mwyn osgoi hyn, penderfynodd fy nanfon i Ysgol Gymraeg Ynys-lwyd, Aberaman. Penodwyd hithau'n athrawes yn Ysgol Gynradd Blaen-gwawr gerllaw. Golygai hyn y gallai Nhad barhau i yrru'r ddau ohonom i'r ysgol gyda'n gilydd.

Roeddwn i'n fwy ffodus na'r rhelyw o'r disgyblion yno gan y medrwn i siarad Cymraeg. Byddai Nhad yn annog Mam i siarad Cymraeg â mi bob amser. Dros y blynyddoedd

Disgybl yn Ysgol Ynys-lwyd, Aberaman, yn 1971

roedd ef ei hun wedi dod i ddeall yr iaith, ac yn aml defnyddiai ymadroddion Cymraeg pan siaradai â mi. Byddai hefyd yn mynychu Capel Annibynnol Cymraeg Ebeneser yn rheolaidd. Yno roedd y Parchedig R O Thomas yn ddigon goleuedig i amlinellu prif themâu ei bregethau yn Saesneg.

Deuthum o dan ddylanwad nifer o athrawon yn yr ysgol. Byddai'r prifathro, Elwyn Morgan, yn annog pob disgybl i ymgyrraedd at ragoriaeth. Er mwyn cadarnhau ei awdurdod, defnyddiai ei 'wialen frathog' arnom o flaen yr holl ysgol yn y gwasanaeth boreol. Yno hefyd roedd Gordon Evans, a gâi ei adnabod fel 'dyn y pren mesur'. Caem wybod ystyr poen pan ddisgynnai'r ffon fesur bren, drom ar ein penolau. Er hynny, hoffem y dyn gwyllt yr olwg hwn o fynyddoedd y Preselau. Y dylanwad mwyaf cadarnhaol arnaf yn yr ysgol oedd Gwyneth Wiliam. Dechreuodd ddysgu yn Ynys-lwyd pan gychwynnais i yno, a gadawodd i weithio i'r Urdd yn Aberystwyth y flwyddyn wedi i mi adael. Y ferch ifanc hon o Benrhyndeudraeth fu'n gyfrifol, i raddau helaeth, am feithrin fy niddordeb yn hanes Cymru. Mae hi bellach, fel Gwyneth Hunkin, wedi hen ymddeol ac yn byw yn ardal Rhydypennau yng Ngheredigion, a byddaf wrth fy modd bob tro y caf gyfle i siarad â hi.

Ochr yn ochr â'r wybodaeth a gawn gan yr athrawon gwych hyn, cynyddodd fy niddordebau y tu allan i oriau ysgol rhwng canol y 1960au a'r 1970au. Mynnai Nhad fy mod yn medru adrodd ar fy nghof enwau a dyddiadau brenhinoedd a breninesau Lloegr o'r siart ar wal y stafell ffrynt. Datblygais hefyd ddiddordeb mawr mewn casglu darnau arian. Dechreuais gasglu darnau Prydeinig, yn arbennig ddarnau coron, ac rwy'n dal i'w casglu. Bu'r teulu Wong, ffoaduriaid o Viet Nam a gadwai siop yn Arcêd y Castell yng Nghaerdydd, yn allweddol yn sbarduno fy niddordeb yn yr hobi, yn ogystal â P A Wilde yn Stryd Charles ac yn arbennig George Harding ym Marchnad yr Hen Felin, a ddywedodd wrtha i, 'Cofia bob amser brynu darnau yn y cyflwr gorau fedri di ei fforddio.'

Treuliwn ambell bnawn Sadwrn cyfan y tu ôl i gownter George yn dysgu popeth a fedrwn i am gasglu darnau arian, yn enwedig eu cyflwr ac adnabod enghreifftiau prin. Mae 'na un digwyddiad doniol sy'n dal yn fyw yn fy nghof. Tueddai George i daflu gwaddod ei gwpan te dros ei ysgwydd heb edrych i weld a oedd rhywun yn sefyll y tu ôl iddo. Un diwrnod roedd dynes fonheddig yr olwg mewn cot o groen minc ac yn gwisgo gemwaith drudfawr ar fin croesi'r trothwy pan ddisgynnodd cawod o ddail te oer drosti. Pan gododd ei llais i gwyno, yn gryf ond yn foneddigaidd, roedd George am i'r ddaear ei lyncu. Fedrwn i ddim peidio â chwerthin yn uchel! Y cyfan fedrai George ei wneud oedd mwmian, 'Fe dala i am lanhau'ch cot.'

Hefyd, arferai Iddew weithio yng Nghanolfan Hen Bethau Jacob. Câi ei adnabod fel 'Pearls' gan fod ganddo obsesiwn am berlau. Roedd e'n gwbl ddiegwyddor. Ei hoff ddywediad oedd, 'Rhowch fodrwy o ansawdd gwael mewn hen focs sy'n edrych yn ddrud, ac fe fyddwch yn iawn!' Pan ymddeolodd, roedd e'n filiwnydd, mae'n debyg. Pwy sy'n dweud nad yw twyll yn talu?

Yn ystod yr un cyfnod, anogwyd fi gan Nhad i ymddiddori mewn gwahanol chwaraeon, yn enwedig rhai corfforol, fel reslo a bocsio. Arferem fynd yn aml, yng nghwmni alltudion eraill o Ddwyrain Ewrop fel 'Llygaid

Mawr', i Erddi Soffia yng Nghaerdydd i weld ein harwyr yn reslo. Yn eu plith roedd Roy 'Bull' Davies, Jackie Pallo, Bert Royal, Mike Marino, Mick McManus, Steve Logan, Les Kellet, 'Bomber' Pat Roach, Big Daddy, Giant Haystacks, a'r unigryw Kendo Nagasaki. Beth bynnag ddywed difrïwyr am ganlyniadau gornestau'n cael eu trefnu, ac mai adloniant yw reslo yn hytrach na champ, roedd y reslwyr proffesiynol hyn yn ddynion cryf. Yng Ngerddi Soffia gwelais Giant Haystacks, chwe throedfedd ac un fodfedd ar ddeg o ddyn yn pwyso chwe stôn a deugain, yn cael ei godi i'r awyr gan Kendo Nagasaki, na phwysai ond un stôn ar bymtheg, a'i daflu ar draws y sgwâr cyn i'r dyfarnwr ei gyfrif allan. Fedrwch chi ddim twyllo yn y fath gamp, a olygai gryfder mawr a medr technegol.

Doedd dim byd yn well gennym na gweld menywod canol oed yn dod ymlaen at ymylon y sgwâr er mwyn hitio un o 'ddynion drwg' y byd reslo â'u hymbrelos a thaflu sen atynt. Oedd, roedd gwylio reslo ar nos Fercher a phnawn Sadwrn yn rheidrwydd i'n teulu ni – ac felly hefyd i deuluoedd eraill a âi'n ffyddlon i'r eglwys neu'r capel. Yn wir, byddent yn trafod reslo y tu allan cyn y gwasanaeth neu ar ei ôl. Doedd e ddim yn rhyfedd, felly, mai bod yn reslwr proffesiynol oedd fy uchelgais cyntaf. Petai sioeau reslo Orig 'El Bandito' Williams ac S4C yn bodoli ar y pryd, fyddai'r uchelgais ddim yn ymddangos yn un mor wirion! Yn wir, daeth ychydig lwyddiant i'm rhan wrth i mi reslo yng Nghanolfan Hamdden Hawthorn pan dderbyniwn wersi chwaraeon ganol y 1970au.

Byddai Nhad hefyd yn fy annog i ymddiddori mewn bocsio proffesiynol, ond ni wnaeth erioed fy mherswadio i ddilyn ei gamre ef a bocsio'n anghyfreithlon i ychwanegu at fy incwm. Aem yn aml i sinema'r Plaza yng Ngabalfa i wylio rhai o ornestau clasurol y 1970au, yn eu plith yr enwog *Thrilla in Manila* a *The Rumble in the Jungle*, a ddangoswyd yn fyw drwy gyfrwng lloeren. Cawsom y fraint o fod yno adeg y 'Last Night of the Plaza' ym mis Medi 1980, pan ddaeth 1,200 ynghyd i weld Muhammad 'I am the Greatest' Ali'n cael crasfa gan Larry Holmes, ei gyn-bartner ymarfer.

Gadewais Ysgol Ynys-lwyd ym mis Gorffennaf 1972, i barhau â'm haddysg yn Ysgol Gyfun Rhydfelen, yr ysgol gyfun gyfrwng Cymraeg gyntaf yn ne Cymru, wrth gwrs. Bryd hynny, câi Rhydfelen ei rhedeg, i bob pwrpas, fel ysgol ramadeg, gyda ffrydiau gramadeg 'P', 'O', 'R' a 'T', ffrydiau cyfun 'F' ac 'H', yn ogystal â ffrwd adfer 'A'. Roedd y prifathro, Gwilym Humphreys, yn ddisgyblwr llym ac yn ymroddedig i'r nod o sefydlu ei ysgol fel model ar gyfer addysg Gymraeg ledled y sir. Cefnogid ef, yn gyffredinol, gan athrawon yr un mor ymroddedig a oedd wedi'u sbarduno gan yr un nod. Fi oedd un o ychydig o blant Ysgol Ynys-lwyd a dderbyniwyd i ffrwd ramadeg, 'P' yn fy achos i.

Pennaeth yr ysgol iau oedd Tom Vale, cyn-gyrnol yn y fyddin. Llysenw'i ddisgyblion arno oedd 'King of the size 12 dap'. Yn llym ei ddisgyblaeth, roedd e hefyd yn gymeriad llawen a gâi ei barchu am ei agwedd 'Sori, fechgyn, ond fe gawsoch eich dal' wrth ddosbarthu cosb. Gellid disgrifio rhai o'r athrawon chwaraeon fel sadistiaid llon a goleddai agwedd 'gwaed a gyts' at ddysgu eu pwnc. Dyna i chi Gerwyn Caffrey 'Pawb at y pyst a 'nôl'. Ac Arwel Owen, 'Win at all costs!' Hyd y dydd heddiw mae gen i greithiau ar fy mhengliniau ar ôl gorfod taclo fy nghyd-ddisgyblion ar goncrid! Er hynny, teimlaf yn falch i mi chwarae rygbi dros Ysgol Rhydfelen, fel arfer yn safle prop pen tyn ond weithiau fel bachwr. Cofiaf Gerwyn Caffrey yn fy nghyfarch mewn angladd yn Aberaeron fis Medi 2008. 'Roeddet ti'n llawn brwdfrydedd, yn gryf yn gorfforol ac yn ddewr, ond yn sicr nid ti oedd y chwaraewr gorau cyn belled ag yr oedd cydgordio yn y cwestiwn,' meddai.

Dau o'r athrawon a ddylanwadodd fwyaf arnaf oedd

Dafydd Pretty a Gareth Reynolds. Dafydd, mae'n siŵr gen i, oedd y mwyaf llym ei ddisgyblaeth, gyda'i agwedd 'Bore braf am gosb' tuag at ddysgu. Ond fel Pennaeth yr Adran Hanes, byddwn bron iawn yn ei eilunaddoli, ac ystyriwn ef yn eicon o wybodaeth hanesyddol. Ef oedd y grym a'm gyrrodd ymlaen i'm perswadio fy hun na fyddwn i'n hapus nes i mi ennill fy Noethuriaeth mewn Hanes yn 1995.

Roedd Gareth Reynolds, gweinidog ordeiniedig gyda'r Presbyteriaid a Phennaeth yr Adran Ysgrythur, yn ysbrydoliaeth i mi. Er nad oedd disgyblaeth yn un o'i ddoniau mwyaf, byddai'r 'Rabi' yn sicrhau y byddai Ysgrythur bob amser yn cystadlu â Hanes fel fy hoff bwnc.

Er i mi gael llawer o fudd wrth fynychu Ysgol Rhydfelen, gwn am rai disgyblion a deimlai i'r gwrthwyneb. Credai llawer o'r disgyblion o'r Cymoedd yn bendant fod yna elît cymdeithasol o Gaerdydd a Bro Morgannwg yno. Yn sicr, ceid enghreifftiau o ddisgyblion o'r ardaloedd hynny'n derbyn cosbau ysgafnach oherwydd safle eu rhieni na'r cosbau a dderbyniai plant y Cymoedd am droseddau tebyg. Hynny yw, ceid cyhuddiadau o ffafriaeth yn Rhydfelen, ac awgrym nad hon oedd yr ysgol orau i bob plentyn o'r Cymoedd ei mynychu.

Gallaf ddyfynnu dwy enghraifft, sef Gaenor a Raymond. Roedd Gaenor wedi mynychu Ysgol Ynys-lwyd, a'i rhieni'n ddi-Gymraeg. Roedd hi'n ddeallus, ac yn gyffyrddus yn y ffrwd ramadeg o ran gallu. Ei hunig wendid amlwg oedd tasgau ysgrifenedig yn y Gymraeg, am na siaredid yr iaith ar yr aelwyd. Dechreuodd wisgo colur, a hynny'n ysgafn yn ôl safonau heddiw. Er y gallaf dderbyn na chaniateid hyn yn yr ysgol, a'r ffaith y gwisgai hefyd eitemau bychain o emwaith, ni allai unrhyw beth gyfiawnhau'r driniaeth annynol a ddioddefodd o flaen ei chyd-ddisgyblion. Gafaelodd aelod hŷn o dîm rheoli'r ysgol yn ei gwallt wrth iddi gerdded allan o'r gwasanaeth boreol a dweud, 'Rwyt ti'n edrych fel hwren goman, ac mae'n rhaid bod dy fam yr un fath gan ei bod hi'n caniatáu i ti ddod i'r ysgol yn edrych fel yna!'

Byddai nifer o ferched o deuluoedd dosbarth canol proffesiynol o Gaerdydd a'r Barri, a wisgai lawer mwy o golur, yn cael llonydd. Arweiniodd y driniaeth annynol hon at danseilio Gaenor yn llwyr. Collodd bob diddordeb yn ei gwaith academaidd a gadawodd Rydfelen heb unrhyw gymwysterau o bwys. Sgwrsiais â hi mewn angladd yn Hirwaun yn ystod haf 2002. Credai, petai hi wedi mynd i ysgol gyfun Saesneg yn Aberdâr, y gallai fod wedi mynd ymlaen i brifysgol yn hytrach na mynd i weithio mewn ffatri.

Cyn-ddisgybl yn Ysgol Ynys-lwyd oedd Raymond hefyd. Fe'i derbyniwyd i ffrwd adfer Rhydfelen. Câi hi'n anodd astudio drwy gyfrwng y Gymraeg a byddai wedi gwneud yn llawer gwell petai wedi cael cyflwyno'i waith yn Saesneg. Er iddo gael ei fwlian, ymddengys i rai aelodau o'r staff dysgu anwybyddu hynny. Petai e'n fab i rieni proffesiynol dosbarth canol, yn hytrach na mab i löwr claf, anodd credu na fyddai rhywbeth wedi'i wneud ynglŷn â'r bwlian.

Yn ogystal, ni chaniateid i Raymond sefyll dim ond un arholiad CSE ar ôl treulio pum mlynedd yn Rhydfelen. Er hynny, enillodd y radd uchaf. Yna treuliodd bedair blynedd yn y Chweched yn astudio tri phwnc arall ar gyfer arholiadau'r CSE gan olygu na chawsai ddilyn pynciau ffurfiol yn ystod ei holl gyfnod yn yr ysgol, bron iawn. Rhoddid iddo hefyd dasgau amrywiol, fel glanhau lloriau'r ffreutur, brwsio siafins oddi ar lawr y stafell gwaith coed, a chlirio sbwriel o'r iard. Gwelid ef yn aml mewn oferôls, ac weithiau byddai'n mynd adre ar y bws yn fudr.

Ni ellid disgrifio'r un o'r gweithgareddau hyn fel rhai buddiol o ran paratoi rhywun ar gyfer gyrfa. Yn sicr, ni chaniateid y fath beth mewn ysgolion heddiw. Yn anffodus, ni ddatgelodd Raymond ei ran yn y tasgau hyn wrth ei rieni. Fe'i condemniwyd, felly, i fod yn was bach yn ogystal â disgybl. Ond profodd Raymond i'r rheiny a oedd wedi amau ei allu eu bod nhw'n anghywir; enillodd radd BSc mewn Gwyddoniaeth ym Mhrifysgol Morgannwg.

Fe'm maged i mewn cartref lle câi materion cyfoes eu trafod yn rheolaidd. Roedd Mam o gefndir Rhyddfrydol Lloyd George, a'i thad wedi cadeirio cyfarfodydd lle bu'r Dewin Cymreig yn annerch. Yn wir, roedd Tom Beynon wedi ystyried sefyll fel ymgeisydd i'r Glymblaid Ryddfrydol yn etholiad cyffredinol 1918. Ond rhoddodd Mary, ei wraig Geidwadol, stop ar hyn gan ei bod hi'n feichiog gyda Kathleen, fy mam, ar y pryd.

Wrth i Ryddfrydiaeth wanychu yn ei chadarnleoedd yn y Cymoedd, llithrodd y teulu Beynon yn araf tuag at Geidwadaeth Winston Churchill ac Anthony Eden. Fe wnaeth Mam bleidleisio bron yn ddieithriad i'r Ceidwadwyr yn yr etholiadau wedi'r rhyfel.

Daliadau gwleidyddol adain dde oedd gan Nhad, a hynny'n bennaf o ganlyniad i'w gefndir Slofenaidd a'i brofiadau adeg y rhyfel. Roedd e'n ffyrnig o wrth-gomiwnyddol, a disgrifiai sosialaeth fel 'comiwnyddiaeth heb y gwn'. Roedd ei brofiadau fel glöwr hefyd wedi creu ynddo gasineb at undebaeth filwriaethus adain chwith. Ei arwr gwleidyddol oedd Winston Churchill ac roedd e'n frenhinwr pybyr. Cofiaf weld Jac yr Undeb yn cyhwfan yn falch ochr yn ochr â'r Ddraig Goch yn y siop ar gyfer dathlu'r Arwisgo yn 1969. Rhwng y baneri roedd llun o Dywysog Cymru gyda'i fam. Gwelid rhywbeth tebyg mewn siopau eraill hefyd, a chefnogid yr Arwisgo gan y mwyafrif llethol yn Aberdâr. Wedi'r cyfan, onid Llywodraeth Lafur Harold Wilson oedd y tu ôl i'r cyfan?

Cofiaf i etholiad 'Pwy sy'n rheoli Prydain' mis Chwefror 1974 gael ei drafod yn frwd ar yr aelwyd. Roedd fy rhieni'n bendant o'r farn na ddylai'r Prif Weinidog, Edward Heath, ildio i ofynion y 'glowyr gor-bwerus', a hynny ar sail egwyddor. Roedd barn Nhad yn glir: ewch yn ôl at dalu cyflogau yn ôl faint a gynhyrchwyd ac fe sicrhewch gyflogau llawer uwch. Er hynny, pleidleisiodd y ddau'n dactegol i ymgeisydd Plaid Cymru, Glyn Owen, mewn ymgais i danseilio Ioan Evans o'r Blaid Lafur. Ond enillodd Llafur fwy na dwbl cyfanswm y pleidleisiau a gafodd Plaid Cymru. Bu'r refferendwm ar y cwestiwn a ddylid parhau fel rhan o'r Gymuned Economaidd Ewropeaidd yn 1975 yn bwnc dadleuol ar yr aelwyd. Teimlai Nhad a Mam yn ddig nad oedd Edward Heath wedi galw am refferendwm cyn mynd i mewn yn y lle cyntaf. Ond nawr, a'r Deyrnas Unedig eisoes yn aelod, teimlent mai buddiol fyddai pleidleisio 'Ie' gan nad oedd y rhai oedd dros dynnu allan wedi cyflwyno dadl ddigon cryf. Fe wnes i ddosbarthu cannoedd o daflenni 'Cadwch Brydain yn Ewrop', gan gredu'n gyfeiliornus, fel cynifer o bobl eraill ar y pryd, mai hanfod y Farchnad Gyffredin oedd masnach rydd rhwng y gwledydd oedd yn aelodau, yn hytrach na'i bod yn sylfaen ar gyfer arch-wladwriaeth Ewropeaidd.

Mater llosg arall ar yr aelwyd oedd nepotistiaeth ymhlith rhai cynghorwyr Llafur yn ne Cymru. Cofiaf rai digwyddiadau amheus yn Neuadd Trecynon ar ddyddiau etholiad ddiwedd y 1960au a dechrau'r 1970au. O groesi'r trothwy, câi'r pleidleiswyr eu gwahodd gan hoelion wyth y Blaid Lafur i eistedd wrth y bwrdd a mwynhau paned a bisgedi cyn gosod eu marc yn y stafell gefn. Yn wir, byddai ambell aelod yn mynd gyda'r pleidleiswyr i mewn i'r bwth i'w 'cynorthwyo' i osod y marc ar y papur pleidleisio.

Treuliem ein gwyliau haf fel arfer ar y Parrog yn Nhrefdraeth lle byddai Nhad yn rhentu carafán am fis ar fferm a maes gwersylla cefnderwyr i Mam. Byddem yn cyrraedd ar fore Sul, yn aros yno tan nos Iau ac yna'n mynd adre'n barod i agor y siop ar fore dydd Gwener a dydd Sadwrn cyn dychwelyd eto nos Sadwrn. Treuliwn yr amser yn cerdded y penrhyn hyfryd, yn nofio, pysgota ac ymweld â mannau hanesyddol. Byddwn hefyd yn helpu i gasglu'r sbwriel ar y safle ac yna'n chwarae cardiau hyd oriau mân y bore gyda ffrindiau a fyddai'n dod yno flwyddyn ar ôl blwyddyn.

Yno y deuthum yn ffrindiau â merch ifanc o Loegr o'r enw Judy. Roedd ei thad yn un o sgriptwyr *Dr Who*. Byddai Judy a minnau'n crwydro llawer gyda'n gilydd cyn brecwast. Ym mis Awst 1975 fe gawsom ryw am y tro cyntaf. Yn anffodus aeth yr hanes 'nôl at fy rhieni – roedden nhw wallgof!

Digwyddiad pwysig yn hanes y teulu fu i ni symud i fyw i 1 Park Lane, Trecynon, fis Gorffennaf 1976. Y rheswm dros hyn oedd yr angen i mi gael mwy o le i astudio ar gyfer fy arholiadau Lefel 'O'. Gallai byw uwchlaw'r siop fod yn swnllyd iawn. Hwyrach hefyd fod Nhad yn awyddus i brynu ei gartref ei hun ac, am y tro cyntaf, i beidio gorfod dibynnu ar fyw mewn annedd a ddarperid gan rywun arall. Dywedai'n aml, 'Rwy nawr yn cerdded ar fy nhir fy hun!' Ond fe wnaeth symud i le mwy arwain at gryn elyniaeth tuag ataf, yn yr ysgol ac yn y siop. Cofiaf gael fy ngalw'n 'Parklanian pig' a chlywed geiriau fel 'foreigner father buying a big house' ar y bws ysgol. Câi fy rhieni eu cyhuddo o fod yn rhy fawr i'w sgidiau ac o feddwl eu bod nhw'n well na phobl eraill. Roedd y sylwadau difrïol hyn yn darlunio un o agweddau gwaethaf bywyd mewn cymdeithas ddiwydiannol, sef yr eiddigedd pan fyddai rhywrai'n gwella'u byd, hyd yn oed os gwnaethon nhw weithio'n galed i wneud hynny. Dyfnhaodd hyn fy ngwrthwynebiad tuag at y diwylliant Llafur egalitaraidd yng nghymoedd y de.

Agwedd nodweddiadol o'r diwylliant rhagrithiol hwn oedd y snobyddiaeth faterol a amlygid. Droeon, wrth siopa yn Tesco yn Aberdâr, cofiaf glywed dynion yn brolio bod eu troli hwy'n llawnach nag un rhywun arall. Roedd hyn yn awgrymu, wrth gwrs, eu bod nhw'n meddu ar statws ariannol uwch drwy fod yn abl i brynu mwy o nwyddau. Ystyriwn hyn fel cyflwr pathetig o feddwl. Dangosai hefyd, hyd yn oed ymysg y cysyniad dosbarth gweithiol mytholegol o gyfartaledd i bawb, fod rhai pobl yn fwy cyfartal nag eraill.

Ddydd Sul Gŵyl y Banc fis Awst 1976 cefais brofiad seicig. Roedd y ddawn o 'weld pethe' wedi bod yn nodwedd o deulu Mam dros genedlaethau. Er ei bod yn eglwyswraig bybyr, roedd fy hen fam-gu, a drigai yn ardal Trefdraeth, yn credu yn yr 'hen ffyrdd' ac yn medru darllen dail te. Fe wnaeth fy mam-gu etifeddu'r ddawn a gallai hefyd 'ddarllen baw ieir'.

Clywais stori am Mary Thomas, fy mam-gu, pan oedd hi a tad-cu yn cerdded ar hyd wal Cei Parrog un noson ac yn mynd i lawr y grisiau. Yno gwelodd Mary ryw oleuni rhyfedd yn hofran uwchlaw'r ffynnon, fel cannwyll yn troelli. Mynnodd Mary ar unwaith mai arwydd oedd hwn fod ei Hwncwl Dai yn mynd i foddi ar y môr. Dridiau'n ddiweddarach derbyniodd lythyr yn ei hysbysu i long ei hewythr daro mynydd iâ oddi ar arfordir Newfoundland ar ddechrau'r Ail Ryfel Byd. Rhaid bod Mary wedi gweld cannwyll gorff.

Cofiaf wraig yn Nhrefdraeth yn y 1960au cynnar a gâi ei hadnabod fel 'Martha Self Raising'. Roedd hi'n gymeriad ecsentrig a thrigai ar y ffordd tuag at fynydd Carn Ingli; bob bore Gwener arferai gerdded i'r dre i wneud ei siopa. Gwisgai ddillad du o'i chorun i'w sawdl a chafodd ei llysenw oherwydd ei harferiad o rwbio fflŵr ar ei hwyneb. Credai'r bobl leol fod ganddi'r gallu i godi eneidiau'r meirw a chyfleu negeseuon oddi wrthynt i'r rhai byw. Ac ar fore dydd Gwener ym mis Awst 1965 fe ddywedodd hi wrth Mam, yn fy mhresenoldeb i, na châi hi byth blentyn arall. Roedd hi'n gywir.

Er na wnaeth Mary Thomas drosglwyddo'i dawn seicig i Mam, cred rhai fy mod i wedi etifeddu peth o'r ddawn honno. Ddiwedd mis Awst 1976 fe'm hanfonwyd i nôl y papurau o siop Collins yn Nhrefdraeth. Roedd yn fore braf o haf, a cherddais yn ôl ar hyd Feidr Brenin a Feidr Ganol. Rown i ar fin troi i'r dde ac i lawr y rhiw tuag at Rock House pan welais wraig yn cerdded tuag ataf. Wrth iddi agosáu, teimlwn flew fy ngwallt yn codi. Teimlai fy nhraed fel petaent wedi'u rhewi i'r ddaear. Ni fedrwn symud. Daeth yn nes ataf a sylwais fod ei llygaid hi'n farw, heb unrhyw olau ynddynt. Ymddangosai ei chnawd yn hollol wyn, fel petai pob diferyn o waed wedi'i sugno allan ohoni gan fampir. Er ei bod hi'n fawr o gorffolaeth, doedd ganddi ddim bronnau i'w gweld o dan ei siwmper werdd.

Gwyddwn i sicrwydd mai Mrs James oedd hi, menyw a gofiwn o ddyddiau plentyndod. Credwn ei bod hi wedi marw o gancr y fron saith mlynedd yn gynharach. Cerddodd yn ei blaen, ond pan droais i edrych arni'n mynd heibio, roedd wedi diflannu. Rhedais yr hanner milltir adre a sylwodd Mam fod fy llaw wedi chwysu gymaint nes bod y papur yn wlyb. Fe aethom wedyn i fynwent y dref a gweld bedd Mrs James yno. Ac roedd hi wedi marw saith mlynedd cyn hynny. Clywais wedyn fod Mrs James yn arfer cerdded y ffordd honno bob Sul ar yr union adeg y gwelais i hi.

Cefais brofiadau seicig eraill wedi hynny. Yn ystod hydref 1976, dihunais o drwmgwsg gan deimlo'n gynhyrfus. Dywedais wrth fy rhieni fy mod i'n teimlo'n drist am fod fy mentor casglu darnau arian, George Harding, wedi marw. Yn ddiweddarach y bore hwnnw fe ffoniodd Mam fab George i holi am ei dad, a oedd yn dioddef o gancr. Dywedwyd wrthi fod George wedi marw ychydig cyn 5.30 y bore hwnnw.

Mewn ffair hen bethau ym Mharc Margam yn 1997 agorais ddrws bychan mewn hen gwpwrdd derw o gyfnod Siarl II. Yn sydyn, roeddwn yn methu anadlu a theimlais fy hun yn cael fy nhaflu tuag yn ôl. Dwrdiwyd fi gan y perchennog am wthio yn ei erbyn. Doedd gen i mo'r help!

Ac yna dyna ddigwyddiad Bancyfelin. Ar fy ffordd i dafarn y Fox and Hounds ym Mancyfelin ger San Clêr yn 1998 troais ar hyd y ffordd anghywir oherwydd niwl trwm. Yn y car gyda mi roedd fy mhartner, Mary Davies. Yn sydyn teimlodd y ddau ohonom ein bod ni'n tagu o ddiffyg aer. Dywed arbenigwyr ar y paranormal fod cysylltiad rhwng tagu o ddiffyg aer a digwyddiadau cas. Ym Mharc Margam, mae'n bosibl fod y cwpwrdd yn dal i gario atgof am ddigwyddiad annymunol. A chlywais wedyn fod llofruddiaeth heb ei datrys wedi'i chyflawni flynyddoedd ynghynt ger y digwyddiad ym Mancyfelin.

Digwyddodd rhywbeth rhyfedd hefyd yng Ngwesty'r Atlanta, Weymouth, lle roeddwn i a Mary ar wyliau ym mis Awst 2002. Rown i'n cysgu ar fy mol yn y gwely gyda Mary pan deimlais y blanced oedd dros fy nghefn yn codi'n ysgafn. Pan wnes i droi'n ddiweddarach, gwelais fod y blanced a'r cynfas wedi'u lapio fel amdo o gwmpas Mary. Pan ddihunodd, fe'i synnwyd hi. Gwyddai na fedrai hi fyth fod wedi bod yn gyfrifol am lapio'i hun yn y fath fodd.

Wrth y bwrdd brecwast gwelsom ddau ddyn – adeiladwyr oedd yn lletya ar y llawr uwch ein pennau – yn edrych yn ofnus iawn. Roeddent wedi dychryn am eu bywydau, meddent, gan rywbeth oedd wedi digwydd yn eu stafell yn gynharach. Wrth i un ohonynt siafio, gwelodd yn y drych ben ac ysgwyddau rhywun oedd â mwstásh mawr. Roedd yn edrych fel plismon. Yna, wrth iddo agor drws y gawod, gwelodd y llall rywun – a hwn eto wedi'i wisgo fel plismon – yn cerdded heibio ac yn diflannu drwy'r wal.

Pan wnaethom ni i gyd adrodd yr hanesion wrth Sheila, perchennog y gwesty, doedd hi'n synnu dim. Roedd digwyddiadau o'r fath yn gyffredin yn yr Atlanta, meddai. Credai mai gwarchodwyr oedd y 'plismyn' o'r cyfnod pan oedd yr adeilad yn garchar yn oes Fictoria. Roedd y morwynion yn ei chael yn amhosibl i gadw un o'r ystafelloedd uchaf yn ddestlus. Wedi iddynt newid y gwelyau, glanhau'r stafell a chloi'r drws, erbyn i'r lletywyr ddychwelyd byddai'r dillad gwely wedi cael eu chwalu ar hyd y llawr.

Yn wahanol i'r 'plismyn', teimlai Sheila mai ysbryd cyfeillgar oedd yn gyfrifol am yr hyn ddigwyddodd yn ystafell Mary a finnau, ysbryd a hoffai gadw menywod yn gynnes. Hwnnw a fu'n gyfrifol am lapio Mary mewn blanced a chynfas. Yn amlwg, doedd e'n poeni dim byd am ddynion a deimlai'n oer ganol nos! Felly, rhaid gen i mai ysbryd menyw oedd hwn!

Pennod 4

Bu'r flwyddyn 1977 yn un bwysig i mi gan mai hon oedd y flwyddyn pryd y sefais fy arholiadau Lefel 'O' yn Rhydfelen. Bu hon a'r flwyddyn cynt yn rhai hapus ar y cyfan. Roeddwn wedi gwneud cynnydd academaidd cyson, er na wnes i weithio'n galed ac eithrio yn y pynciau y byddwn yn eu mwynhau, fel Hanes, y Clasuron, Llenyddiaeth Saesneg a Llenyddiaeth Gymraeg. Er hynny, rown i'n mynd tuag yn ôl yn un arall o'm hoff byncian, Ysgrythur. O dan gyfarwyddyd Gareth Reynolds, rown i wedi mwynhau astudio'r pwnc. Ond roedd pethe ar droi am y gwaethaf pan baratowyd fi ar gyfer fy arholiadau Lefel 'O' gan John Owen.

Yn fy marn i, dim ond gwybodaeth gyfyngedig o'r pwnc oedd gan John Owen, a bu'n gyfrifol i raddau helaeth am ganlyniadau arholiad gwarthus. O blith dosbarth o 32 o ddisgyblion, dim ond wyth lwyddodd i gael graddau B ac C; nid enillodd neb radd A. Dim ond fi a dau arall lwyddodd i ennill gradd B, ac roedd hynny er gwaethaf, ac nid oherwydd, dylanwad John Owen. Roedd e hefyd yn fwli. Byddai'n hitio plant yn galed â Beibl trwm am ddim un rheswm gan weiddi, 'Duw cariad yw!' Byddai hefyd yn gwthio tip metel ei ymbrelo yn galed i fyny rhwng coesau bechgyn gan achosi poen dirfawr iddynt.

Doedd John Owen ddim yn weddus i fod yn athro ysgol a dylsai fod wedi'i ddiswyddo flynyddoedd cyn ei 'ymadawiad' yn 1991. Yn anffodus, ymddengys iddo gael ei ddiogelu gan rai pobl ddylanwadol yn eu hawydd i amddiffyn enw da addysg gyfrwng Cymraeg yn hytrach na buddiannau cyffredinol y plant.

Ond ni wnaeth ymddygiad ysgeler John Owen amharu ar fy astudiaethau i. Llwyddais i basio wyth pwnc Lefel 'O' â gradd C neu uwch, mwy na digon i ganiatáu i mi esgyn i'r chweched dosbarth ym mis Medi 1977.

A minnau ymhlith y lleiafrif o ddisgyblion o'r Cymoedd, ynghanol elît cymdeithasol dosbarth canol Caerdydd a Bro Morgannwg, deuthum yn rebel. Doeddwn i ddim am fod yn Swyddog, a gwneud dyletswyddau cinio neu fod yn eilydd i aelod arbennig o'r staff. Penderfynais yn hytrach ganolbwyntio ar waith academaidd. Astudiais Hanes ac Ysgrythur ar gyfer Lefel 'A', ac yn y Chweched Isaf llwyddais hefyd i ennill gradd 'B' yn arholiad Lefel 'O' Llenyddiaeth Groeg a Rhufain a gradd 'A' mewn Saesneg yn yr Arholiad Addysg Estynedig (*Certificate in Extended Education*).

Er iddo gadw mewn cysylltiad â'r teulu yn Slofenia, wnaeth Nhad ddim dychwelyd i wlad ei eni, Iwgoslafia bellach, am na theimlai y byddai hynny'n ddiogel. Er hynny, ym mis Mehefin 1978 digwyddodd rhywbeth anhygoel. I mewn i'r siop cerddodd ei frawd hynaf, Franc, ynghyd â'i fab Franci a'i ferch yng nghyfraith, Lenca. Roedd Nhad ar hanner torri cabetsen â chyllell enfawr pan gerddodd Franc i mewn. Rhuthrodd Nhad o'r tu ôl i'r cownter a gwasgu llafn y gyllell yn erbyn gwddf ei frawd bradwrus. Ceisiodd Franci ymyrryd ond gwthiwyd ef o'r ffordd. Rhuthrodd Lenca allan i'r siop drws nesaf a galw ar David Morgan y bwtsiwr a thri chwsmer i geisio atal Nhad. Llwyddwyd i achub Franc, ond cyfaddefodd Nhad wedyn mai ei fwriad oedd lladd ei frawd. Teimlai reidrwydd i ddial oherwydd i'w frawd, drwy gefnogi Tito, lwyddo i ffynnu yn ystod y blynyddoedd wedi'r rhyfel ar draul ei dad ac aelodau eraill o'r teulu. Doedd hyn yn ddim byd llai na brad, yn ei farn ef, a dylai'r bradwr dalu â'i fywyd.

Wedi i Nhad dawelu, ac i Mam a minnau gyrraedd o'r ysgol, gwahoddwyd Franc a'i deulu i'n cartref i aros dros y penwythnos. Yno, bu Nhad a'i frawd hynaf yn sgwrsio'n ddi-dor am tua deuddeg awr. Er iddynt ddod i ryw fath o ddealltwriaeth, fedrai Nhad ddim anghofio bradwriaeth Franc. Yn wir, mynnai y dylsai fod wedi hollti ei wddf pan gafodd gyfle. Iddo ef, nid llofruddiaeth fyddai hynny ond mater o amddiffyn anrhydedd y teulu.

Disgybl yn Ysgol Gyfun Gymraeg Rhydfelen, 1975

I Nhad, deuai anrhydedd teuluol o flaen popeth. Profais hynny pan aeth merch roeddwn wedi bod yn ei chanlyn yn feichiog. Fe aeth ei thad at Nhad i drafod y mater. Mynnodd yntau fod tad y ferch yn mynd â hi o Aberdâr am erthyliad, ac y byddai ef yn talu. Dyna a ddigwyddodd, a hynny heb i Mam ddod i wybod. Ond bu'n rhaid i minnau dalu'r pris ar ffurf ergydion bwcl arian gwregys Nhad ar fy nghefn. Wnes i ddim derbyn yr allwedd fetafforig honno pan gyrhaeddodd fy neunawfed pen-blwydd y flwyddyn honno!

Yn y cyfamser daeth Refferendwm 1979 i fynd â'm sylw at faterion mwy gwleidyddol. Deuthum yn ymgyrchydd dros y bleidlais 'Na' yng nghanol y danchwa o genedlaetholdeb yn Rhydfelen. Ond roedd yna rai eraill fel fi a oedd yn huawdl eu gwrthwynebiad i Gynulliad i Gymru. Deuai'r mwyafrif mawr o'r rhain o gefndiroedd Llafur yng nghymoedd Morgannwg a Gwent, er bod yna eraill a oedd yn fwy Ceidwadol neu Ryddfrydol eu teyrngarwch. Teimlem oll mai sicrhau Cynulliad i Gymru fyddai'r cam cyntaf ar lethr llithrig annibyniaeth wleidyddol i Gymru, gan rannu'r Deyrnas Gyfunol a dymchwel y Frenhines o'i safle fel pennaeth y wladwriaeth.

Fe wrthwynebai fy rhieni'r syniad o Gynulliad ar sail eu gwahanol brofiadau adeg y rhyfel, a'u cefnogaeth i'r frenhiniaeth. Beth bynnag ddywed rhai cenedlaetholwyr dosbarth canol, roedd y gwerthoedd Prydeinig hyn yn gryf ledled y de diwydiannol, fel y profwyd gan y gefnogaeth frwd i Jiwbili Arian y Frenhines yn 1977. Yn wir, roedd y teyrngarwch brenhinol hwn bron iawn cyn gryfed mewn ardaloedd Cymraeg o Ddyfed a Gwynedd ag yr oedd yn yr ardaloedd di-Gymraeg.

Uchafbwynt yr ymgyrch 'Na' i mi fu gwrando ar anerchiad Enoch Powell yn y Deml Heddwch yng Nghaerdydd ar noswyl y Refferendwm. Mewn araith ddwyieithog i gynulleidfa niferus iawn, cyfeiriodd yr areithydd mawr at ei gariad angerddol tuag at bopeth Cymreig a Chymraeg, yn ddiwylliannol ac yn ieithyddol, ond pwysleisiodd bwysigrwydd hanfodol cynnal unoliaeth y Deyrnas Gyfunol. Teimlai pawb, bron, oedd yn bresennol fod y dyn egwyddorol hwn yn iawn ar fater datganoli, fel mewn llawer o bethau eraill.

Dangosodd rhai o athrawon Rhydfelen gryn wrthwynebiad i'r disgyblion a oedd yn erbyn datganoli ac a wisgai sticeri 'Na'. Cyhuddent ni o arddangos symbolau a oedd yn tarfu ar reolau'r ysgol. Rhagrith noeth oedd hyn gan y byddai'r un athrawon yn anwybyddu disgyblion a wisgai sticeri 'Ie'. Yn wir, dosbarthai un athro brwdfrydig lenyddiaeth oedd yn hyrwyddo'r syniad o gynulliad Cymreig. Roedd eraill yn arddangos sticeri 'Ie' ar eu ceir. Teimlwn yn hynod falch, felly, pan wrthodwyd y syniad o Gynulliad Cenedlaethol gan dros 80 y cant o'r pleidleiswyr, gyda phob rhanbarth yng Nghymru'n pleidleisio 'Na' yn bendant.

Teimlwn yr un mor hapus pan hysbyswyd fi ym mis Awst fy mod i wedi ennill graddau 'A' yn fy arholiadau Lefel 'A' mewn Hanes ac Ysgrythur. Cefais hefyd anrhydedd yn y Papur Arbennig Ysgrythur. Teimlaf yn dragwyddol ddiolchgar i'm hathrawon gwych yn y ddau bwnc, yn enwedig yr athrawon Hanes Dafydd Pretty ac Elin Phillips, a'r athrawon Ysgrythur Gareth Reynolds a Gwyn Prichard Jones, am eu hyfforddiant ardderchog.

Uchafbwynt fy nghyfnod yn Rhydfelen oedd y Noson Wobrwyo ym mis Medi 1979 pan gefais fy anrhydeddu am ennill y canlyniadau Lefel 'A' uchaf yn y pynciau a astudiais. Ond nid pawb oedd yn hapus. Gofynnwyd i mi ddewis llyfr fel gwobr am fy llwyddiant, i'w gyflwyno i mi gan y Prifathro, Ifan Wyn Williams. Yn hytrach nag efelychu disgyblion eraill, a dewis llyfr Cymraeg, dewisais gyfrol A J P Taylor, *How Wars Begin*. Roedd hi'n werth gweld yr olwg ar wyneb y Prifathro pan gyflwynodd y gyfrol i mi, a'r wên gam ar wyneb Dafydd Pretty hefyd!

Cafodd pwysigrwydd mynd i Brifysgol Aberystwyth ei bwysleisio gymaint i mi yn yr ysgol fel y gwrthryfelais yn erbyn mynd yno. Yn ychwanegol, roedd gweithgareddau Cymdeithas yr Iaith Gymraeg yno wedi creu ynof ymdeimlad negyddol tuag at y lle. Bu Mam yn ddylanwadol hefyd, gyda'i gwrthwynebiad i'r syniad o neuadd ar wahân, fel Neuadd Pantycelyn ar gyfer y Cymry Cymraeg. Credai fod llefydd felly'n creu'r cysyniad afiach na ddylai rhywun gymysgu ond gyda phobl debyg yn unig – barn yr wyf yn ei chefnogi ddeng mlynedd ar hugain yn ddiweddarach.

Penderfynais anelu at radd anrhydedd sengl mewn Hanes yng Ngholeg Prifysgol Llambed, a hynny oherwydd awyrgylch gyfeillgar y dref, yr hyfforddiant personol a chlòs a geid yno, yn ogystal â'r amgylchedd nad oedd yn rhy Gymreig. Ychydig cyn i mi gychwyn yno, cafodd Nhad ymweliad gan ei chwaer Anna a'i merched, Anni ac Ursca. Yn dilyn marwolaeth Maria Aubel yn 1923, roedd Anna wedi bod fel mam i'w brawd ieuengaf. Cawsai fywyd anodd wedi diwedd y rhyfel, yn gorfod magu'r ddwy ferch ar incwm bach. Roedd ei gŵr yn *chetnik* (brenhinwr) yn ystod Rhyfel Cartref Iwgoslafia ac o'r herwydd cawsai ei drin fel dinesydd eilradd gan yr awdurdodau comiwnyddol. Roedd teulu Anna wedi'u hesgymuno gan Franc, y brawd cyfoethog. Yn wir, roedd Nhad wedi bod yn anfon arian iddi hi a'i theulu er mwyn ceisio gwella'i hamgylchiadau ddiwedd y 1950au a dechrau'r 1960au. Fe wnaeth Anna a'i merched ymweld â rhannau o dde Cymru gyda ni, a bu hwn yn gyfnod hapus i bawb ohonom.

Bu mynd i Lambed yn fyfyriwr yn achlysur pwysig yn fy mywyd. Hwn oedd y tro cyntaf i mi fod oddi cartref am fwy nag wythnos. Roedd bywyd yn rhif 112 Neuadd Breswyl Harries, felly, yn rhywbeth newydd a chyffrous yn fy hanes. Er mai dilyn cwrs gradd sengl oedd fy nod, roedd yn rhaid astudio tri phwnc yn y flwyddyn gyntaf. Dewisais Ddiwinyddiaeth, a Hanes Gwareiddiad Groeg a Rhufain i gyd-fynd â Hanes. Roeddwn yn un o fyfyrwyr cyntaf Llambed i astudio Hanes Cymru drwy gyfrwng y Gymraeg. Ar fore dydd Mercher byddai'r Dr Geraint Jenkins a'r Dr John Davies yn teithio i lawr o Aberystwyth i'm hyfforddi i, Rhys Bebb Jones a Paul Fisher. Byddai'r rhain yn wersi diddorol er na fyddwn i'n cytuno â barn y darlithwyr bob tro! Yn darlithio hefyd roedd y Parchedigion William Price a D P Davies o adrannau Hanes a Diwinyddiaeth Llambed, dau a ystyriwn yn diwtoriaid o'r radd flaenaf ac yn ddoeth eu cynghorion.

Llwyddais i sicrhau marciau o dros 60 y cant ym mhob pwnc, a olygai fy mod yn gymwys i dderbyn ysgoloriaeth. Yn dilyn arholiad teirawr, dyfarnwyd i mi ysgoloriaeth John Harford. Yn 1981 enillais y wobr gyntaf am draethawd hanesyddol yn yr Eisteddfod Ryng-golegol yn Aberystwyth, a'r wobr gyntaf am draethawd gwleidyddol yn y Rynggolegol eto yn Abertawe.

Cyn ennill gradd anrhydedd 2.1 mewn Hanes yn 1982, rown i wedi mwynhau llawer ar y bywyd cymdeithasol. Bu yna dair merch yn fy mywyd, un yn Almaenes o'r enw Elfrede.

Roedd yno hefyd ffrindiau gwrywaidd fel 'Dai Aberhonddu', mab i ffermwr, a'r 'Brenin Paul o Dredegar', mab i ficer. Dechreuais fynychu capel Undodaidd Brondeifi ar y Sul. Rown i'n adnabod gwraig o Aberdâr yn wreiddiol, Miss Price, a oedd yn Undodwraig frwd. Ei thad oedd prif ymgyrchydd Keir Hardie pan etholwyd ef yn Aelod Seneddol dros Fwrdeistref Merthyr Tudful yn 1900. Ym Mrondeifi deuthum yn ffrindiau â'r gweinidog, y Parchg Goronwy Evans, a ddaeth yn gyfaill agos i mi yn y weinidogaeth.

Fe wnes i fynychu nifer o gyfarfodydd y Gymdeithas Undodaidd gydag ef, ac fe wnaeth e hyd yn oed drafod gyda'r Dr Elwyn Davies, gweinidog mawr ei barch a ddarlithiai yn y Coleg Coffa yn Aberystwyth, y posibilrwydd y gallwn fynd yn weinidog gyda'r Undodwyr. Ond roedd egwyddorion cynulleidfaol cryfion Mam yn ddigon i sicrhau y byddwn yn parhau'n Annibynnwr, er fy mod yn coleddu syniadau rhyddfrydol. Hefyd roedd dylanwad cadarnhaol Glyn James, Maer Plaid Cymru cynta'r Rhondda ac ymwelydd cyson â Chapel Ebeneser, Trecynon, yn gryf arnaf. Ef fu'n gyfrifol am y ffaith i mi gychwyn fy ngyrfa fel pregethwr lleyg yn 1982.

Ym mis Medi 1982 euthum i astudio ar gyfer Tystysgrif Ôl-radd ym Mhrifysgol Caerdydd. Fy mwriad oedd ennill cymhwyster athro ysgol uwchradd, gyda Hanes fel prif bwnc ac Addysg Grefyddol fel pwnc atodol. Ni fedrai bywyd yn y ddinas fawr fod yn fwy gwahanol i Lambed a'i hatyniadau gwledig. Roedd yna gymaint o atyniadau yn y brifddinas a allai gael dylanwad drwg ar fy astudiaethau academaidd. Roedd yno, er enghraifft, sinemâu niferus gyda thocynnau rhad ar gyfer myfyrwyr. Byddai modd treulio hanner diwrnod yn gwylio ffilm fel *Gandhi* heb droi at astudio o gwbl. Yna, roedd y bywyd nos amrywiol yng nghanol y ddinas gyda phob math o dafarndai a chlybiau. Byddai modd mentro hefyd i fwynhau profiadau 'islaw'r bont'!

Un o gymeriadau mwyaf lliwgar Stryd Bute oedd gwraig ganol oed o'r enw Pat. Ar un o'i bochau roedd craith, gwaddol toriad â llafn rasel, yn ôl yr hanes. Hi oedd yr unig wraig o'r ardal honno a glywais yn siarad ychydig Gymraeg, a hynny ag acen Tiger Bay gref. Roedd ganddi lais canu da a gwisgai ddillad porffor ac aur bob amser. Yn wir, câi gynulleidfa barod o fyfyrwyr ac oedolion pan ganai ei hoff gân, 'You'll Never Walk Alone', yn yr hen Custom House cyn iddi fynd i weithio'i shifft nos!

Cymeriad arall oedd Byron, Cymro Cymraeg o Gwm Cynon. Doedd hwn ddim yn ddyn i'w groesi. O dan ei got fawr laes, cariai gasgliad o gyllyll a ddefnyddiai, meddai ef, i'w amddiffyn ei hunan. Mewn gwirionedd, câi bleser mawr yn brawychu pobl eraill, yn enwedig menywod. Ef oedd Gary Monk *Pobol y Cwm* yn nociau Caerdydd.

Roedd y darlithydd Hanes, Dr David Allsobrooke, yn gymeriad arbennig. Trigai yn yr Eglwys Newydd, a gellid ei ddisgrifio fel athrylith alcoholaidd. Ar un adeg roedd yn ddyweddi i Susan, merch hynaf David Beynon, brawd fy mam. Ond daethai'r berthynas i ben oherwydd ei archwaeth anniwall am alcohol. Cofiaf fynd gydag ef ar ymweliad â St Briavels yn y Forest of Dean yn Swydd Gaerloyw. Ef oedd gyrrwr y bws mini. Ar ôl cyrraedd yno, fe'n gadawodd i wneud rhwbiadau o gerrig beddau ym mynwent yr eglwys tra aeth ef ar grwydr o gwmpas y tafarndai.

Wedi i ni orffen ein gwaith, fe wnaethon ni ymuno ag ef yn un o'r tafarndai. Yna, ac yntau'n feddw gaib, mynnai ein gyrru adref. Bu'n rhaid i ni ei atal rhag ceisio mynd at y bws ar ei bedwar. Un o'r myfyrwyr benywaidd yrrodd adre, a phetai hi wedi cael ei stopio gan yr heddlu, byddai'n sicr o fod wedi methu'r prawf anadl. Wrth i ni ddynesu at yr arwydd 'Croeso i Gymru' ceisiodd ein darlithydd hoff agor y drws cefn a neidio allan, a ninnau'n teithio bedwar ugain milltir yr awr. Yn wir, roedd e'n hongian allan o'r ffenest ôl cyn i ni lwyddo i'w lusgo 'nôl i ddiogelwch. Wedi'r daith, doedd ganddo ddim cof o gwbl am y digwyddiad a diflannodd am ddiwrnod cyfan!

Rhan anhepgor o'r cwrs oedd ymarfer dysgu, ac fe'm hanfonwyd 'nôl i Rydfelen. Sylwais fod y safonau'n gyffredinol wedi gostwng gan fod y disgyblion mwyaf academaidd erbyn hyn yn mynychu ysgolion yn Llanhari a Glantaf. Roedd rhai o'r athrawon mwyaf abl hefyd wedi hedfan o'r nyth i'r ysgolion newydd. Er hynny, mwynheais fy nghyfnod o ymarfer dysgu yn Rhydfelen, a braint fu cael gweithio ochr yn ochr â Dafydd Pretty a Gareth Reynolds.

Cafwyd cyfnodau ysgafnach eu natur, fel hwnnw pan alwodd David Allsobrooke, na fedrai siarad Cymraeg, i asesu fy ngallu fel darpar athro. Yn anffodus, neu'n ffodus, hwyrach, ni allai – o ganlyniad i'w yfed trwm – gyflwyno adroddiadau anffafriol! Ond byddai pethau'n dra gwahanol pan alwai'r syber Eric Evans, asesydd arall. Roedd gofyn i ni oll fod ar ein gorau pan alwai Eric, neu 'E', fel y câi ei adnabod. O ystyried popeth, cefais gryn ryddhad pan dderbyniais radd 'B' mewn Hanes ac Addysg Grefyddol yn fy nhystysgrif addysg ym mis Mehefin 1983.

Cafodd 'Gaeaf yr Anniddigrwydd' yn 1978-9 gryn effaith arnaf. Gwaredwn wrth weld ar y teledu sbwriel heb ei gasglu ar hyd y strydoedd, a chyrff heb eu claddu mewn mynwentydd. Roedd angen cwtogi ar bwerau gormodol yr undebau llafur ac ailorseddu goruchafiaeth llywodraeth a etholwyd yn ddemocrataidd, o ba liw bynnag y digwyddai fod. Croesewais yn bwyllog, felly, fuddugoliaeth Margaret Thatcher yn yr etholiad cyffredinol ym mis Mai 1979. Wedi'r cyfan, roedd agweddau milwriaethus yr undebau llafur wedi dinistrio Llywodraeth Lafur y cymharol resymol James Callaghan, a'i blaid bellach yn cyflawni hunanladdiad gwleidyddol drwy wyro i'r chwith eithafol dan arweiniad gwan ac aneffeithiol Michael Foot.

Daeth twf y chwith eithafol yn amlwg o fewn gwleidyddiaeth myfyrwyr yn Llambed rhwng 1979 a 1980. Yn wir, gwelwyd y Sosialwyr Ifainc, y Rhyddfrydwyr Ifainc a Phlaid Cymru oll yn mabwysiadu polisïau cynyddol adain chwith, yn enwedig o ran cefnogi diarfogi unochrog. Er bod gen i rai amheuon parthed polisïau cyflogaeth y Llywodraeth Geidwadol newydd, cytunais i wneud gwaith cyfieithu i Gangen Llambed o Ffederasiwn y Myfyrwyr Ceidwadol yn 1980. Wedi'r cyfan, hwn oedd yr unig gorff an-sosialaidd ar y campws, er nad es i mor bell ag ymuno â'r Blaid Geidwadol. Gobeithiwn weld carfan wleidyddol wrth-sosialaidd ac angheidwadol yn ffurfio er mwyn herio tra-arglwyddiaeth y ddwy brif blaid. Fe wnes i, felly, groesawu sefydlu'r Blaid Ddemocrataidd Gymdeithasol, neu'r SDP, gan y 'Garfan o Bedwar': Roy Jenkins, David Owen, Shirley Williams a Bill Rogers. Yn wir, ymunais â'r SDP fel aelod sylfaenol ym mis Mehefin 1981 wedi i mi glywed David Owen yn annerch yng Ngwesty'r Parc, Caerdydd.

O edrych yn ôl, sylweddolaf fy mod i'n rhy ifanc a dibrofiad i sefyll etholiad ar gyfer y Senedd ar y pryd. Er hynny, anogwyd fi gan nifer o aelodau amlwg o'r SDP i gynnig fy enw i'w ystyried fel darpar ymgeisydd i'r blaid honno. Wedi i mi gael fy nghyfweld gan Tom Ellis, Aelod Seneddol Wrecsam, a oedd wedi symud o'r Blaid Lafur i'r SDP, yng ngwesty'r Royal yng Nghaerdydd, cefais fy rhoi ar banel darpar ymgeiswyr y blaid ar 7 Mai 1982. Yn ogystal â chynorthwyo i sefydlu Cangen Morgannwg Ganol o'r SDP, bûm hefyd yn helpu Gwynoro Jones, cyn-Aelod Seneddol Llafur Caerfyrddin, pan safodd yn isetholiad Gŵyr ar 16 Medi yr un flwyddyn. Roedd Gwynoro'n wir gymeriad, un y gwastraffwyd, i raddau helaeth, ei dalentau gwleidyddol sylweddol. Er iddo ymladd brwydr galed ym mro Gŵyr,

Cael fy mabwysiadu fel darpar ymgeisydd yr SDP yng Ngwesty'r Angel, Caerdydd ym mis Mawrth 1984

bu'n rhaid iddo fodloni ar fod yn ail i'r Llafurwr Gareth Wardell.

Ar 10 Mawrth 1983, dewiswyd fi o blith rhestr fer o chwech fel darpar ymgeisydd yr SDP yn fy etholaeth leol, Cwm Cynon. Gyda dim ond ugain o aelodau wedi'u cofrestru ac yn byw yn yr ardal, a heb unrhyw drefniant ffurfiol i'r blaid, mater o wneud y gorau o'r adnoddau prin oedd ar gael oedd hi. Er mwyn profi'r dyfroedd, fel petai, fe ymladdodd yr SDP ddwy sedd yn etholiadau llywodraeth leol Cwm Cynon ar 3 Mai 1983. Safodd Jack Amos yn ward Llwydcoed a chael 85 pleidlais yn unig, dwy yn fwy na'r Ceidwadwr, ond dros 300 yn llai na'r ymgeisydd Llafur. Yng Ngorllewin Aberdâr, er i Philip Whale ennill 650 o bleidleisiau, daeth ar waelod y rhestr. Ymddangosai'r arwyddion yn dywyll i mi, ac ofnwn na wnawn i hyd yn oed ddenu cynifer â'r 2,114 o bleidleisiau, neu bump y cant o'r bleidlais, a dderbyniodd y Rhyddfrydwr Gerry Hill yn etholiad cyffredinol mis Hydref 1974.

Paratoi ar gyfer taith gerdded o Lambed i Aberaeron gyda Paul West a Mark Dorsett fis Mehefin 1984 – fi yw'r un ar y dde

Pan alwyd etholiad cyffredinol mis Mehefin 1983 doedd yr SDP, a oedd wedi ffurfio partneriaeth etholiadol â'r Blaid Ryddfrydol, ddim yn barod. Derbyniais £700 o gronfa ganolog y blaid i wneud y gorau fedrwn i o dan yr amgylchiadau. Roedd disgwyl i mi, gydag adnoddau prin a heb unrhyw drefniant pleidiol ffurfiol, ymladd yn erbyn yr Aelod Seneddol Llafur profiadol Ioan Evans, a oedd wedi ennill gyda mwyafrif o 20,263 o bleidleisiau dros ei wrthwynebydd Ceidwadol yn 1979. Disgwylid i ymgeisydd Plaid Cymru, Pauline Jarman – a ddeuai wedyn yn Aelod Cynulliad ac yn Arweinydd Cyngor Rhondda Cynon Taf – wneud yn dda. Yna roedd y Ceidwadwr James Arbuthnot, a addysgwyd yn Eton ac a oedd yn torri ei ddannedd gwleidyddol yng Nghwm Cynon. Gan i Margaret Thatcher alw'r etholiad ar sail ei buddugoliaeth yn Rhyfel y Falklands, roedd y Ceidwadwr yn brwydro'n galed i gadw'r ail safle i'w blaid.

Bûm yn ddigon ffodus i dderbyn cyngor gwerthfawr gan Glyn Owen, yr ymgeisydd pybyr dros Blaid Cymru yn nau etholiad cyffredinol 1974 yn Aberdâr. Cynghorodd fi i ganolbwyntio fy adnoddau prin o ddim ond dwsin o ymgyrchwyr ar ganfasio pobl ar y stryd, lle roedd canolfannau siopa sylweddol yn Aberdâr ac Aberpennar. Cynghorodd Glyn fi hefyd i brynu uchelseinydd cryf y gellid ei ddefnyddio ar y stryd ac yn y car. Bu'r tactegau hyn yn ddigon effeithiol a sylweddolais fod yna lawer o gefnogwyr traddodiadol Llafur a oedd yn gwrthwynebu'n gryf bolisi Michael Foot o ddiarfogi niwclear unochrog. Gobeithiwn y gwnâi rhai o'r rhain bleidleisio i mi y tro hwn. Roedd yno hefyd bleidleiswyr Ceidwadol a oedd yn ystyried troi at yr SDP er mwyn lleihau mwyafrif Llafur yng Nghwm Cynon. Yn ogystal, yn arbennig yn ardal ogleddol yr etholaeth lle roedd y teuluoedd Aubel a Beynon yn amlwg, gobeithiwn y byddai yno rai pleidleisiau personol i mi.

Gyda'r diwrnod pleidleisio ar 9 Mehefin yn agosáu, teimlwn yn fwyfwy hyderus y gallwn ddwyn 12.5 y cant o'r bleidlais er mwyn cadw fy ernes etholiadol o £150. Teimlwn hefyd y medrwn ddenu mwy o bleidleisiau na'r Ceidwadwr, ond byddai gorffen uwchben Pauline Jarman yn fater arall. Pan gyhoeddwyd y canlyniad yng Nghanolfan Chwaraeon Michael Sobel rown i'n hapus iawn. Y canlyniad oedd: Ioan Evans (Llafur) 20,668 (56%); Felix Aubel (SDP) 7,594 (20.6%); James Arbuthnot (Ceid) 5,240 (14.2%); Pauline Jarman (PC) 3,421 (9.3%); mwyafrif Llafur: 13,074 (35.4%). Hon oedd y bleidlais isaf i Lafur yn ei chadarnle yn Aberdâr ers etholiad cyffredinol 1918; cwtogwyd mwyafrif y blaid o dros 7,000 pleidlais.

Sefydlwyd Cymdeithas SDP Cwm Cynon yng ngwesty Mount Pleasant, Trecynon, ar 27 Medi 1983, a chefais fy ethol yn gadeirydd. Byddwn yn dal y swydd tan Fehefin 1984. Ond yn fuan daeth problemau gyda rhai o'r

Democratiaid Rhyddfrydol lleol a oedd o blaid diarfogi niwclear unochrog. Roedd profiadau Nhad adeg y rhyfel wedi dysgu i mi bwysigrwydd yr egwyddor 'heddwch drwy gryfder'. Golygai hynny wynebu bwlis er mwyn dirymu eu cryfder o'r dechrau cyntaf. Yn fy achos i, yr ateb i gymodi gyda gormeswyr oedd 'Na' – yn yr achos hwn, gyda'r Undeb Sofietaidd. Dyna pam na fedraf fyth fod yn heddychwr. Dysgodd yr Ail Ryfel Byd wers i mi fod Hitler wedi dinistrio pob gwlad na allai ei hamddiffyn ei hun yn erbyn ei ormes. Pe na bai Prydain wedi medru ei hamddiffyn ei hun dan arweiniad ysbrydoledig Winston Churchill adeg y rhyfel, byddai wedi cael ei gwasgu o dan yr esgid Natsïaidd fel y mwyafrif o wledydd eraill Ewrop. Fel y dywedodd Alfred North Whitehead: 'Mae'r heddychwr absoliwt yn ddinesydd gwael; daw'r amseroedd pan fydd rhaid defnyddio grym i gynnal cyfiawnder a delfrydau.'

Dychwelais i Lambed ym mis Hydref 1983 i astudio ar gyfer Trwydded mewn Diwinyddiaeth. Dychwelais, bron yn bendant, i fwynhau fy hun! Er hynny, teimlwn yn hapus iawn o dderbyn Ysgoloriaeth Mary Radcliffe i raddedigion yn 1983-4 a 1984-5.

Yn ystod y ddwy flynedd hynny yn Llambed, bu'n fater o daro'r cydbwysedd cywir rhwng astudiaethau academaidd difrifol a mwynhau bywyd. Mae rhai o'r atgofion melysaf yn troi o gwmpas nosweithiau Mawrth y cyfarfodydd cymdeithasol yn y King's Head lle ceisiai'r tafarnwyr, Phil a Joyce Patterson, gadw trefn. Wedyn, y nosweithiau Gwener yng nghystadlaethau'r Falcondale lle byddai graddedigion yn cystadlu ar yfed, ymhlith gweithgareddau drygionus eraill, gyda rhai o'r bobl leol. Yn eu plith byddai plismon a ddylsai fod ar ddyletswydd. Pan gâi ei gludo allan a'i yrru i ffwrdd gan gyd-weithiwr, dyna fyddai'r arwydd i ni adael hefyd. Ymhlith y rhai mwyaf huawdl o'r cyfnod roedd Robert, 'The Philosopher King from Hornchurch', Mark,

Seremoni Graddio'r Drwydded mewn Diwinyddiaeth gyda David Thomas a Paul West fis Gorffennaf 1985

'The Dynamite Destroyer from Dudley', a Brian 'Drunkard *par excellence* from Barnsley'.

Cefais gyfle gan Esgob Abertawe ac Aberhonddu i astudio ochr yn ochr â'm cyd-fyfyriwr 'Dai Aberhonddu' fel clerigwr yr Eglwys yng Nghymru yng Ngholeg San Mihangel, Llandaf. Gwrthodais yn foneddigaidd am fy mod am barhau'n Annibynnwr Cymreig ymroddedig. O ran gyrfa buasai wedi bod yn rheitiach i mi dderbyn, gan y byddai wedi talu'n well na bod yn weinidog gyda'r Annibynwyr. Pwy a ŵyr, gallaswn fod wedi dringo i fod yn esgob, fel fy nghyd-fyfyriwr Carl Cooper. Ond dyfalu neu beidio, rown i'n dra hapus i mi lwyddo i ennill Teilyngdod yn fy nghwrs Trwydded mewn Diwinyddiaeth pan raddiais ar 5 Gorffennaf 1985.

A minnau'n dal yn astudio yn Llambed clywais fod Ioan Evans, Aelod Seneddol Cwm Cynon, wedi marw'n sydyn ar 12 Chwefror 1984. Ymhen deufis, yn Neuadd Fictoria,

Aberdâr, cefais fy newis yn ddarpar ymgeisydd yr SDP yn yr etholaeth, gan guro wyth o ymgeiswyr eraill ar y bleidlais gyntaf. Pennwyd 3 Mai fel diwrnod yr etholiad, un a fyddai'n anodd iawn i'w ymladd. Deuai yng nghysgod streic y glowyr. Daliaf i fynnu bod y streic honno'n anghyfreithlon, a bod y glowyr dewr hynny a'u teuluoedd wedi dioddef caledi diangen oherwydd arweinyddiaeth ddi-glem Arthur Scargill.

Dim ond ffŵl fyddai wedi gorchymyn i'r glowyr streicio heb fandad pleidlais genedlaethol ar draws holl feysydd glo Prydain. Dim ond ffŵl fyddai wedi galw streic ym mis Ebrill pan oedd y Llywodraeth wedi gofalu bod cyflenwad sylweddol o lo wrth gefn ar gyfer posibilrwydd o'r fath. Dim ond ffŵl fyddai wedi ceisio troi'r hyn oedd yn anghydfod diwydiannol yn un gwleidyddol, yn y gobaith y gellid dymchwel Llywodraeth a etholwyd yn ddemocrataidd. Yn wir, petai Margaret Thatcher wedi cyflogi rhywun i bardduo achos y glowyr, ni allasai fod wedi dewis neb gwell nag Arthur Scargill i wneud y gwaith ar ei rhan.

Dewisodd y Blaid Lafur Ann Clwyd, Aelod Ewropeaidd Canol a Gorllewin Cymru. Cafwyd peth anfodlonrwydd yn lleol na ddewiswyd mab Ioan Evans neu Ivor Richard, y Comisiynydd Ewropeaidd, i sefyll yn enw'r blaid. Rhannwyd Plaid Cymru hefyd: roedd y mwyafrif o aelodau'r blaid am ddewis Phil Richards, bargyfreithiwr ac ymgeisydd yr etholaeth yn 1979, ond mynnodd Pencadlys Cenedlaethol y Blaid mai Clayton Jones, perchennog bysys amlwg o Bontypridd, ddylai sefyll. Ailddewiswyd James Arbuthnot gyda mwyafrif enfawr i sefyll dros y Ceidwadwyr o flaen dyn lleol, Russell Walters. Cafwyd tri ymgeisydd arall: Mary Winter, a oedd wedi sefyll dros y Comiwnyddion yn 1979; Noel Rencontre, Ymgeisydd Annibynnol; a Paul Nicholls-Jones, Ymgeisydd Annibynnol arall, a oedd wedi ystyried sefyll dros yr SDP.

Credai arbenigwyr gwleidyddol mai Plaid Cymru fyddai'r

bygythiad pennaf i Lafur, gan dybio mai dim ond tân siafins fu pleidlais yr SDP. Pa mor anghywir fedrai'r arbenigwyr hyn fod? Fy holl strategaeth wleidyddol oedd fy nghyflwyno fy hun fel gwrthwynebydd mwyaf ymosodol Plaid Lafur Neil Kinnock ac amddiffynnwr democratiaeth yn erbyn Arthur Scargill a'i chwyldroadwyr milwriaethus. Wrth i mi wneud hynny, llwyddais i danseilio'r ymgeisydd Ceidwadol. Llwyddais hefyd i bortreadu Clayton Jones fel rhyw gyd-deithiwr adain chwith oherwydd ei gefnogaeth i'r streic.

Waeth pa faint bynnag y ceisiai rhai academyddion adain chwith ramanteiddio'r glowyr, gan fynnu bod y gymuned lofaol yn solet o'u plaid, ni chredaf mai dyna oedd y gwir. Ceid gwrthwynebiad gwaelodol sylfaenol yn lleol i'r ffaith na alwyd am bleidlais genedlaethol ymhlith y glowyr ac aeth llawer o lowyr ar streic oherwydd eu bod nhw'n ofni dialedd neu fwlian gan filwriaethwyr adain chwith. Llwyddais, felly, i ennill cefnogaeth breifat rhai o'r bobl hyn. Ond er i'm hymgyrch gael ei hesgymuno gan ganol meddal y Blaid Ryddfrydol, a wrthwynebai fy safiad yn erbyn streic y glowyr, fy mholisi amddiffyn 'heddwch drwy gryfder' ac adfer y gosb eithaf yn achos llofruddiaethau rhagfwriadol lle roedd y dystiolaeth yn ddi-droi'n-ôl, daeth David Owen, Shirley Williams a Bill Rogers draw yn aml i siarad ar fy rhan. Pan holwyd David Owen am ei farn ar fy ngwrthwynebiad i'r streic, ei ateb oedd, 'At least Felix has got balls!'

Pan gyhoeddwyd y canlyniad, cyfiawnhawyd fy safiad i raddau helaeth. Er i lawer llai bleidleisio'r tro hwn, roedd y canlyniad fel a ganlyn: Ann Clwyd (Llaf) 19,389 (58.8%); Felix Aubel (SDP) 6,554 (20%); Clayton Jones (PC) 3,619 (11%); James Arbuthnot (Ceid) 2,441 (7.4%); Mary Winter (Com) 642 (1.9%); Noel Rencontre (Ann) 215 (0.7%); Paul Nicholls-Jones (Ann) 122 (0.4%); mwyafrif Llafur: 12,835 (38.8%). Collodd pawb ar wahân i Ann a minnau eu hernes. Roedd plaid yr SDP wedi sicrhau pleidlais dda o ystyried amodau cynnal yr etholiad – mewn cadarnle Llafur ar gychwyn streic y glowyr.

Fe greodd y sen a ymylai ar sarhad a dderbyniais i a James Arbuthnot gan yr adain chwith filwriaethus gwlwm rhyngom. Teimlai'r ddau ohonom yr un mor frwd ein gwrthwynebiad i streic anghyfreithlon y glowyr. Roedd y ddau ohonom yr un mor benderfynol o amddiffyn cyfraith a threfn yn erbyn milwriaeth yr undebau llafur. Teimlem yr un mor ddigyfaddawd yn ein cred y dylai llywodraeth a etholwyd yn ddemocrataidd gael yr hawl i amddiffyn ei hawdurdod yn erbyn ymdrechion chwyldroadol Arthur Scargill i'w dinistrio. Gwelwyd yr elyniaeth yn dwysáu yn ystod y cyfrif, gan orfodi ein rhengoedd i glosio at ei gilydd er mwyn eu diogelwch eu hunain. Dywedodd James Arbuthnot y teimlai fy mod i'n dweud y pethau iawn yn y blaid anghywir.

Gyda'r chwith eithafol yn udo i lawr arnom o'r oriel, dechreuais gwestiynu a oedd plaid gymedrol fel yr SDP yn ddigon cryf i wrthsefyll y fath giwed. Ond wedi i ddiwrnod yr etholiad fynd heibio, dychwelais i Lambed i sefyll fy arholiadau. Yna derbyniais lythyr oddi wrth James Arbuthnot yn gofyn i mi ailystyried fy nheyrngarwch pleidiol unwaith eto. Anwybyddais hyn ar y pryd, ond cyrhaeddais ben fy nhennyn pan glywais ddiwedd mis Mai fod rhai aelodau o'r SDP a oedd am i'w plaid ymuno â'r Rhyddfrydwyr yn ceisio fy ngorfodi i gymodi rhyw gymaint ar fater y streic, ac yn arbennig fy safiad ar amddiffyn. Hon oedd yr ergyd olaf. Ar 4 Mehefin ysgrifennais yn ôl at James Arbuthnot yn datgan fy mod i'n derbyn ei wahoddiad i ymuno â'r Blaid Geidwadol. Gwnes hynny'n ffurfiol ar 11 Mehefin pan ysgrifennais at Ysgrifennydd yr SDP, Jack Amos, yn ei hysbysu o'm penderfyniad.

Fy ngorchwyl cyntaf wedyn fu cynorthwyo ymgeisydd y Ceidwadwyr yn isetholiad De Portsmouth, a gynhaliwyd ar

14 Mehefin. Yn eironig, cipiwyd y sedd gan Mick Hancock o'r SDP gyda mwyafrif o 1,341 o bleidleisiau. Dyna enghraifft dda o wamalrwydd y bywyd gwleidyddol! Croesawyd fi'n ffurfiol i'r Blaid Geidwadol gan Margaret Thatcher adeg Cynhadledd y Ceidwadwyr Cymreig ym Mhorth-cawl. Roeddwn hefyd yn bresennol fel cynrychiolydd yn y Gynhadledd Brydeinig yn Brighton ym mis Hydref 1984, a chlywais sŵn ffrwydrad y bom a osodwyd gan yr IRA. Yn wir, newydd adael gwesty'r Grand oeddwn i cyn y ffrwydrad. Fe wnaeth y digwyddiad danseilio'r ganmoliaeth a gefais yn dilyn fy araith ar 'heddwch drwy gryfder' y diwrnod cynt.

Ar ôl cwblhau fy Nhrwydded mewn Diwinyddiaeth euthum ati i gynorthwyo ymgeisydd y Ceidwadwyr yn isetholiad Brycheiniog a Maesyfed, Chris Butler. Ar noswyl y bleidlais ar 4 Gorffennaf, a welodd Chris yn colli'n drwm i Richard Livsey o'r Democratiaid Rhyddfrydol, anogwyd fi gan Chris i ystyried sefyll rywbryd fel ymgeisydd Ceidwadol.

Bûm yn ddigon ffodus i ennill ysgoloriaeth i astudio am radd Meistr mewn Diwinyddiaeth ym mis Awst 1985, ynghyd ag Ysgoloriaeth Radcliffe eto am yr eildro ar sail safon fy ngwaith academaidd. Galluogodd hyn fi i astudio ar gyfer gradd MTh Prifysgol Cymru ar Hanes yr Eglwys yn Ewrop yn ystod y ddeunawfed ganrif. Fel rhan o'r radd honno, lluniais draethawd ar 'Y Mudiad Efengylaidd yn Ne Cymru o Griffith Jones hyd at Rwyg 1750' dan arolygiaeth y Dr Geraint Jenkins, fy nghyn-ddarlithydd mewn Hanes Cymru. Ar 9 Mehefin 1987 derbyniais y newydd i mi ennill gradd MTh, a graddiais yn ffurfiol mewn seremoni a gynhaliwyd yn Llambed ar 9 Gorffennaf 1987.

Pennod 5

Dechreuais ymddangos fel llefarydd ar ran y Ceidwadwyr ar raglen drafod S4C, *Y Byd yn ei Le,* yn ystod Hydref 1985. Dyma'r rhaglen wleidyddol fwyaf difyr a sylweddol i'w dangos erioed ar S4C. Câi ei ffilmio'n fyw yn stiwdios HTV yng Nghroes Cwrlwys, Caerdydd, a'i chyflwyno gan Vaughan Hughes, a oedd yn wych. I boethi'r dadlau fwyfwy byddai Wyn Lodwick a'i Fand yn perfformio caneuon ar thema bryfoclyd.

Er mwyn sicrhau y byddai'r gwahoddedigion mewn cyflwr dadleugar, gofelid bod digonedd o alcohol o'n blaen cyn i'r rhaglen ddechrau. Cofiaf gyn Aelod Seneddol Llafur yn cael yr un cwestiwn deirgwaith am ei fod e'n rhy feddw i ateb. Cofiaf hefyd gyn-ymgeisydd gyda'r Rhyddfrydwyr ac wedyn gyda'r Ceidwadwyr yn ateb cwestiwn ar y Gwasanaeth Iechyd er iddo gael ei holi am ddiweithdra. A bu'n rhaid adfer Aelod Seneddol Rhyddfrydol sydd bellach wedi marw fel y gallai gymryd rhan, wedi iddo fod yn yfed yn solet am dros ddwy awr cyn y rhaglen.

Cofiaf hefyd ddadl boeth ar yr awyr rhyngof fi a Glyn James o Blaid Cymru. Poethodd pethau i'r fath raddau nes i'r cynhyrchydd ddweud wrthon ni wedyn ei fod ar fin ein tynnu oddi ar y rhaglen. Ond ni fedrai Wyn Thomas gredu'r peth pan wnaethon ni ddatgelu wrtho i'r ddadl gael ei threfnu'n fwriadol fel jôc breifat rhyngom. Yn fy marn i, gwir sêr y rhaglen oedd Gwynoro Jones, Emlyn Thomas, Geraint Howells, Glyn James, Neil ap Siencyn ac Elwyn Jones.

Cwrddais ag Elwyn gyntaf ar y rhaglen pan ddioddefodd ymosodiad geiriol ffyrnig gan aelodau o'r gynulleidfa. Beth bynnag ddywedai ei feirniaid amdano, gallai Elwyn – ar ei anterth drwy'r 1980au a dechrau'r 1990au – adael unrhyw holwr ymosodol yn glymau. Roedd e'n groendew, ac roedd ganddo'r ddawn brin o wenu pan geisiai rhywun ei fychanu. Hyd yn oed petai e'n cael amser caled, ni ddaliai ddig wedi i'r rhaglen orffen. Un tro, wedi i Elfyn Llwyd, Aelod Seneddol Plaid Cymru Meirionnydd Nant Conwy, roi amser caled iddo, daeth Elwyn ato wedyn a chynnig paned o de iddo. Yn ôl Elfyn, gwnaeth hyn iddo deimlo'n euog.

Elwyn Jones fu'n bennaf cyfrifol am fy nghymell i gynnig fy enw fel ymgeisydd seneddol Ceidwadol. Anogodd fi i wneud hynny ar gyfer etholaeth Meirionnydd Nant Conwy, a gynrychiolid gan y lliwgar a'r hoffus Dafydd Elis Thomas, a'i darluniai ei hun fel radical adain chwith. Ystyrid y sedd ar y pryd yn un braidd yn ymylol, gyda Phlaid Cymru ddim ond 2,643 o bleidleisiau, neu 10.7 y cant, ar y blaen i'r Ceidwadwyr yn etholiad cyffredinol 1983. Roedd y frwydr dros gynrychioli'r Ceidwadwyr rhwng Dennis Jones, Corwen, yr ymgeisydd ar gyfer Caernarfon 1983, Dafydd Raw-Rees, a drodd yn ddiweddarach at Blaid Cymru, a minnau. Er i mi ennill pleidlais dda, enillodd Dennis Jones yn y rownd olaf ym mis Rhagfyr 1985.

Anogodd Elwyn Jones fi i gynnig fy enw ar gyfer Caernarfon, sedd Dafydd Wigley, un o wleidyddion praffaf Cymru yn y cyfnod wedi'r Ail Ryfel Byd. Credai Elwyn y byddai hon yn feithrinfa berffaith i mi ar gyfer torri fy nannedd gwleidyddol fel Ceidwadwr. Roedd Cymdeithas Geidwadol Caernarfon yn benderfynol o ddewis Cymro Cymraeg, gyda'r dewis rhwng Goronwy Parry, cynghorydd sir profiadol o Fôn, a minnau. Pan glywodd Elwyn fod asiant y Ceidwadwyr Cymreig, Ted Thurgood, yn bwriadu 'perswadio' pwyllgor gwaith Cymdeithas y Ceidwadwyr i ddewis Goronwy Parry, bygythiodd fynd â chŵyn o gamymddwyn at Swyddfa Ganolog y Ceidwadwyr. Yn wir, pan ollyngwyd y stori i swyddogion lleol Cymdeithas y Ceidwadwyr gan Elwyn, fe'u cythruddwyd, ac fe benderfynon nhw wneud eu dewis ar sail teilyngdod yn unig. Ar y diwrnod dywedwyd mai fi oedd dewis unfrydol y Pwyllgor Gwaith ac fe gadarnhawyd fy enw gan aelodau lleol y Blaid Geidwadol gyda mwyafrif enfawr ym mis Chwefror 1986. Yn ei hunangofiant, a gyhoeddwyd yn 1991, dywedodd Elwyn Jones mai fy anerchiad i oedd un o'r anerchiadau gorau gan ddarpar ymgeisydd Ceidwadol iddo'i chlywed erioed. Teimlwn nawr fel Daniel yn ffau llewod Dafydd Wigley yng Nghaernarfon.

Yn y cyfamser, pasiais fy mhrawf gyrru ar yr ail gynnig yn Llambed, chwe wythnos wedi i mi ei fethu ym Merthyr Tudful. Uchafbwynt y cyfnod fu cwrdd â Jeffrey Archer dros ginio yn y Royal, Caernarfon ym Mehefin 1986. Roedd gan yr Arglwydd Archer yr ego mwyaf a welais erioed. Yn wir, dywedodd wrtha i, 'Dywed wrth dy gynulleidfa mai fi yw'r areithydd gwleidyddol mwyaf ers Lloyd George.'

Yna, fe gafwyd dadl ar S4C rhyngof fi a Geraint Jones, Cynghorydd Plaid Cymru o Drefor, ar fater y mewnlifiad Saesneg i'r cadarnleoedd Cymraeg. Cynhaliwyd y ddadl yn ysgol Llanrug, a theimlai Geraint yn danllyd yn erbyn yr hyn a ddisgrifiai fel boddi Pen Llŷn gan wladychwyr Saesneg eu hiaith. Roedd e wedi ffurfio mudiad o'r enw Pwyllgor Amddiffyn Llŷn, digwyddiad a ddenodd gryn sylw yn y wasg leol. Mewn rali ym Mhenyberth ychydig yn gynharach, roedd Geraint newydd roi sêl ei fendith i fath ar fyddin gudd Gymreig i wrthsefyll y dylanwad Seisnig yng Nghymru. Yn bresennol roedd pobl mewn lifrai milwrol, a chafwyd sibrydion fod aelodau o'r IRA yno hefyd.

Cynghorwyd fi gan Elwyn Jones i wneud safiad cadarn yn erbyn Geraint Jones a'i garfan aneglur am annog yr hyn a ymddangosai fel casineb hiliol ac apartheid ieithyddol. Taflasom ein dau, yn ogystal â'n gwahanol gefnogwyr, gyhuddiadau pryfoclyd at ein gilydd yn y wasg leol a heriwyd fi gan Geraint i'w wynebu mewn dadl gyhoeddus. Mynnais ein bod yn gwneud hynny o flaen camerâu teledu a chytunodd Geraint. Cofiaf iddo wrthod ysgwyd fy llaw cyn y ddadl, yr unig wrthwynebydd i wrthod gwneud hynny â mi erioed. Bu'r ddadl, a gadeiriwyd gan Vaughan Hughes ar noson Calan Gaeaf 1986, mor ffyrnig â'r disgwyl gyda'r ddau ohonom benben â'n gilydd. Roedd yr iaith a ddefnyddiwyd yn hollol wleidyddol anghywir yn ôl safonau heddiw. Cyhuddais Geraint o fod yn unllygeidiog gul a galwodd yntau fi'n was bach imperialaidd Prydeinig.

Y farn gyffredinol oedd na lwyddodd y naill na'r llall ohonom i ennill buddugoliaeth bendant, ond i mi gael y gorau ar Geraint drwyddi draw. Mynegwyd hynny yn y *Daily Post* a hefyd gan sylwebydd gwleidyddol y BBC, Vaughan Roderick. Roedd fy nghefnogwyr yn hapus. Yn wir, roedden nhw'n hapusach fyth y flwyddyn ganlynol pan gollodd Geraint ei sedd ar y Cyngor i ffermwr annibynnol cymedrol. Dywedodd hwnnw wrtha i fod agwedd amharchus a sylwadau eithafol Geraint ar y rhaglen wedi gwneud llawer i danseilio'i hygrededd yn lleol yn Ward Trefor. Mae'n amlwg y gall ambell beth da ddeillio o wleidyddiaeth wedi'r cyfan!

Cyn diwedd y flwyddyn honno cafwyd dau ddigwyddiad tra doniol yn Etholaeth Caernarfon. Un fu cyhoeddi llyfryn gan Karl Davies, cyn-Gadeirydd Cymdeithas yr Iaith Gymraeg, ar losgi'r Ysgol Fomio gan dri aelod amlwg o Blaid Cymru – Saunders Lewis, Lewis Valentine a D J Williams – yn 1936. Yn eironig, penderfynodd yr awdur gyflwyno'r gyfrol i mi oherwydd fy mod wedi disgrifio'r weithred fel 'fandaliaeth'. Yn hytrach na gwylltio, cynigiais arwyddo pob copi o'r llyfryn cyn iddynt gael eu gwerthu!

Yna fe wnaeth fy ngwrthwynebwyr ym Mhlaid Cymru fynd ati i gyhoeddi dwy fil o gardiau Nadolig yn fy mhortreadu i gyda baner Jac yr Undeb dros fy ysgwyddau. Yn ôl papur lleol, gwerthwyd 150 ohonynt mewn tridiau yn

Siop y Pentan. Pan ofynnwyd am fy marn, diolchais i'm gwrthwynebwyr am yr holl gyhoeddusrwydd. Cynigiais hefyd eu harwyddo er mwyn hybu eu gwerthiant. Mewn erthygl olygyddol, mynnodd y *Caernarfon & Denbigh Herald* mai camgymeriad tactegol fu cyhoeddi'r cardiau. Meddai: 'Mae Mr Aubel yn gwenu drwyddo. Cred yn yr hen wireb wleidyddol sy'n mynnu nad oes ots beth ddywed pobl amdanoch, cyn belled ag y gwyddant eich bod chi yno. Felly, hwyrach mai'r peth gorau y gall beirniaid Mr Aubel ei wneud, os nad ŷnt am roi cyfle iddo, yw esgus nad yw ef yno.'

Cytunodd Elwyn Jones. Mewn llythyr ataf, dywedodd: 'Bu'r cardiau Nadolig yn gyhoeddusrwydd gwych. Fyddai'r ffyliaid hyn ddim wedi ein gwasanaethu ni'n well petaen ni wedi'u cyflogi!'

Daeth hanner cyntaf 1987 â phrofiadau cymysg. Ar 13 Mawrth cwrddais â Margaret Thatcher yn Llandudno. Creodd argraff enfawr arnaf. Yn anffodus, fis yn ddiweddarach canfuwyd bod Nhad yn dioddef o gancr y stumog, a heb obaith gwella. Ar 25 a'r 26 o Ebrill roedd Cynhadledd Ymgeiswyr y Ceidwadwyr i'w chynnal yn Birmingham a mynnodd Nhad, o'i wely angau, fy mod i'n mynd yno. Ei eiriau oedd, 'Cer yno, a cher amdani!' Bu farw ar ail ddiwrnod y gynhadledd. Cynhaliwyd y gwasanaeth angladdol ar yr aelwyd ac yn yr Hen Fynwent, Aberdâr. Yno cynorthwywyd fi gan y Parchgn D O Davies, Elim, Cwm-dâr, a David Thomas, Eglwys Dewi Sant, Aberhonddu. Ar ei garreg fedd cerfiwyd y pennill bach yma:

If I have made one weary life the brighter,
  If I have eased another's toil and pain,
If I have made some comrade's burden lighter
  I have not lived in vain.

Derbyniodd Mam lythyr o gydymdeimlad didwyll oddi wrth Elwyn Jones, yn cynnwys geiriau a ddatgelai ochr dyner iawn i gymeriad y gŵr bonheddig hwn a gafodd ei ddifrïo a'i gamddeall. Hwn oedd yr Elwyn Jones a siaradai o'r galon yn hytrach na'r gwleidydd adain dde a gambortreadwyd dros y blynyddoedd. Credai amryw o'i gyfoedion y buasai wedi gwneud gweinidog Annibynnol cydwybodol. Yn eu barn nhw, gwrthodwyd y cyfle iddo oherwydd rhagfarn wleidyddol. Hynny yw, teimlent y byddai ei ymrwymiad gwleidyddol wedi bod yn dderbyniol petai wedi bod yn aelod o Blaid Cymru!

Ar drothwy'r etholiad cyffredinol, cafwyd Aelod Seneddol Ceidwadol Ynys Môn, Keith Best, yn euog o wneud nifer o geisiadau yn anghyfreithlon am gyfranddaliadau BT. Gwaharddwyd ef o'r herwydd rhag sefyll fel ymgeisydd seneddol, ac anogwyd fi gan amryw i gynnig fy enw. Petawn i'n llwyddiannus, golygai hynny y byddwn yn ymddiswyddo fel darpar ymgeisydd Ceidwadol Caernarfon. Roedd hwn yn bosibilrwydd deniadol. Roedd gan y Ceidwadwyr fwyafrif o 1,684 o bleidleisiau, neu 4.2 y cant, dros ymgeisydd Plaid Cymru, Ieuan Wyn Jones, ar Ynys Môn. Ond pa mor awyddus bynnag oedd Elwyn Jones i'm gweld i'n mynd i San Steffan fel Aelod Seneddol Ceidwadol, rhybuddiodd fi y byddai'n annhebyg iawn y gallai'r Ceidwadwyr ddal Môn o ganlyniad i'r hyn a ddigwyddodd i Keith Best. Bu fy mhenderfyniad i dderbyn barn Elwyn yn un call; enillodd Ieuan Wyn Jones gyda mwyafrif o 4,298 o bleidleisiau, neu 10 y cant, dros ei wrthwynebydd Ceidwadol, Roger Evans, a ddewiswyd ar y funud olaf ac a aeth ymlaen i fod yn Aelod Seneddol Mynwy rhwng 1992 a 1997.

Gyda dyddiad etholiad cyffredinol 1987 wedi'i bennu ar gyfer 11 Mehefin, wynebwn benbleth arall. A minnau'n disgwyl canlyniadau fy arholiad MTh, rown i wedi cynnig am swydd athro Addysg Grefyddol a Hanes yn Ysgol Gyfun yr Olchfa yn Abertawe. Rown i wedi dechrau ymgyrchu yng Nghaernarfon pan dderbyniais lythyr yn fy ngwahodd i gyfweliad yn Abertawe. Gwyddwn na fyddwn yn disodli Dafydd Wigley yn ei gaer ddiogel, ond roeddwn yn awyddus i drechu hen gyfaill o Lambed, Rhys Williams, yr ymgeisydd Llafur, a gorffen yn ail. Penderfynais, felly, fynd yn erbyn barn Mam a gwrthod y cyfweliad am y swydd. Rwy'n barod i gydnabod, petawn i wedi mynd i'r cyfweliad a chael cynnig y swydd, y byddai fy llwybr gyrfaol wedi cychwyn yn llawer cynharach!

Portreadais fy hun fel y prif fygythiad i Dafydd Wigley, a hybais fy nelwedd felly yn y wasg leol ac ar raglenni Cymraeg ar y radio a'r teledu. Cefais gefnogaeth barod gan fy asiant, Sophie Parry Jones, cyn-gefnogwr i Blaid Cymru o Ben-y-groes. Elwyn Jones oedd yn gweithredu fel swyddog y wasg, a'i fwriad oedd codi'r gwres gwleidyddol drwy fod yn fwriadol bryfoclyd. Wedi i gynrychiolwyr o Sinn Fein gyfarfod nifer o genedlaetholwyr Cymreig yng Ngwynedd, fe ychwanegodd Elwyn y sylw canlynol i'm hanerchiad i bleidleiswyr yr etholaeth: 'Cenedlaetholwyr Cymreig wnaeth wahodd terfysgwyr Sinn Fein i Gymru. Yn union fel mae'r IRA yn adain derfysgol Sinn Fein, felly y mae fandaliaid Cymdeithas yr Iaith Gymraeg yn adain all-seneddol Plaid Cymru.'

Ef hefyd fu'n gyfrifol am osod ei farn ei hun ar yr iaith Gymraeg mewn datganiadau eraill a gyhoeddwyd yn fy enw i. Meddai un daflen: 'Mae polisi cenedlaetholwyr Cymru o fynnu bod pob plentyn sy'n byw yng Ngwynedd yn dysgu Cymraeg, beth bynnag ei allu na barn ei rieni, yn llesteirio mewnddyfodiaid diwydiannol. Dydi'r gallu i siarad Cymraeg, er yn ddymunol iawn yn ein hardal, ddim yn gwneud rhywun yn well person nag unrhyw un arall.'

Cyfaddefaf fy mod mewn parchedig ofn o Elwyn ar y

pryd a fedrwn i ddim gwrthwynebu ei ddatganiadau mwyaf eithafol.

Yn ystod yr ymgyrch, cafwyd rhai digwyddiadau sy'n werth eu nodi. Un diwrnod, wrth gyfarch siopwyr yng nghanol tref Caernarfon, gwelais fy hen wrthwynebydd Geraint Jones yn cerdded heibio. Dros fy uchelseinydd fe wnes i wawdio Geraint oherwydd iddo golli ei sedd ar y Cyngor. Roedd hi'n werth gweld y gwrid ar ei wyneb! Waeth faint y gwaeddai'n ôl arnaf, llwyddwn i foddi ei lais.

Fe gyflawnwyd dwy weithred o fandaliaeth yng Nghaernarfon mewn ymgais i lesteirio ymgyrch etholiadol y Ceidwadwyr, a hynny bron yn sicr gan ffanaticiaid o genedlaetholwyr amheus dan gochl fwy parchus Plaid Cymru. Malwyd ffenest gwerth £300 ym Mhencadlys y Ceidwadwyr yn Stryd y Bont ddydd Sul, 30 Mai. Yn ffodus roedd y lle'n wag ar y pryd.

Lawer mwy difrifol oedd y bom betrol a daflwyd at Swyddfa Etholiadol y Ceidwadwyr yn Rhif 13 y Stryd Fawr lai na phedair awr ar hugain cyn y diwrnod pleidleisio. Rown i a dwsin o ymgyrchwyr i fyny'r grisiau pan glywyd sŵn gwydr yn malu. Rhedodd pawb ohonom i lawr y grisiau a darganfod i fom gael ei thaflu drwy'r ffenest i'r dderbynfa. Yn ffodus, wnaeth y bom ddim tanio neu fe allasai fod wedi arwain at ganlyniadau erchyll. Drwy'r twll yn y ffenest taflwyd hefyd lythyr bygythiol wedi'i gyfeirio ataf fi. Mae'n drist meddwl bod rhai pobl o'r gymuned Gymraeg wedi defnyddio dulliau o'r fath i amharu ar ymryson gwleidyddol dilys mewn democratiaeth.

Er mwyn ceisio fy niogelu rhag ymosodiad corfforol posibl gan eithafwyr cenedlaethol, bûm yn ddigon ffodus i gael cymorth Martin Foley a'i griw o warchodwyr. Roedd y gŵr hwn o Dde Affrica wedi symud i'r ardal i gynnal busnes diogelwch. Doedd ef a'i griw ddim yn bobl i'w croesi ac fe wnaethon nhw chwarae rhan bwysig drwy amddiffyn cerbydau ein hymgyrch rhag ymosodiadau gan ein gelynion gwleidyddol. Fe godon nhw ofn ar o leiaf dair carfan o genedlaetholwyr ymosodol meddw, a phrofodd gweithredu'n fwy effeithiol na siarad, gyda'r aflonyddwyr yn mynd adre'n waedlyd.

Penodwyd Martin Foley a'i warchodwyr i gydlynu'r trefniadau diogelwch ar fy rhan gan Elwyn Jones ar gyfer noson y pleidleisio. Roedd y golygfeydd y tu mewn i'r cyfrif, ac yn arbennig y tu allan, yn warthus, gyda'r ymgeisydd Llafur, Rhys Williams, a minnau'n dargedau i storm o sarhad gan nifer o gefnogwyr Plaid Cymru. Fe wnes i sicrhau Rhys Williams a'r ferch ofnus oedd yn asiant iddo y caent eu diogelu gan Martin Foley a phump o'i ddynion. Nodwyd ar y pryd fy mod i'n gwisgo cot las gwta bob tro yr awn i mewn neu allan o'r cyfrif. Y gwirionedd oedd fod Martin Foley wedi rhoi gwasgod atal bwledi i mi ei gwisgo er diogelwch yn dilyn, yn arbennig, y llythyr bygythiol roeddwn wedi'i dderbyn y diwrnod cynt.

Cyhoeddwyd y canlyniad fel a ganlyn: Dafydd Wigley (PC) 20,338 (57.1%); Felix Aubel (Ceid) 7,536 (21.2%); Rhys Williams (Llaf) 5,632 (15.8%); John Parsons (Rhydd) 2,103 (5.9%); mwyafrif Plaid Cymru: 12,802 (36.0%). Er i Dafydd Wigley wneud yn dda i gynyddu ei bleidlais a'i fwyafrif, rown i hefyd yn hapus iawn gan fy mod wedi llwyddo i ennill y bleidlais Geidwadol uchaf mewn gornest bedwar cornel yn yr etholaeth ers 1955. Llwyddais nid yn unig i guro Llafur yn y frwydr am yr ail safle, ond fi hefyd oedd yr unig Geidwadwr yng ngogledd Cymru i wella ar berfformiad y blaid honno yn 1983. Fel y dywedais yn ddiweddarach wrth ohebydd: 'Cyrhaeddwyd y nod drwy ddod yn ail, a hynny'n well nag oeddwn i wedi gobeithio.'

Er hynny, ni ellir disgrifio'r golygfeydd y tu allan i'r cyfrif ond fel hysteria torfol. Gellid maddau i unrhyw un a gredai fod ralïau Nurenberg Adolf Hitler yn dal i fodoli wedi'r Ail

Wyneb yn wyneb â'r Fenyw Haearn yng Nghynhadledd y Ceidwadwyr, Blackpool, fis Hydref 1986

Ryfel Byd. Roeddwn i, diolch byth, yn dal y tu mewn yn cynnal cyfweliad gyda Radio Cymru. Yna, diflannais o ganol y giwed swnllyd yn fy ngwasgod ddiogelwch yng nghwmni dau o warchodwyr Martin Foley. Derbyniodd Martin lun wedi'i arwyddo gan Margaret Thatcher yn ddiolch am ei waith.

Fe'm synnwyd gan faint y gefnogaeth bersonol a ddangoswyd i Margaret Thatcher. Roedd llawer o gefnogwyr Dafydd Wigley yn gobeithio mai hi fyddai'n ennill yr etholiad cyffredinol er mwyn cadw Neil Kinnock allan. Roedd llawer ohonynt hefyd yn cytuno â hi yn ei hymdrechion i wanhau grym yr undebau llafur, yn arbennig Undeb y Glowyr. Credent yn ogystal fod angen ysgytwad ar Brydain drwyddi draw er mwyn cael gwared ar ddifrawder.

Roedd yno gefnogwyr eraill i Wigley nad oedd ag unrhyw ddiddordeb mewn Cynulliad yng Nghaerdydd ac wedi pleidleisio i Blaid Cymru er mwyn dangos eu cefnogaeth i'r iaith a'r diwylliant Cymraeg. Roedd rhai o'r

Rhannu soffa gydag Ysgrifennydd Gwladol Cymru, Nicholas Edwards, yng Nghynhadledd Ymgeiswyr Seneddol Ceidwadwyr Cymru yn Llandrindod, fis Mawrth 1987

rheiny'n wrthwynebus i weithgareddau troseddol Cymdeithas yr Iaith Gymraeg, ac roedd mudiadau fel un Geraint Jones, Pwyllgor Amddiffyn Llŷn, yn wrthun iddynt. Roedd elfen glymbleidiol cefnogaeth Dafydd Wigley mewn gwirionedd yn gymysgedd o dueddiadau gwleidyddol. Gellid disgrifio'r peth fel cael Enoch Powell a Tony Benn yn yr un blaid wleidyddol! Tra ymddangosai ymgyrch Plaid Cymru yng Nghaernarfon fel un i'r chwith o'r canol yn ei hapêl, roedd llawer o'r cefnogwyr i'r dde o ran eu gwleidyddiaeth, a phetaen nhw'n byw yn Lloegr, byddent wedi pleidleisio i'r Blaid Geidwadol.

Dychwelais i Aberdâr, gan fynd draw i Lambed ar gyfer fy seremoni graddio yn MTh ar 9 Gorffennaf. Fe wnaeth Mam a minnau gwtogi'n raddol ar waith y siop a'i gwerthu yn y diwedd i'r Swyddfa Bost. Dechreuais astudio ar gyfer gradd MPhil mewn Hanes, lle roedd gofyn i mi ysgrifennu traethawd 70,000 o eiriau ar 'Etholiadau Seneddol Sir

Aberteifi a'u Cefndiroedd, 1921-1932'. Fy ngoruchwyliwr oedd Dr Malcolm Smith, pennaeth yr Adran Hanes yn Llambed, un a barchwn yn academaidd ac a hoffwn hefyd ar lefel bersonol. Byddwn yn teithio'n aml o Aberdâr i'r Llyfrgell Genedlaethol yn Aberystwyth, lle cefais gymorth arbennig o dda gan y staff. Cyflwynais fy nhraethawd y mis Medi canlynol a hysbyswyd fi o'm llwyddiant ddiwedd Tachwedd 1989. Derbyniais fy ngradd yn ffurfiol ddiwedd y flwyddyn.

Dros y blynyddoedd dylanwadodd nifer o gymeriadau o Aberdâr arnaf. Un ohonynt oedd Huw Rhys Jones, a drigai yn Cemetery Road, Trecynon. Roedd hwn yn wir rebel. Athrawes mewn ysgol gynradd oedd ei fam, Jane, a bu'n ffrind agos i Mam ers y 1950au cynnar. Wedi iddo gwblhau ei Lefel 'A', bu Huw'n dilyn cyrsiau ar Astudiaethau Busnes a'r Gyfraith mewn gwahanol golegau yn Lerpwl, Bryste, Manceinion ac Abertawe. Wnaeth e erioed gwblhau yr un o'r cyrsiau, ac ni fu erioed mewn swydd go iawn. Gwell oedd ganddo fyw ar enillion ei fam a budd-daliadau'r wladwriaeth. Er hynny, roedd e'n ddeallus ac yn feddyliwr craff – pan fyddai'n sobr. Pan oeddwn i yn yr ysgol uwchradd daeth yn rhyw fath ar arwr cwlt yn lleol. Un tro, gyrrodd ei gar drwy ddrws gwydr archfarchnad Tesco yn Aberdâr mewn tymer feddw. Arferai ysmygu dros drigain o sigaréts y dydd, a ganol y 1980au gwariai tua chanpunt yr wythnos ar alcohol. Doedd hi ddim yn syndod iddo farw cyn cyrraedd ei hanner cant.

Er na fedrwn i ategu ffordd Huw Jones o fyw, roedd gen i ryw edmygedd cyfrinachol o'i agwedd byw-i'r-funud tuag at fywyd. Dywedai bob amser na châi neb bregethu wrtho sut ddylai fyw. Mynnai fod yn annibynnol, a chodai ddau fys at awdurdod pan deimlai felly. Pwysleisiai nad oedd e'n becso'r dam beth feddyliai neb am ei ffordd o fyw cyn belled â'i fod e'n hapus. Fe gâi'r agwedd ryddewyllysiol hon gryn ddylanwad ar fowldio'r elfen wrthryfelgar geidwadol honno o'm cymeriad.

Cymeriad arall a ategodd yr elfen ryddewyllysiol ynof oedd gŵr a drigai yn y Gadlys, sef Cliff Shott. Roedd e wedi treulio blynyddoedd yn y 1950au yn gweithio fel hyfforddwr cŵn yn Sydney, Awstralia. Wedi iddo ddychwelyd adre, doedd gan neb gof iddo wneud cymaint â diwrnod o waith ar wahân i ambell jobyn arian poced fel mynd â chŵn pobl am dro a'u hyfforddi nhw i ufuddhau. Pan ofynnid iddo pam nad oedd e mewn gwaith, atebai: 'Pan gei di dy gyflogi gan rywun, rwyt ti'n gwerthu'r rhyddid i wneud be fynni di a phryd fynni di am arian. Fyddwn i byth yn caniatáu i unrhyw un ddwyn fy rhyddid drwy fy llwgrwobrwyo.' Er bod agwedd o'r fath yn swnio'n wirion, fe gafodd athroniaeth Cliff Shott o chwilio am ryddid, costied a gostio, gryn ddylanwad arna i. Wrth fynd ati i osod fy agenda fy hun mewn bywyd ac anelu at sicrhau rhyddid i fynd ble y mynnwn ar ôl cynllunio cwrs pendant, yn gyffredinol ceisiais ddilyn cyngor Cliff Shott.

A dyna Cliff Craven wedyn, a weithiai ar y llinell gynhyrchu yn ffatri *Hoover* ym Merthyr Tudful. Cynrychiolai'r math ar gymeriad a ddirmygid yn ne Cymru – y Tori dosbarth gweithiol. Yn dilyn marwolaeth ei rieni, roedd yn byw ar ei ben ei hun. Edrychai fel tramp: ni wisgai gareiau yn ei sgidiau, ac ni wnâi byth, bron, ymolchi na siafio. Er hynny, roedd ganddo feddwl dadansoddol llym a gwybodaeth drwyadl o hanes byd-eang o ganlyniad i'r ffaith ei fod wedi darllen yn helaeth o lyfrau o lyfrgell y dref. Er iddo gyfaddef iddo bleidleisio dros Lafur yn etholiad cyffredinol 1945, roedd e'n Dori glas i'r carn. Pwysleisiai gydol yr amser yr angen i siarad yn blaen.

Un arall oedd Dr William Simpson, a oedd yn byw'r drws nesaf i ni. Deuai'n wreiddiol o Kirkcaldy yn yr Alban a bu'n rhedeg meddygfa yn Nhrecynon er 1928. Er iddo ymddangos yn ffroenuchel, ar adegau preifat byddai'n barod i roi cyngor i mi. Yn ogystal, o dan yr ymddangosiad arwynebol, roedd William Simpson yn rebel. Byddai'n yfed wisgi fel petai ei fywyd yn dibynnu arno. Rhoddai bum llwyaid o siwgr ym mhob un o'r ugain paned o de a yfai bob dydd. Ac yntau ymhell yn ei wythdegau, cerddai strydoedd Aberdâr wedi hanner nos gan fod yn gwbl ddi-hid o unrhyw berygl y byddai rhywun yn ymosod arno. Yn wir, pan fyddai ambell feddwyn yn taro ar ei draws câi Simpson ei gyfarch yn barchus, 'Nos da, Doc!'

Yn ystod ei sgyrsiau â mi, pwysleisiai bwysigrwydd sylfaenol yr egwyddor fy mod yn meddwl drosof fy hun. Roedd e'n Geidwadwr pybyr ac roedd wedi cynorthwyo'r ymgeisydd Toriaidd yn Aberdâr yn etholiad cyffredinol 1929, sef Arthur Molson. Roedd ei ddiweddar wraig, Dorothy, wedi sefyll yn aflwyddiannus dros y Ceidwadwyr yn etholiadau'r Cyngor yn Aberdâr. Fel ffafr, roedd William wedi fy enwebu i sefyll ar ran yr SDP yn etholiad cyffredinol 1983 ac isetholiad 1984 ond roedd e wrth ei fodd pan wnes i ymuno â'r Ceidwadwyr yn ddiweddarach. Pwysleisiai'n aml ei bod yn bwysig fy mod yn gwneud yr hyn a deimlwn oedd yn iawn ac yn ymatal rhag ceisio poblogrwydd er ei fwyn ei hunan.

Un arall a gafodd ddylanwad cryf arnaf oedd Mrs Marchant Harries, a drigai yn yr Ivies, Trecynon. Roedd hi'n weddw i un o gyfreithwyr enwocaf Aberdâr, Marchant Harries, a achosodd syndod mawr wrth iddo, yn hen lanc, ddechrau canlyn ac yna briodi'r Albanes hon a fuasai'n briod ddwywaith, er yn ddi-blant. Meddai Mrs Marchant Harries ar ymennydd dadansoddol a dysgais lawer ganddi am hanes, gwleidyddiaeth a gwyddoniaeth.

Doedd Mam ddim yn hoff o wrthwynebiad Mrs Marchant Harries i Gristnogaeth uniongred, ac ofnai y câi hi ddylanwad gwael arnaf. Ond mae'n siŵr fod fy nghredo y dylai crefydd a gwyddoniaeth gyd-fynd yn ddyledus iddi hi. Mae fy nghefnogaeth i Ddarwiniaeth yn sicr wedi deillio o'i dylanwad hi. Pwysleisiai y dylwn wneud yr hyn a ddymunwn â'm bywyd yn hytrach na'r hyn a ddisgwyliai eraill ohona i. 'Bydd yn driw i ti dy hun' oedd ei harwyddair. Gellid ei disgrifio fel gwraig ryddewyllysiol yn ogystal â rebel ceidwadol. Fe wnâi ei hagwedd amwys tuag at briodas a bywyd teuluol ddylanwadu arnaf yn nes ymlaen.

Cefais fy annog gan amryw o aelodau blaenllaw'r Blaid Geidwadol i wneud cais i'm henw gael ei gynnwys ar restr y Swyddfa Ganolog o ymgeiswyr seneddol cymeradwy. Gofynnwyd i mi fynd i westy yn Slough ym Mehefin 1988 i gael cyfweliad ar gyfer y posibilrwydd hwnnw. Gyda mi ymhlith hanner cant oedd i gael eu cyf-weld roedd dau Gymro, Nigel Evans a Richard Lewis, y naill wedi sefyll dros Orllewin Abertawe a'r llall dros Ddwyrain Abertawe yn etholiad cyffredinol 1987.

Bu Nigel Evans a minnau'n llwyddiannus, ond nid felly Richard Lewis. Euthum i gefnogi Nigel yn isetholiad Pontypridd 1989. Byddai wedi gwneud Ysgrifennydd Gwladol gwych dros Gymru – yn Gymro da a chanddo farn glir ar faterion y dydd. Ymhyfrydais pan etholwyd ef yn Aelod dros y Ribble Valley yn etholiad cyffredinol 1992. Roedd e'n wahanol iawn i lawer o'i gyd-aelodau yn San Steffan ac yn y Cynulliad, sy'n rhy barod i eistedd ar y ffens.

Fe'm hanogwyd gan asiant newydd y Ceidwadwyr yng Nghymru, Martin Perry, i gynnig fy enw i'w ystyried fel darpar ymgeisydd dros Etholaeth Caerfyrddin yn 1989. Ond penderfynais beidio â gwneud hynny gan na theimlwn fod y sedd yn enilladwy o fewn yr hinsawdd wleidyddol a fodolai. Er i Rod Richards frwydro'n ddygn, roedd e 4,317 o bleidleisiau, neu wyth y cant, y tu ôl i'r Dr Alan Williams, Llafur yn etholiad cyffredinol 1987. Disgynnodd yr ymgeisydd newydd, Stephen Cavenagh, i'r drydedd safle,

8,097 o bleidleisiau (14.2%) y tu ôl i Alan Williams yn etholiad cyffredinol 1992. Yn 1989, hefyd, gwrthodais y cynnig i ymladd Caernarfon unwaith eto gan y teimlwn na fedrwn roi mwy i mewn i'r ymgyrch nag y gwnaethwn y tro cyntaf. Gwelodd fy olynydd, Peter Fowler, ei bleidlais yn disgyn o dros ddau y cant, gyda Dafydd Wigley'n cynyddu ei fwyafrif i 14,476.

Fe wnes i barhau fel pregethwr lleyg, yn aml yn cymryd pedwar gwasanaeth mewn ardaloedd mor wasgaredig â Chwm Cynon, Merthyr Tudful a Chwm Tawe. Oherwydd y lleihad yn nifer gweinidogion, deuai mwy a mwy o alwadau arnaf, ac anogwyd fi i wneud cais am hyfforddiant gweinidogaethol. Ymddangosodd fy ymateb cadarnhaol yn *Y Tyst* ar 24 Mawrth 1988. Petawn i'n llwyddiannus, byddwn wedyn yn gymwys i gynnal gwasanaethau priodi, bedyddio a chladdu, yn ogystal â gweinyddu'r Cymun Bendigaid. Cefais gymorth parod Ysgrifennydd Cyffredinol Undeb yr Annibynwyr Cymraeg ar y pryd, y Parchg Derwyn Morris Jones, dyn egwyddorol iawn, a chefnogaeth barod y Parchg Eifion Powell, a fu'n gyfaill da i mi.

Gan i mi eisoes fod yn llwyddiannus yn y gofynion rhagarweiniol, a bod gennyf radd MTh, penderfynwyd y medrwn hepgor cwrs diwinyddol. Yn hytrach, gofynnwyd i mi ysgrifennu traethawd o ddeng mil o eiriau o dan arolygiaeth Eifion Powell ar 'Dadansoddiad o'r Rhesymau dros y Dirywiad Diweddar mewn Annibyniaeth Gymreig ynghyd ag Astudiaeth o'i Ffactorau Cynhaliol'. Fe'i derbyniwyd gydag anrhydedd ganol 1989 ac ymhen pedwar mis cefais fy nerbyn fel un a oedd yn gymwys i gael ei ordeinio fel gweinidog. Golygai hyn gynnwys fy enw ym Mlwyddlyfr Undeb yr Annibynwyr Cymraeg.

Er bod un ofalaeth wedi dangos diddordeb, ni theimlai Mam fy mod i'n barod ar gyfer y weinidogaeth. Yn ei golwg hi, dylai darpar weinidog fod wedi profi gwaith y tu allan i'w yrfa ddewisol yn gyntaf. Roedd hi'n dal yn awyddus i mi ddefnyddio fy nghymwysterau dysgu ac yn dal yn flin na wnes i fynd am gyfweliad i Ysgol Gyfun yr Olchfa ddwy flynedd yn gynharach. Derbyniais ei chyngor a gwneuthum gais am nifer o swyddi dysgu yn ne a chanolbarth Cymru. Ond ymddengys i mi fod yn or-gymwys, er i mi gael cyfweliadau yn Aberhonddu a Llanfair Caereinion.

Anogwyd fi i geisio am swydd mewn ysgol ramadeg Seisnig lle, yn ôl yr hanes, yr hoffent lythrennau wrth gynffon enwau eu staff! Gwneuthum gais, felly, am swydd fel athro Hanes yn Ysgol Ramadeg Chislehurst a Sidcup ym Mwrdeistref Bexley yn ne-ddwyrain Llundain. Fe'm synnwyd o weld mai dim ond y prifathro, John Sennett, oedd am fy holi. O fewn deng munud, cyfaddefodd ei fod eisoes wedi penderfynu rhoi'r swydd i rywun arall. Ond cynigiodd swydd arall i mi mewn Astudiaethau Crefyddol gydag ychydig o Hanes a Gwleidyddiaeth Lefel 'A', ar yr amod fy mod i hefyd yn barod i ddysgu rhywfaint o Astudiaethau Clasurol ar Lefel TGAU. Yna, galwodd ar benaethiaid yr adrannau perthnasol i gael gair â mi, ac yn dilyn hynny cynigiwyd y swydd i mi ym mis Hydref 1989.

Mae gen i atgofion clir o'm cyfnod yn Sidcup ac o fywyd Llundeinig. O dan ofal y pregethwr lleyg llym John Sennett, roedd yr ysgol yn sefydliad cymysg, disgybledig. Roedd Awdurdod Addysg Bexley wedi penderfynu cadw ei ysgolion gramadeg, felly gofynnid i bob disgybl basio arholiad derbyn. Roedd yno leiafrif sylweddol o ddisgyblion ethnig, yn arbennig Indiaid, Tsieineaid a Thwrciaid. Roedd y rhain yn eithriadol o ddisgybledig, a'u rhieni'n gefnogol i'r athrawon. Byddai un gyrrwr tacsi Twrcaidd yn rhoi pelten i'w fab am bob cwyn a dderbyniai yng nghyfarfod y rhieni. Byddwn yn gofyn i'r disgyblion Astudiaethau Crefyddol ddysgu ar eu cof enwau holl lyfrau'r Beibl a'u hailadrodd yn erbyn y cloc. Medrai un ferch Hindŵaidd wneud hynny tuag yn ôl yn ogystal â thuag ymlaen.

Y bobl waethaf oedd y mamau di-waith gyda'u gwŷr cyfoethog nad oedd ganddynt ddim byd gwell i'w wneud na dysgu athrawon sut i wneud eu gwaith. Gallai rhai ohonynt fod yn boendod, yn gwbl wahanol i rieni o leiafrifoedd ethnig a ymddiriedai yn yr athrawon. Roedd yno hefyd rieni croenwyn dosbarth gweithiol a oedd allan o'u dyfnder yn llwyr ar noson rhieni ac athrawon oherwydd snobyddiaeth rhai o'u cyd-rieni dosbarth canol. Cofiaf un rhiant sengl nad oedd yn ferch broffesiynol, er enghraifft, yn crio pan ddywedwyd wrthi gan riant arall fod ei merch yn gwneud yn wael am nad oedd ganddi dad gartref.

Roedd chwech o athrawon o Gymru ar y staff, pob un â rhyw grap ar y Gymraeg. Roedd y mwyafrif ohonynt wedi bod yn dysgu yn Ysgol Ramadeg Chislehurst a Sidcup am flynyddoedd, ac fe'i caent hi'n anodd iawn dysgu mewn ysgol gyfun o fedrau cymysg. Roedd Lyn Hughes o Aberdâr, oedd yn athrawes Ffrangeg, yn berffaith yn ramadegol ond yn wan ei hynganu. Cofiai iddi orfod dysgu Ffrangeg drwy gyfrwng y Saesneg, ac mae hynny'n atgoffa rhywun o'r ffordd y dysgid Cymraeg ar un adeg. Roedd yno Gymro ecsentrig, John Davies, a oedd hefyd yn dysgu Ffrangeg. Er mwyn sicrhau tawelwch yn y dosbarth, taflai lyfrau ysgrifennu'r disgyblion swnllyd allan o ffenestri'r llofft ac yna eu hanfon i'w nôl. Rhybuddiwyd nhw na ddylent ddychwelyd o fewn llai na deng munud.

Y pennaeth chwaraeon oedd Noel Horrobin, gŵr chwe throedfedd a phedair modfedd. Roedd e'n ddisgyblwr llym a byddai'n dod dros y gwaharddiad ar gosbi corfforol drwy orfodi disgyblion afreolus i wneud cant o ymwthiadau â'u breichiau a chant o godi ar eu heistedd. Byddai Adele Radelat, athrawes Saesneg a addysgwyd mewn cwfaint, yn gorfodi disgyblion i sefyll ar un goes ac adrodd hwiangerddi o flaen y dosbarth.

Chwaraewn fel cefnwr ôl yn nhîm pêl-droed athrawon yr ysgol. Cofiaf chwarae yn erbyn Ysgol Gyfun Erith o dan amgylchiadau anffodus. Ar fy ffordd adre i'm fflat yn Thamesmead cefais fy nghnoi gan gi Alsatian a bu'n rhaid i mi gael chwistrelliad rhag dal y gynddaredd. Yn hytrach na mynd adre i orffwys, fe es ymlaen i'r gêm. Aeth y cyfan heibio mewn niwl. Yn y dafarn wedyn, mynnai rhai o'm cyd-chwaraewyr i mi fod yn feddw cyn y gêm. Pan glywson nhw'r gwir, roedden nhw'n argyhoeddedig mod i'n wallgof!

Roedd mwy na digon i'w wneud yn Llundain. Awn i farchnad hen bethau enwog Portobello Road ar foreau Sadwrn. Ceid llawer o siopau llyfrau ail-law yng nghanol Llundain, ac yno y dechreuais gasglu llyfrau Cymraeg hynafiaethol. Yn Leicester Square, lle roedd nifer o sinemâu, gwyliais dros gant o ffilmiau rhwng 1989 a 1992. Ym mis Medi 1990 ymunodd cyn-efrydydd o goleg Llambed â'r staff, pan ddaeth Dan Brown atom i ddysgu Daearyddiaeth. Roedd Dan yn gymeriad a oedd yn byw ymhell tu hwnt i'w enillion. Weithiau, awn gydag ef i bartïon a fyddai'n para drwy nos Sadwrn, gan adael dydd Sul ar gyfer adfer ein nerth erbyn gwaith ar fore Llun.

Er na wnes i erioed gymryd cyffuriau, gwelais eu heffaith ar eraill. Mewn parti yn Crayford, er enghraifft, bu nifer o'r cwmni'n ysmygu canabis tra bu eraill ar 'speed', a dwy fenyw yn ffroeni cocên. Roedd yr aer mor drwchus fel y bu raid i mi gripian allan ar fy nhraed a'm dwylo i anadlu yn y fynedfa. Digwyddiadau fel hyn barodd i mi wneud safiad digymrodedd yn erbyn cyffuriau. Yng ngeiriau cân enwog Max Boyce, 'I know because I was there!'

O ystyried popeth cefais amser da yn Llundain. Fe wnes i gwblhau fy mlwyddyn brawf o fewn dau dymor. Roedd fy nisgyblion TGAU yn gwneud cynnydd da a rown i'n mwynhau dysgu Hanes a Gwleidyddiaeth Lefel 'A'. Ond fe gafwyd un digwyddiad bythgofiadwy. Un o'm disgyblion yn y Chweched Isaf oedd merch Dwrcaidd o Gyprus, Zahra. Roedd hi wedi bod yn mynychu'r ysgol fodern gerllaw ond ar sail ei safon cafodd ei derbyn i astudio TGAU gyda ni. Fel unrhyw ddisgybl a drosglwyddwyd, bron, fe'i cafodd hi'n anodd cystadlu gyda'r disgyblion gramadeg swyddogol. Roedd hi wedi pasio pum pwnc TGAU gyda graddau 'C' ac wedi cael mynd i'r Chweched oherwydd pwysau gan ei thad, Mustafa.

Yn fy nosbarth i, roedd hi bellach yn agosáu at y radd isaf dderbyniol mewn Gwleidyddiaeth Lefel 'A', sef 'E', lle nad oedd hi gynt yn cyrraedd hyd yn oed safon Lefel 'O'. Cynyddodd ei hunanhyder a llwyddodd i basio gyda gradd 'E' yn y Chweched Isaf. Gofynnodd Mustafa a fyddwn yn fodlon rhoi gwersi preifat i'w ferch, a chytunais; yn ei harholiadau nesaf enillodd radd 'D'. Yng nghyfarfod y rhieni wedi hynny, dyma Mustafa'n dweud wrtha i: 'Os gwnaiff Zahra lwyddo i ennill gradd 'C', fe gei di ei phriodi.' Roedd e'n hollol o ddifrif! Yn wir, fe wnaeth hi lwyddo a chael gradd 'C', ond gwrthod y cynnig wnes i. Teimlai rhai o'r athrawon eraill i mi fod yn ffŵl! Beth, tybed, fyddai fy nhynged petawn i wedi derbyn cynnig Mustafa?

Pennod 6

Ddiwedd 1991 hysbysais bencadlys Undeb yr Annibynwyr Cymraeg yn Abertawe fy mod yn barod i gymryd at y weinidogaeth. Fe'm gwahoddwyd i bregethu yn ardal Llanfair Caereinion yn sir Drefaldwyn lle roedd grŵp o chwe chapel yn chwilio am weinidog. Derbyniais hysbysiad swyddogol yn fy ngwahodd i gymryd y swydd, ond oherwydd natur wasgaredig yr ofalaeth, ynghyd â'r teimlad fod cyllid yn brin yno, penderfynais beidio â derbyn yr alwad.

Cyrhaeddodd gwahoddiad arall gan Eglwysi Annibynnol Rhosllannerchrugog a'r Cylch yn gofyn i fynd i bregethu yno. Cefais dderbyniad da ac unwaith eto derbyniais gynnig swyddogol gan ysgrifennydd yr ofalaeth, Aled Roberts, Democrat Rhyddfrydol sydd erbyn hyn yn arweinydd Cyngor Bwrdeistref Sirol Wrecsam. Anogodd y Parchg Ieuan Davies o'r Tabernacl, Treforys, fi i dderbyn.

Yn y cyfamser, clywais fod Eglwysi Annibynnol Cylch Aberaeron yn chwilio am weinidog yn dilyn ymddeoliad y Parchg Gwynfryn Jones. Ar ôl i mi fod yno'n pregethu, gwahoddwyd fi'n ôl am yr eildro ac fe gyfarfu diaconiaid y pum capel i drafod telerau. Er bod y pecyn ariannol yn llai nag un y Rhos, tueddwn fwy at Aberaeron. Gan i mi dreulio cyfnod o rai blynyddoedd yn astudio yn Llambed, rown i'n gyfarwydd ag ardal canol Ceredigion. Ar ben hynny, roedd iechyd Mam wedi dirywio yn dilyn cwymp difrifol yn 1992, a dim ond taith o awr a hanner oedd Aberaeron o Drecynon.

Ysgrifennodd Maria Evans, ysgrifenyddes yr ofalaeth, ataf yn gofyn am fy nghaniatâd i osod fy enw gerbron yr aelodau. Cytunais, a gwahoddwyd fi'n ffurfiol i fod yn weinidog ar y pum capel. Cytunais i gychwyn ym mis Mehefin 1993. Yn anffodus, doedd dim mans gyda'r

Annibynwyr yn Aberaeron. Yn y diwedd fe wnes i ddod o hyd i fflat yn 1 Meithrinfa Brynaeron, a oedd yn eiddo i Geraint Jones a'i fam, Mary Jane, aelodau yng Nghapel Neuadd-lwyd. Byddai'n gartref i mi am wyth mlynedd. Yn wir, mynnai Geraint na chawn ganiatâd i adael tra byddai ei fam yn fyw! Yn ogystal, roedd y teulu mor garedig a chefnogol fel y teimlwn ei bod yn ddyletswydd arnaf i aros yno.

Ordeiniwyd a sefydlwyd fi fel gweinidog dros gapeli Peniel, Aberaeron; Neuadd-lwyd; Llwyncelyn; Mydroilyn a Siloh, Llan-non mewn dau wasanaeth yng Nghapel Peniel ar 19 Mehefin 1993. Y Parchg Eifion Powell fu'n gyfrifol am yr ordeinio a rhoddwyd cefndir yr alwad gan Maria Evans. Cymerwyd rhan gan fy rhagflaenydd, y Parchg Gwynfryn Jones, a phregethwyd gan y Parchg Ddr Glyndŵr Harries, Cwmbrân. Yn bresennol hefyd yr oedd y Parchn Andrew Lenny a Hywel Mudd. Gwerthfawrogais yn fawr gyfraniad y Canon William Price o'r Adran Hanes yn Llambed a'r Parchg Goronwy Evans, Brondeifi, ynghyd â'm cyn-athrawes ysgol Sul, Margaret Morris. Hyfryd oedd gweld llond bws wedi dod i fyny o Aberdâr. Pregethwr cyfarfod y nos oedd y Parchg Cyril Llewelyn, Treorci. Hwn oedd un o ddyddiau mwyaf cofiadwy fy mywyd.

Yn wahanol i rai gweinidogion newydd sy'n cael amser i ymgyfarwyddo â'u swydd, bu raid i mi gynnal gwasanaeth priodas, bedydd ac angladd o fewn pythefnos o ddechrau yno. Roedd bywyd yn y dref lan môr yn wahanol iawn i'r hyn a brofais yn y ddinas fawr, a chefais hi'n anodd setlo. Rown i'n cael perthynas â merch o Gaerdydd ar y pryd. Roedd Ingrid yn ferch i ŵr o Lithwania ac yn hyfforddi i fod yn gyfrifydd. Doedd hi ddim yn hapus fy mod i wedi mynd i'r weinidogaeth. Teimlai fy mod i'n gwastraffu fy nhalent ac y dylwn fod wedi parhau i astudio i fynd ymlaen i fod yn ddarlithydd. Yn anochel, daeth y berthynas i ben yn fuan wedyn, a thaflodd hyn gysgod dros achlysur llwyddiannus i mi.

Y Dr Felix Elfed Aubel PhD!
Graddio yn Llambed,
Gorffennaf 1995

Er na fu i mi gymryd rhan weithredol mewn gwleidyddiaeth yn Llundain, fe wnes i barhau i fod â diddordeb mewn materion cyfoes. Er bod Margaret Thatcher yn colli gafael ar farn y bobl, teimlwn yn ddig am y modd y cafodd ei bradychu gan ei Haelodau Seneddol ar 22 Tachwedd 1990. Er fy mod yn croesawu buddugoliaeth John Major yn yr etholiad cyffredinol ym mis Ebrill 1992, sylweddolwn iddo fod yn ffodus. Mewn gwirionedd, nid Major a enillodd y fuddugolaeth ond Neil Kinnock a gollodd yr etholiad, yn arbennig gyda'i berfformiad gwamal yn y rali yn Sheffield ar drothwy'r pleidleisio.

Dechreuais feddwl am lunio traethawd Doethuriaeth ar y Blaid Geidwadol er mwyn darganfod beth oedd cymhelliad ei harweinyddion, ei hymgyrchwyr a'i chefnogwyr. Ai'r awydd am rym a'i gadw, doed a ddelo, oedd y cymhelliad, ynteu ffactorau ideolegol arbennig? Cefais fy annog gan fy nghyn-diwtor yn Llambed, Dr Malcolm Smith, i ddadansoddi hanes y Ceidwadwyr yng Nghymru, gan nad oedd neb wedi gwneud hynny. Y bwriad oedd cwblhau traethawd PhD o gan mil o eiriau ar: 'Ceidwadaeth Gymreig, 1885-1935'. Ar ôl pori drwy dros 40,000 o rifynnau o bapurau newydd a ffynonellau amrywiol yn y Llyfrgell Genedlaethol a Llyfrgell Ganolog Caerdydd, gorffennais y gwaith erbyn mis Rhagfyr 1994. Credai Dr Smith ei fod yn ddigon safonol i'w farcio gan Dr John Stevenson o Brifysgol Rhydychen.

Cynhaliwyd y gwrandawiad yn Llambed fis yn ddiweddarach o flaen Dr Stevenson a'r Is-Ganghellor Morris. Ymfalchïais yn y ffaith i'r traethawd gael ei dderbyn

Gyda'r Parchg John Gwilym Jones, Bangor, a swyddogion Capel Siloh, Llan-non yn dilyn ailagor y Capel ym mis Medi 1996

gyda brwdfrydedd. O ganlyniad fe'm penodwyd yn Ddarlithydd Cyswllt yn yr Adran Hanes yn Llambed, a mwynheais fy nwy flynedd yno.

Er fy mod yn mwynhau fy ngweinidogaeth yn Aberaeron, teimlwn wacter wedi i mi gwblhau fy PhD. Felly ailgydiais mewn gwleidyddiaeth. Roedd Tom Raw-Rees, Cadeirydd Ceidwadwyr Ceredigion, wedi gofyn i mi gynnig fy enw fel darpar ymgeisydd dros Geredigion. Cytunais i annerch Pwyllgor Gwaith Cymdeithas Ceidwadwyr Ceredigion ddechrau mis Medi 1995. Fe aeth pethe'n dda a chytunais i gynnig fy enw.

Cynhaliwyd y cyfarfod dewis yn Aberaeron ar 21 Tachwedd a derbyniwyd fy enw'n unfrydol. Pennawd Dylan Iorwerth yn *Golwg* oedd 'Dychweliad Felix y Llew!' Deuthum yn gyfeillgar ag Iori a Mair Davies o'r Pren-gwyn, Llandysul. Yn groes i syniad cartwnaidd Plaid Cymru o

Geidwadwyr fel pobl Seisnigedig, roedd y ddau yma'n bobl drwyadl Gymraeg a berchid gan bawb, beth bynnag eu lliwiau gwleidyddol, a hynny ar sail eu gweithgaredd cymunedol. Buasai Iori'n focsiwr medrus yn ifanc ac erbyn hyn roedd e'n Ynad Heddwch. Roedd e wedi cynorthwyo pob ymgeisydd Ceidwadol yn y sir ers dyddiau Dr George Little adeg etholiad cyffredinol 1950.

Ym mis Chwefror 1996 dechreuodd fy nghysylltiad hir â rhaglen S4C *Pawb a'i Farn,* pan wnes fy ymddangosiad cyntaf yn y Drenewydd. Un o'r panelwyr eraill oedd y Parchg Roger Roberts ar ran y Democratiaid Rhyddfrydol, gŵr a ystyriais bob amser yn ddadleuwr medrus. Cofiaf ddadl boeth rhyngof a Hedd Bleddyn ar fater y gosb eithaf ar gyfer llofruddwyr rhagfwriadol lle roedd y dystiolaeth yn ddi-droi'n-ôl. Roedd hi fel bod yn ôl ar *Y Byd yn ei Le* yn yr wythdegau!

Daeth llawer o Geidwadwyr amlwg i Geredigion i gefnogi fy ymgeisyddiaeth. Un ohonynt oedd Ysgrifennydd Cymru, William Hague, gŵr a ystyriwn yn areithydd cyhoeddus gwych. Siaradodd Jeffrey Archer yn Aberteifi; doedd ei ego ddim wedi crebachu 'run mymryn ers ei ymweliad â Chaernarfon ddegawd yn gynharach. Mynnai y dylwn ei gyflwyno fel 'Jeffrey Archer, yr areithydd gwleidyddol mwyaf ers Winston Churchill'. Ymwelodd Ann Widdecombe, a oedd yn Weinidog yn y Swyddfa Gartref, â Llandysul; rwyf wedi'i hedmygu erioed am ei pharodrwydd i ddweud ei barn, er nad oeddwn yn cytuno â hi bob tro, yn arbennig felly ar hela ac erthylu. Awgrymodd Tom Raw-Rees, gan ein bod ni'n dod ymlaen mor dda, y dylwn i ac Ann fod yn 'eitem'. Fy ateb iddo oedd, 'Dim diolch! Beth amdanat ti?'

Hwyrach mai'r ymweliad mwyaf pleserus fu hwnnw gan Elwyn Jones ym mis Mehefin 1996. Er bod statws Elwyn o fewn y Blaid Geidwadol yn y gogledd wedi disgyn gan nad oedd e bellach yn asiant cyflogedig, roedd ei broffil uchel yn

Gyda Jeffrey Archer yn Aberteifi, Mawrth 1996

parhau, diolch i'w gyfraniadau ar S4C ac ar Radio Cymru. Ymddangosodd gyntaf mewn digwyddiad cymdeithasol yn y Tresi Aur, ger Llandysul. Ddeuddydd cyn hynny roedd wedi tarfu ar amryw yn dilyn ei sylwadau tanllyd am Blaid Cymru ar y rhaglen *Heno*. Er hynny, edmygwn ddewrder y gwleidydd egwyddorol hwn a gafodd ei ddibrisio lawer gormod.

Drannoeth roedd e'n siaradwr gwadd mewn bore coffi yng ngwesty'r Groves yn Aberystwyth a drefnwyd gan Gadeirydd y Ceidwadwyr, Kathy Lloyd, a oedd yn ffrind mawr i mi. Yr hyn sy'n aros yn y cof yw gweld Elwyn yn llwyddo i wrthsefyll sarhad geiriol aelodau o Gymdeithas yr Iaith Gymraeg, a oedd wedi'i weld yn croesi'r ffordd i'r gwesty. Fe'u disgrifiodd fel hwliganiaid 'pwylldreisiol' (*brainwashed*) â chegau agored ond meddyliau caeedig.

Yn anffodus, torrwyd ar draws y cyfnod pleserus hwn yn fy mywyd gan ddirywiad difrifol yn iechyd Mam. Yn dilyn ei chwymp bedair blynedd yn gynharach, câi hi'n anos cynnal y cartref yn Nhrecynon. Gwrthodai symud i le llai o faint gan

Gydag Elwyn Jones, ger Llandysul ym mis Mehefin 1996

iddi addo i Nhad na wnâi hi byth adael cartref y teulu. Er iddi fwynhau fy nghyfarfod sefydlu a'r seremoni graddio pan enillais fy PhD, roedd arwyddion o waelu arni. Yna syrthiodd eto, ac fe drodd hypothermia yn niwmonia. Aed â hi i Ysbyty'r Tywysog Charles ym Merthyr Tudful a bu farw ar 28 Medi 1996 yn 77 mlwydd oed.

Roedd fy enw i lawr i bregethu ddwywaith mewn cyrddau diolchgarwch yn Rhyd-y-bont y diwrnod cyn ei hangladd. Mynnais gadw fy nghyhoeddiad. Etifeddais oddi wrth fy Nhad y penderfyniad Slofenaidd y dylai bywyd fynd yn ei flaen, beth bynnag fo'r sefyllfa. Y diwrnod wedyn cymerais wasanaeth angladdol Mam yn y Capel Gorffwys Cydweithredol yn y Gadlys, Aberdâr. Penderfynais hefyd y byddwn i'n dychwelyd ar fy union er mwyn llywyddu yn y Cyrddau Mawr yng Nghapel Peniel, lle roedd y Parchg Cynwil Williams, Caerdydd, i bregethu. Gwyddwn fod rhai'n ystyried fy mhenderfyniad fel rhywbeth anaddas, ond gwn fod yr hyn a wnes yn gyfiawn. Dyma oedd ffordd Felix

Ymgyrchu gyda William Hague yn Aberteifi fis Chwefror 1997

Aubel o wneud pethe!

Daeth William Hague i ymweld ac Aberteifi a Llandysul ym mis Chwefror 1997. Yno cyfarfu â chynrychiolwyr undebau'r ffermwyr a chefnogwyr hela yn ogystal â chynrychiolwyr llywodraeth leol. Wedi i ddiwrnod yr etholiad gael ei gyhoeddi – sef 1 Mai – lansiwyd ymgyrch y Ceidwadwyr yn Nhyglyn Aeron ar 3 Ebrill. Yn lleol roedd y gogwydd gwrth-Geidwadol yn cael effaith andwyol. Teimlid yn gyffredinol, ar ôl deunaw mlynedd o lywodraeth Doriaidd, fod angen newid; o dan arweiniad Tony Blair, roedd Llafur Newydd yn cyflwyno'i hun fel dewis mwy cymedrol a chrediniol. Teimlwn i a'm hasiant, Paul Davies, ein bod ni'n hitio'n pennau yn erbyn wal. Fe wnes i gefnogi hela ychydig yn rhy frwdfrydig, hwyrach, a gorbwysleisio perygl integreiddio Ewropeaidd. Rown i mewn sefyllfa anobeithiol.

Roedd ymgeisydd Plaid Cymru, Cynog Dafis, wedi bod yn Aelod Seneddol effeithiol er 1992. Roedd Hag Harris o'r

Lansio fy ymgyrch fel ymgeisydd seneddol dros Geredigion yng Nhyglyn Aeron, Ebrill 1997

Blaid Lafur yn ymgyrchu ar frig ton o frwdfrydedd rhyng-genedlaethol gan adael y Democratiaid Rhyddfrydol a'r Ceidwadwyr ymhell ar ôl. I wneud y sefyllfa'n waeth, roedd ymgeisydd Plaid Refferendwm Syr James Goldsmith, sef John Leaney o Drefdraeth, yn dwyn y bleidlais wrth-Ewropeaidd oddi arna i. Er bod Dai Davies, ymgeisydd y Democratiaid Rhyddfrydol, yn ceisio adfer y sedd a gollwyd gan Geraint Howells i Blaid Cymru, roedd hi'n amlwg mai ras rhwng Plaid Cymru a Llafur oedd hi.

Roedd y newidiadau i ffiniau'r etholaeth ers 1992, a olygodd golli Gogledd Sir Benfro, hefyd wedi golygu colli llawer o bleidleiswyr Ceidwadol. Yn wir, collodd y blaid 60 y cant o'i hadnoddau ariannol a 50 y cant o'i haelodaeth. Hefyd, roedd hi'n amlwg fod cyfran sylweddol o bleidleiswyr Ceidwadol a Rhyddfrydol traddodiadol wedi pleidleisio dros Cynog Dafis er mwyn cadw Llafur allan. Ar ben hynny, roedd nifer o fewnfudwyr ar hyd y glannau wedi pleidleisio i

Blaid Cymru er mwyn ceisio cael eu derbyn yn lleol.

Er i mi gael cefnogaeth nifer o bleidleiswyr Rhyddfrydol traddodiadol, awn yn fwyfwy ymwybodol mai mater o 'ŵyn i'r lladdfa' fyddai hi ar noson yr etholiad. Erbyn i ganlyniad Ceredigion gyrraedd y Neuadd Goffa yn Aberaeron roedd dros gant o etholaethau Ceidwadol wedi'u colli ledled y Deyrnas Gyfunol, a mynd o ddrwg i waeth wnaeth pethe. Roedd canlyniad Ceredigion fel a ganlyn: Cynog Dafis (PC) 16,728 (41.6%); Hag Harris (Llaf) 9,767 (24.3%); Dai Davies (DRh) 6,616 (16.5%); Felix Aubel (Ceid) 5,983 (15.0%); John Leaney (Reff) 1,092 (2.7%); mwyafrif Plaid Cymru: 6,961 (17.3%). Bu'r bleidlais i mi yn siomedig, ond dioddef wnes i ar gyfrif 'tirlithriad' gwrth-Geidwadol – nid yn unig yng Nghymru, lle collodd pob Aelod Seneddol Ceidwadol ei sedd – ond ledled y Deyrnas Gyfunol.

Y frwydr nesaf fyddai'r Refferendwm ar Ddatganoli ar 18 Medi 1997. Er i mi wrthwynebu Datganoli yn 1979, dyma fi nawr yn gweld cynlluniau'r Llywodraeth ar gyfer Senedd i'r Alban yn ddeniadol. Ond fe'm siomwyd gan y syniad o gynnig dim byd mwy na siop siarad i Gymru. Wrth edrych yn ôl, sylweddolaf y dylswn fod wedi cefnogi argymhellion y Llywodraeth ar gyfer Cynulliad i Gymru gan mai'r cam nesaf wedi ei sefydlu fyddai sicrhau Senedd Gymreig gyda grym deddfwriaethol. Er hynny deuthum yn ymgyrchydd dros 'Na'. Er mor rhyfedd yr ymddengys y fath safiad gwleidyddol i rai, dengys canlyniad ymchwil a gynhaliwyd wedyn fod deg y cant o gefnogwyr Plaid Cymru wedi gwrthwynebu datganoli hefyd oherwydd eu bod hwythau'n gweld cynulliad o'r fath fel dim byd mwy na siop siarad. Gwelent y peth fel sarhad ar Gymru.

A minnau wedi ymdynghedu i gefnogi'r ymgyrch 'Na', fe'm gorfodwyd i amddiffyn rhai safbwyntiau gwrth-ddatganoli na fedrwn eu cefnogi. Ond dyna natur gwleidyddiaeth. Byddai hon yn ymgyrch fythgofiadwy, diolch i gymysgedd o gymeriadau ddaeth at ei gilydd o dan yr un faner. Beth bynnag ddywedai difrïwyr coeglyd dosbarth canol Plaid Cymru, roedd Carys Pugh o'r Rhondda a'i chyd-ymgyrchydd, Betty Bowen, yn ddilys yn eu barn y byddai datganoli'n arwain yn y pen draw at chwalu'r Deyrnas Gyfunol ac at Gymru annibynnol. Roedd y cedyrn hyn o'r Blaid Lafur yn siarad ar ran miloedd o bleidleiswyr sosialaidd traddodiadol yn y Cymoedd, yn enwedig cenhedlaeth cyfnod y rhyfel, a oedd yn falch o fod yn Brydeinwyr. Rhoddwyd mynegiant i'w barn ar lefel fwy academaidd gan y meddyliwr Llafur dadleuol o'r Beddau, Dr Tim Williams.

Mae gen i atgofion lu o ymgyrchu mewn nifer o ardaloedd. Un o'r digwyddiadau doniolaf fu ymgyrchu yn nhref Aberteifi un dydd Llun tra oedd cast cyfan *Pobol y Cwm*, bron iawn yno, yn ymgyrchu dros 'Ie'. Rhaid bod hon yn olygfa anhygoel i aelodau o'r cyhoedd wrth i'r ddwy farn gael eu hamlygu drwy uchelseinyddion, taflenni a chanfasio ar droed. Symudodd y ddwy garfan wedyn i'r farchnad er mwyn lledaenu eu negeseuon. Ar nodyn ysgafnach, fe ymunodd ymgyrchwyr y ddwy garfan wedyn dros bryd o fwyd yng nghanol y ffermwyr yng nghaffi'r mart, lle daeth bron pawb yn ffrindiau. Pwy sy'n dweud nad oes yna hwyl mewn gwleidyddiaeth?

Yn Aberteifi cefais gymorth parod Mary Davies, a bu cyfarfod â Mary yn un o drobwyntiau mawr fy mywyd. Fe wnaethom ni gyfarfod mewn arwerthiant peiriannau amaethyddol pan oeddwn i'n canfasio yn y Post Mawr fis Ebrill 1997. Meddyg cyflenwol a seicig oedd yn byw yng Nghastellnewydd Emlyn oedd Mary, ac roedd ar ei ffordd i weld cleifion yn ardal y Ceinewydd. Y Sadwrn canlynol daeth Mary i fyny i Aberystwyth i'm cynorthwyo yn fy ymgyrch. Datblygodd pethau rhyngom o hynny ymlaen.

Yn Grangetown, Caerdydd, y ganwyd Mary Davies. Yno

cadwai ei rhieni siop groser a phapurau newydd. Bu'n gweithio yn y farchnad stoc am ugain mlynedd cyn symud i sir Gaerfyrddin i briodi John 'Talog' Davies o fferm Nantyrolchfa, ond bu John farw yn 1994. Roedd Mary'n aelod o gynrychiolwyr y Ceidwadwyr yn y cyfrif etholiadol yn Aberaeron.

Yn dilyn yr ymgyrch 'Na' yn Aberteifi, teithiodd Mary a minnau i Gaerdydd, y Rhondda a Phontypridd, gan dreulio tridiau ar fws ymgyrchu'r garfan 'Na' gyda Carys Pugh, Betty Bowen, Tim Williams a'u cefnogwyr. Bu hyn yn gryn hwyl a dysgais werthfawrogi agwedd gynnes Carys, a gâi ei difrïo a'i gwatwar yn ddifrifol. Roedd hi'n gymeriad oedd â'i thraed yn solet ar y ddaear ac a fyddai'n dweud ei meddwl, yn ddilys hyd at naïfrwydd yn ei chredoau gwleidyddol. Ond ni ddaliai ddig. Er enghraifft, er gwaetha'i gwrthwynebiad at Blaid Cymru yn y Rhondda, siaradai'n uchel am Glyn James a pharchai'n fawr Mair Kitchener Davies, gweddw sylfaenydd cenedlaetholdeb Cymreig yn y Rhondda. Y tu ôl i'r gwawdlun ohoni roedd gwraig ddaionus.

Un o'r digwyddiadau mwyaf doniol yn ystod yr ymgyrch oedd yr un a gafodd ei alw'n Frwydr Ponty. Siglwyd yr ymgyrchwyr 'Ie' pan yrrodd bws yr ymgyrch 'Na' i lawr y stryd fawr gyda dau gorn siarad. Dyma ni'n dod oddi ar y bws a defnyddio'r ddau gorn i annerch y siopwyr ger y Ffownten. Bu bron i un ymgyrchydd 'Ie' hitio Mary Davies, ond chafodd hwnnw ddim yn sbâr! Yn y cyfamser roedd tri chyn-löwr cyhyrog, a oedd wedi cefnogi Arthur Scargill adeg streic 1984-5, yn ein hamddiffyn. Wedi'r cyfan, fe grëir cynghreiriau rhyfedd adeg ymgyrchoedd refferendwm ar un pwnc. Yng ngeiriau Lenin, 'Gelyn fy ngelyn yw fy ffrind.' I gloi diwrnod cofiadwy, gwelwyd y digwyddiad nid yn unig ar deledu ledled Cymru ond hefyd ledled Prydain.

Rown i'n aelod o'r panel ar raglen *Refferendwm '97* S4C yn Llanelli ganol mis Medi gydag un arall o'r ymgyrch 'Na', y cadarn Bill Hughes, un o Geidwadwyr Abertawe. Cynrychiolid yr ochr arall gan y Democrat Rhyddfrydol Roger Roberts a Rhodri Morgan o'r Blaid Lafur. Cadeiriwyd y ddadl gan Dewi Llwyd, holwr gwrthrychol y mae gen i barch mawr iddo. Yn anffodus, ychydig iawn o ymgyrchwyr 'Na' oedd ymhlith y gynulleidfa o wahoddedigion. Nid bai'r cyfryngau oedd hyn ond diffyg brwdfrydedd ymhlith ymgyrchwyr 'Na'. Cefais fod aelodau o'r cyfryngau Cymraeg bob amser yn ddiduedd er gwaetha'r ffaith fod llawer ohonyn nhw'n cefnogi Plaid Cymru.

Anfantais i ni yn yr ymgyrch 'Na' oedd fod yr Alban wedi pleidleisio 'Ie', a hynny'n bendant, wythnos yn gynharach. O ganlyniad roedd nifer o amheuwyr datganoli, yn cynnwys fi fy hun, yn dechrau meddwl y byddai'n well i Gymru, felly, gael cynulliad yn hytrach na dim byd. Yn groes i farn Bill Hughes, felly, dywedais y byddwn yn fodlon cefnogi senedd Gymreig go iawn petai'r fath ddewis wedi'i gynnig yn y Refferendwm.

Roeddwn i'n aelod o'r panel yn narllediad byw S4C ar noson ganlyniadau'r Refferendwm, gyda Dewi Llwyd eto'n cadeirio. Roeddwn i bron yn sicr y gwnâi'r ymgyrch 'Ie' ennill y dydd, ond wrth i'r pleidleisiau ddechrau llifo i mewn, ymddangosai fel petai'r canlyniad yn y fantol nes i ganlyniad Caerfyrddin gyrraedd. Sicrhaodd hyn fwyafrif bychan o ddim ond 6,721 o bleidleisiau. Er gwaethaf mantais yr ymgyrch 'Ie' o ran adnoddau ariannol a dynol, llwyddodd i ddenu dim ond 559,419 pleidlais o'i gymharu â 552,698 yn erbyn. Er gwaethaf hyn, fel democrat, ymdynghedais y byddwn yn gefnogol i sicrhau llwyddiant y ddemocratiaeth Gymreig newydd.

Gyda'r Cynulliad Cymreig bellach yn dod yn ffaith, penderfynais y byddai presenoldeb cryf gan y Blaid Geidwadol yn hollbwysig er mwyn sicrhau dewis canol-dde cymedrol i'r pleidiau adain chwith eraill. Gwnes gais felly i gael fy enwebu ar restr darpar ymgeiswyr Ceidwadol ar gyfer y Cynulliad Cenedlaethol. O gael fy nerbyn, gwnes gais i sefyll yn etholaeth Preseli Penfro ar gyfer etholiad y cynulliad ym mis Mai 1999. Cynigiodd ugain, a deuthum yn un o'r pedwar ceffyl blaen. Ymddangosais felly o flaen Pwyllgor Gwaith Cyngor Gweithredol Ceidwadwyr Preseli Penfro ar 1 Mai 1998.

Er i mi ddod i'r brig, cododd cryn anghydfod. Wedi'r cyfrif cyntaf, daeth Jill Chambers, partner i'r cyn-Aelod Seneddol Tony Marlowe, yn ail i mi. Ond pan ddiddymwyd enw Peter Stock, cynghorydd annibynnol lleol, o'r ras, aeth ei bleidleisiau ail ddewis i'r newyddiadurwraig leol Helen Stoddart. O ganlyniad fe wnaeth nifer o gefnogwyr Jill Chambers foicotio rownd derfynol y broses ddewis.

Fe fyddai yna ddrwgdeimlad hefyd o ganlyniad i'r balot terfynol. Er i mi ddod i'r brig yn gysurus, ni fu fy muddugoliaeth yn un bendant. Yn ogystal, daeth trwch fy nghefnogaeth o blith yr aelodau oedd yno o'r ardaloedd Cymraeg yng ngogledd Preseli Penfro ac o'r parthau mwy gwledig yn y canol. Roedd Helen Stoddart, ar y llaw arall, wedi denu mwyafrif helaeth ei phleidleisiau o'r ardaloedd deheuol o gwmpas Burton ac Aberdaugleddau. Er iddi gael ei dewis yn ddiweddarach i ymladd Dwyrain Caerfyrddin ac iddi barhau'n ffrindiau â mi, cafodd rhai o'i chefnogwyr hi'n anodd i dderbyn penderfyniad y cyfarfod dewis.

Euthum i gynhadledd y Blaid Doriaidd Gymreig yn y Pafiliwn Rhyngwladol yn Llangollen ganol mis Mehefin. Yno cefais gyfle i gyfarfod â William Hague, arweinydd newydd y Blaid Geidwadol. Mae dau ddigwyddiad sy'n aros yn y cof. Bu gwrthdaro ar ôl brecwast rhwng y cyn-Weinidog yn y Swyddfa Gymreig, Rod Richards, a darpar ymgeisydd y Ceidwadwyr dros Fôn, Peter Rogers. Yn ystod cyfarfod anffurfiol o ymgeiswyr y Cynulliad fe daniodd Rod sigarét o dan drwyn Peter. Gwylltiodd hwnnw a chafwyd geiriau hallt

Yn Hwlffordd fis Rhagfyr 1998 fel darpar ymgeisydd y Ceidwadwyr i ymladd am sedd Preseli Penfro yn Etholiad y Cynulliad

rhwng y ddau. Yna, cyn cinio'r nos fe wnes i draddodi gras bwyd oedd braidd yn wahanol. Yn ôl dirprwy asiant y Ceidwadwyr Cymreig, Roger Williams, 'dim ond Felix fyddai wedi meiddio defnyddio'r fath eiriau!'

Fe wnaeth William Hague ymweld â sir Benfro ddechrau Awst 1998 a bu'n siarad gyda'r nos yng Ngwesty Nant-y-ffin, Llandysilio. Roedd storm ar fin torri ynglŷn ag arweinyddiaeth y Blaid Geidwadol yng Nghymru. Roedd William Hague wedi penodi Nick Bourne, darlithydd yn y Gyfraith yn Abertawe, fel ei brif lefarydd Cymreig. Ond heriwyd ef am y swydd gan Rod Richards, gan arwain at bleidlais ymhlith yr holl aelodau yng Nghymru. Yn y cyfnod rhwng agor yr enwebiadau ar 12 Hydref a'r canlyniad ar 10 Tachwedd, cafwyd llawer iawn o ddrwgdeimlad. Ar lefel bersonol rown i'n edmygu Rod Richards am fod yn wleidydd di-lol; roedd iddo lawer o ragoriaethau Elwyn Jones ond gwyddwn fod angen agwedd feddalach erbyn

Gyda Mary Davies a'r Dr Liam Fox yng Nghynhadledd y Ceidwadwyr Cymreig yn Llangollen, Mehefin 1998

diwedd y nawdegau. Ac er bod Nick Bourne braidd yn fawreddog ei agwedd, roedd y ffaith iddo gael ei benodi gan William Hague yn ddigon da i mi. Anerchais adeg lansiad ei ymgyrch arweinyddol yng Ngwesty'r Tyllgoed ar 20 Hydref, ac euthum ag ef o gwmpas etholaethau Ceredigion a Phreseli Penfro, gan ganfasio ar ei ran.

Cymhlethwyd y sefyllfa fwyfwy gan yr hustyngau ar gyfer rhestr rhanbarthol Aelodau'r Cynulliad yn y Canolbarth a'r Gorllewin a gynhaliwyd yng Nghanolfan Halliwell, Coleg y Drindod, Caerfyrddin, ar 2 Tachwedd, ac yn Adeilad Sir Drefaldwyn ar faes y sioe yn Llanelwedd y noson ganlynol. Gosodwyd fi'n bedwerydd allan o'r wyth ymgeisydd, gan olygu y byddai angen i mi ennill sedd Preseli Penfro os oeddwn am gael fy ethol i'r Cynulliad Cenedlaethol. Er i mi obeithio ennill y trydydd safle, y tu ôl i Nick Bourne a'r ffermwr o'r Trallwng, Glyn Davies, collais i'r dyn busnes o sir Gaerfyrddin, O J Williams, o 579 pleidlais i 518. Ni pharhaodd y siom yn hir gan mai dim ond Nick Bourne a Glyn Davies lwyddodd i fynd i mewn i'r Cynulliad drwy'r drws cefn ar y rhestr ranbarthol. Er hynny, collodd y ddau'n drwm yn eu hetholaethau, sef Brycheiniog a Maesyfed, a Threfaldwyn.

Pan gyhoeddwyd canlyniad y bleidlais am yr arweinyddiaeth ar 10 Tachwedd, cafwyd bod Rod Richards wedi ennill yn hawdd o bron i dri yn erbyn dau. Y bleidlais oedd: Rod Richards 3,873 (58%); Nick Bourne 2,798 (42%). Gwelodd y cyfryngau hyn fel cam yn ôl i'r Blaid Geidwadol. Ond fe enillodd Rod am ei fod e'n wyneb cyfarwydd ar y cyfryngau, un yr oedd ei safiad adain dde'n apelio at drwch y Ceidwadwyr pybyr a oedd wedi mabwysiadu agwedd feddyliol amddiffynnol a hyd yn oed gyflwr o hunanymwadiad yn sgil trychineb etholiad cyffredinol 1997. Roedd e hefyd wedi cynnal ymgyrch bersonol effeithiol yn erbyn y sefydliad Ceidwadol Cymreig a oedd, yn gyffredinol, yn cefnogi Nick Bourne, gan apelio'n uniongyrchol at yr aelodau cyffredin â'r slogan 'Rod Richards, y dyn nad yw Llafur am ei wynebu – llais cryf profiad'.

Roedd Mary, fy mhartner, hefyd wedi penderfynu mentro i'r byd gwleidyddol ac roeddwn yn falch pan gafodd ei dewis ar 29 Medi yn ddarpar ymgeisydd Ceidwadol ar gyfer y Cynulliad yng nghadarnle Llafur yn Aberafan.

Fis yn ddiweddarach ymddiswyddodd Val Sanders, asiant y Ceidwadwyr ym Mhreseli Penfro. Digwyddodd hyn o ganlyniad i ddadl danllyd rhyngddi a nifer o Geidwadwyr blaenllaw ar fater cyflogaeth. Arwyddwyd deiseb gan 218 o aelodau Cymdeithas Ceidwadwyr Preseli Penfro yn galw am gyfarfod cyffredinol arbennig i ofyn i Val Sanders ailystyried ei hymddiswyddiad. Yna, dyma Bwyllgor Gwaith Cymdeithas Ceidwadwyr Preseli Penfro yn penderfynu o fwyafrif llethol nad oedden nhw am gyfrannu tuag at gyflogi asiant o'r tu allan i'r ardal ac y dymunent gyflogi Val Sanders. Cynhaliwyd y cyfarfod hollbwysig yn y pafiliwn ar faes sioe Llwynhelyg ar 5 Rhagfyr. Pasiwyd pleidlais o ddiffyg hyder o 132 pleidlais i bump yng nghadeirydd yr etholaeth, Ron

Forest, Sais oedd yn byw yn y Groes-goch. Pasiwyd hefyd, o 129 pleidlais i saith, i ddiswyddo'r is-gadeirydd, John Davies, Cymro Cymraeg o Drefdraeth. Yn ddiwrthwynebiad, gwahoddwyd Val Sanders i ddychwelyd i'w swydd fel asiant, ac mewn ymgais i sefydlogi'r sefyllfa, etholwyd y cyn-gadeirydd cadarn Hugh Luke, ffermwr a Chymro Cymraeg o'r Groes-goch, i fod yn gadeirydd gweithredol tan etholiadau'r Cynulliad Cenedlaethol.

Yng Nghynhadledd y Ceidwadwyr Cymreig yn Neuadd y Ddinas, Caerdydd, ym mis Mawrth 1999 bu cryn wrthdaro rhwng carfanau Rod Richards a Nick Bourne. Yn ogystal â gwrthdaro rhwng personoliaethau'r ddau, roedd yna hefyd wahaniaethau amlwg yn eu polisïau. Ysgrifennwyd maniffesto etholiadol y Ceidwadwyr ar gyfer etholiadau'r Cynulliad, 'Chwarae Teg i Bawb', gan Rod Richards. Ynddo, cyhuddodd Blaid Cymru o apartheid ieithyddol, hen thema Elwyn Jones. Galwodd am weld diwedd ar ddysgu Cymraeg i ddisgyblion 14-16 oed yn erbyn ewyllys eu rhieni. Atgoffai'r datganiadau bwriadol bryfoclyd hyn rywun o'r digwyddiad yn 1994 pan ddisgrifiodd gynghorwyr Llafur fel pobl 'fyr, dew, seimllyd a sylfaenol lwgr'!

Roedd y maniffesto hefyd yn wrthwynebus iawn i ddatganoli, ac fe'i lluniwyd i apelio at y bobl hynny a oedd wedi pleidleisio 'Na' yn y Refferendwm heb wneud unrhyw ymgais i apelio at y tir canol, lle'r enillir y mwyafrif o etholiadau. Mewn ymateb, trawodd Nick Bourne yn ôl gydag ergyd a fynnai y dylid ysgrifennu'r maniffesto i geisio adennill y gefnogaeth a gollwyd y tro diwethaf, yn ogystal â chefnogaeth pobl eraill ychwanegol. Galwodd am Geidwadaeth â gwên yn hytrach nag un â gwg – rhywbeth a welwyd gan sylwebyddion gwleidyddol fel cyfeiriad at lysenw Rod Richards, 'Rottweiler'.

Erbyn diwrnod y pleidleisio ar 5 Mai teimlwn braidd yn ddigalon. Disgrifiwyd her y Ceidwadwyr dan arweiniad Rod

Richards yn y wasg fel 'dim byd mwy na niwl glas'. Yn y cyfamser, ar lefel leol roedd y rhaniadau a achoswyd yn sgil ethol y darpar ymgeisydd yn dal yn ddifrifol. Roedd Plaid Cymru, dan arweiniad disglair Dafydd Wigley, wedi ymgyrchu'n ddygn yn lleol gydag ymgeisydd gwych yn Conrad Bryant, prif gyfrifydd Awdurdod Porthladd Aberdaugleddau. Er i'r Blaid Lafur hefyd ddioddef rhaniadau yn sgil dewis yr ymchwilydd gwleidyddol y Dr Richard Edwards fel ymgeisydd, fe glosiodd yr aelodau o'i gwmpas. Amharwyd ymhellach ar fy ymgyrch i gan y ffaith fod Alwyn Luke, Cadeirydd Cyngor Sir Penfro, a brawd i Hugh Luke, yn sefyll fel ymgeisydd annibynnol. Roedd rhai gwrthwynebwyr i Val Sanders yn cefnogi Alwyn Luke.

Roeddwn i a'm cefnogwyr yn nofio yn erbyn y llanw gwleidyddol gyda Phlaid Cymru'n sefydlu ei hun fel prif wrthwynebydd Llafur, yn lleol ac yn genedlaethol. Er hynny, rwy'n dal yn ddiolchgar i'r criw o gynorthwywyr a arweiniwyd gan Hugh Luke a Val Sanders. Dygnwch diflino'r bobl hyn fu'n gyfrifol am sicrhau y byddai pleidlais y Ceidwadwyr yn dal yn gymharol gadarn ym Mhreseli Penfro o'i chymharu ag etholaethau cyfagos.

Un o uchafbwyntiau'r ymgyrch i mi oedd rhaglen ddadlau S4C, *Etholiad '99*, a gynhaliwyd yn Aberystwyth gyda Dewi Llwyd wrth y llyw. Bu'n noson fywiog. Cawn hi'n anodd cefnogi polisi ieithyddol dadleuol Rod Richards gan fy mod i'n breifat yn anghytuno â rhannau helaeth ohono. Er iddo gyfrannu rhyw ychydig tuag at sefydlu pleidlais rhai o'r boblogaeth Seisnigedig i'r de o'r *landsker* yn yr etholaeth, chwaraeodd i ddwylo Plaid Cymru yn ardaloedd gogleddol mwy Cymraeg yr etholaeth. Teimlaf yn flin na wnes i wrthwynebu polisi iaith Rod Richards yn ystod y ddadl deledu. Roedd egwyddor yn y fantol, sef parhad yr iaith Gymraeg.

Cyhoeddwyd y canlyniad yng Nghanolfan Parkhouse ar faes sioe Llwynhelyg. Dyma'r manylion: Richard Edwards

Tri ymgeisydd Toriaidd bodlon – Helen Stoddart, Mary Davies a minnau yn Nanhyfer ym mis Rhagfyr 1998

(Llaf) 9,977 (34.31%); Conrad Bryant (PC) 7,239 (24.89%); Felix Aubel (Ceid) 6,585 (22.64%); David Lloyd (DRh) 3,338 (11.48%); Alwyn Luke (Ann) 1,944 (6.68%); mwyafrif Llafur: 2,738 (9.41%). Er fy mod yn teimlo'n siomedig ar y pryd, teimlwn ryddhad hefyd o gymharu fy nghanlyniad i â'r hyn a ddigwyddodd yn yr etholaeth gyfagos, sef Gorllewin Caerfyrddin a De Penfro, lle disgynnodd pleidlais y Ceidwadwyr i ddim ond 18 y cant. Dim ond gostyngiad o bump y cant a gafwyd ym Mhreseli Penfro. Llonnais hefyd wrth glywed i Mary Davies lwyddo i gadw'i hernes o £500 yng nghadarnle Llafur yn Aberafan, lle derbyniodd 1,624 o bleidleisiau a 6.97 y cant o'r bleidlais, gan ddod yn bedwerydd.

Pennod 7

Gydag etholiadau'r Cynulliad drosodd, derbyniais wahoddiad i ymweld â'm cefnderwyr Slofenaidd yn ystod haf 1999. Hedfanodd Mary a minnau o Gaerdydd i faes awyr Lwbliana lle cefais groeso tywysogaidd. Yn ystod y pythefnos hwnnw fe deithion ni dros 1,500 o filltiroedd yn ymweld â mannau hanesyddol ac yn olrhain hanes y teulu. Roedd yn adeg emosiynol wrth i mi nofio yn yr afon lle bu Nhad yn nofio'n fachgen, neidio o bont uchel i afon arall gan ail-fyw campau Nhad cyn y rhyfel. Roedd nofio yn Llyn Bled, yn ogystal ag ymweld ag ogofeydd Postoigna, yn brofiadau bythgofiadwy.

Credai Nhad mai Prydain oedd y lle gorau yn y byd i fyw ynddo oherwydd ei draddodiad o ryddid a democratiaeth. Nawr fe gefais y cyfle i weld yr egwyddorion hyn yn cael eu hymarfer yn Slofenia yn dilyn dymchwel Comiwnyddiaeth. Fe adawodd yr hyn a welais yn Slofenia argraff ddofn arnaf. Roedd un o'm cefnderwyr yn Zusenburg yn brifathro ysgol uwchradd. Rhyfeddais at lendid yr ysgol; doedd yno ddim graffiti yn yr amgylchedd addysgu ddisgybledig. Medrai bron bob un o'r disgyblion siarad Saesneg ac roeddent oll yn ymfalchïo yn eu hunaniaeth genedlaethol heb ddangos unrhyw elyniaeth tuag at wlad arall.

Arweiniodd fy edmygedd o ansawdd bywyd yn Slofenia at ystyried yr anghenraid i ddatblygu agenda cenedlaethol gwahaniaethol o fewn gwleidyddiaeth Cymru. Gan fod gan Gymru bellach ei Chynulliad Cenedlaethol, cadarnhawyd fy nghred y dylid caniatáu iddi bwerau deddfu mewn nifer o feysydd domestig fel iechyd ac addysg. Credwn hefyd y dylid gweithredu cyn gynted â phosibl weledigaeth Ron Davies mai proses ac nid digwyddiad oedd datganoli. Roedd hwn yn fater o egwyddor. Os oedd pobl yr Alban yn ddigon

Gyda Rod Richards yn Hwlffordd, Mawrth 1999

da i gael senedd ddeddfwriaethol, yna roedd hynny'n ddigon da i'r Cymry hefyd. Wedi i mi ddychwelyd adre teimlwn yn sicrach nag erioed na ddylai pobl Cymru bellach gael eu trin fel dinasyddion eilradd i'r Albanwyr.

Cadarnhawyd fy marn yn ddiweddar. Yn ystod sgwrs â gyrrwr bws pan oeddwn ar wyliau yn Bournemouth ym mis Medi 2010 fe wnes i fod yn dyst o'r ansicrwydd y mae llawer o Saeson cynhenid yn ei deimlo am hanfod Seisnigrwydd. Maent yn teimlo fel dinasyddion israddol i'r Albanwyr a hyd yn oed i'r Cymry. Meddai, 'Mae ganddoch chi'r Cymry eich Cynulliad yng Nghaerdydd, ond does ganddon ni, Saeson, ddim byd.' Teimlwn gryn gydymdeimlad gydag ef. Wedi'r cyfan, fe herwgipiwyd yr iaith a'r diwylliant Saesneg i raddau helaeth gan gymheiriaid Americanaidd a'r Trydydd Byd tra bod Llywodraeth San Steffan, yn wahanol i fytholeg Cenedlaetholdeb Cymreig, yn cael ei hystyried bron yn ddieithriad fel sefydliad Prydeinig yn hytrach nag un sy'n arbennig o Seisnig.

Wrth i'r sgwrs rhyngom barhau, daeth yn amlwg i mi fod Saeson cynhenid yn dioddef argyfwng hunaniaeth. Yn wahanol i'r sefyllfa sy'n bodoli yng Nghymru, dydi bod yn Sais heb fod yn Brydeinig yn golygu dim byd o ran arbenigrwydd, gan nad oes ganddo iaith a diwylliant gwahanol i'w cynnal. Fe ddylem ni Gymry, felly, fod yn ddiolchgar fod gennym o hyd iaith a diwylliant brodorol sydd ar wahân i'n hunaniaeth Brydeinig gyffredinol. Hynny yw, mae ganddon ni'r gorau o'r ddau fyd, tra nad oes gan y Sais cynhenid unrhyw hunaniaeth genedlaethol go iawn. Dydi e'n ddim syndod fod cymaint o Saeson yn dymuno cael Senedd Seisnig ar wahân ac yn chwifio'n gynyddol faner Sant Siôr yn hytrach na baner yr Undeb. Dymunaf iddynt bob llwyddiant yn eu hymdrechion i sefydlu hunaniaeth genedlaethol Seisnig wahaniaethol.

Ddechrau mis Awst 1999, cyhuddwyd Rod Richards o achosi anaf corfforol difrifol. Ymddiswyddodd o arweinyddiaeth y Ceidwadwyr yn y Cynulliad er mwyn clirio'i enw. Petai e heb ymddiswyddo, mae lle i gredu y byddai Cadeirydd y Ceidwadwyr, Michael Ancram, wedi'i ddiarddel tan ddiwedd yr achos yn ei erbyn. Disodlwyd ef fel arweinydd gan Nick Bourne, a hyn fyddai dechrau'r diwedd i Rod. Ond er i Nick gael ei ethol fel arweinydd gan y grŵp Ceidwadol yn y Cynulliad, ni chafodd fandad gan drwch yr aelodau. O ganlyniad, am rai blynyddoedd bu Rod mewn sefyllfa i fynnu mai ef oedd y gwir arweinydd yn llygaid mwyafrif gweithwyr y Blaid Geidwadol.

I gefndir brwydr yr arweinyddiaeth, galwyd isetholiad yng Ngheredigion wedi i Cynog Dafis benderfynu canolbwyntio ar fod yn Aelod Cynulliad. Pennwyd 3 Chwefror 2000 fel dyddiad yr etholiad. Cefais fy annog i gynnig fy enw, ond ni welwn unrhyw fantais mewn ymladd etholiad nad oedd gen i unrhyw obaith ei ennill. Er hynny, rhoddais fy nghefnogaeth i Paul Davies, a fu'n asiant

Yn Slofenia yn derbyn croeso cynnes ym mis Mehefin 1999

Wrth fedd fy nhad-cu a'm mam-gu yn Slofenia ym mis Mehefin 1999

brwdfrydig i mi yn 1997, a gofynnodd Cymdeithas Ceidwadwyr Ceredigion i mi fod yn ofalwr etholiadol iddo. Ymgyrch fer fyddai hon, a chamgymeriad fu i Swyddfa Ganolog y Ceidwadwyr beidio â chymryd yr etholiad yn ddigon o ddifrif i ddarparu adnoddau ariannol a chymorth canfasio digonol.

Siom i mi fu ymgais y Ceidwadwyr i'm gwahardd rhag bod yn un o'r panelwyr ar *Pawb a'i Farn* yng Nghastellnewydd Emlyn ar 28 Ionawr. Byddai hyn yn hau hadau amheuaeth ynof am fwriadau pobl mewn gwleidyddiaeth, yn enwedig bobl o fewn fy mhlaid fy hun. Dewiswyd fi gan y BBC i gynrychioli'r Ceidwadwyr ar y panel ond hysbyswyd y cwmni teledu gan 'ffynhonnell uwch' yn y blaid nad oeddwn ar gael oherwydd fy ymrwymiadau etholiadol. Diolch byth fod merch roeddwn yn ei hadnabod a weithiai yn S4C wedi cysylltu â mi i weld a oedd hynny'n wir.

Gan i mi sylweddoli bod yna ryw ddrwg yn y caws, wnes i ddim sôn am fy mhresenoldeb ar y panel wrth unrhyw aelod o dîm etholiadol Ceidwadwyr Ceredigion. Rhaid, felly, fod yna rai wynebau syn pan wnes i ymddangos ar y rhaglen gyda'r Dr Alan Williams (Llafur), Helen Mary Jones (Plaid Cymru) a Roger Roberts (Democratiaid Rhyddfrydol). Bu'n drafodaeth fywiog a diddorol.

Hyd heddiw ni chefais wybod pam y ceisiwyd fy niarddel o'r rhaglen. Ond pan ddychwelais i bencadlys y Ceidwadwyr y bore Llun canlynol, roedd yna ambell wyneb euog yr olwg. Tacteg amheus arall yn ystod yr ymgyrch fu saethu llo bach er mwyn y cyfryngau. Roedd Michael Ancram ar ymweliad â fferm ger Llambed yn trafod anawsterau ffermwyr. O flaen Ancram, Mary Davies a minnau, ynghyd â'r asiant, Leigh Jeffs, fe alwodd y ffermwr ar ddyn mewn lifrai milwrol. Camodd hwnnw ymlaen a saethu'r llo. Tynnwyd lluniau o'r digwyddiad a'u dosbarthu ymhlith aelodau'r wasg. Arswydais o weld y fath weithred

Mary a minnau gyda David Davies, Nick Bourne, William Graham a David Melding, Aelodau Ceidwadol y Cynulliad, yn Llandrindod fis Chwefror 2001

farbaraidd ac fe daflodd gysgod dros yr holl ymgyrch. Daliwyd y sir yn hawdd ar ran Plaid Cymru gan Simon Thomas, gyda'r Democratiaid Rhyddfrydol yn ail a'r Ceidwadwyr yn curo Llafur am y trydydd safle.

Ar 8 Chwefror 2000 diarddelwyd Rod Richards o grŵp Plaid Geidwadol Cymru yn y Cynulliad a dygwyd y chwip oddi arno. Gwnaed hyn oherwydd iddo atal ei bleidlais ar y Gyllideb Lafur ym mis Rhagfyr 1999 wedi i bob Ceidwadwr arall ufuddhau a phleidleisio yn ei herbyn. Credir i hyn ddifetha unrhyw obaith oedd ganddo i herio Nick Bourne am yr arweinyddiaeth ym mis Hydref 2000. Er mwyn sicrhau pleidlais o blith yr aelodau, roedd arno angen cefnogaeth o leiaf ddau o'r naw aelod o'r grŵp. Disgrifiodd Rod ei gyn-gydweithwyr fel 'y Saith Maleisus' a Nick Bourne fel 'prat llwyr' gan ychwanegu at ei ynysu'n wleidyddol. Gellir mesur ei elyniaeth at Nick Bourne drwy ystyried ei eiriau, 'Dydw i ddim yn gyrru BMW fel Bourne; rwy'n gyrru Metro.'

Yng Nghynhadledd y Ceidwadwyr Cymreig yn Llandudno ym mis Mehefin gwelais sut y cadwyd Rod allan gan yr arweinyddiaeth. Meddai Clive Betts yn y *Western Mail*: 'Bu'r modd y llwyddodd William Hague i osgoi cwrdd ag *enfant terrible* adain dde'r Toriaid yn feistrolgar. Trodd yn sydyn i'r chwith ac ysgwyd llaw rhywun arall.' Un o'r atgofion cadarnhaol o'r gynhadledd yw Nick Bourne yn gwrthod polisi Rod tuag at yr iaith Gymraeg, polisi a oedd wedi cythruddo llawer o bleidleiswyr. Er i Rod gael ei glirio o achosi anaf corfforol difrifol, fe ddrylliwyd unrhyw gynlluniau oedd ganddo i ddychwelyd i San Steffan gan Michael Ancram a William Hague.

Er na wnes i ystyried fy nghynnig fy hun fel ymgeisydd yn yr etholiad cyffredinol nesaf, daeth cyfle annisgwyl yn etholaeth ymylol Brycheiniog a Maesyfed ym mis Medi 2000. Cynhaliwyd cinio Ceidwadwyr Canolbarth a Gorllewin Cymru yn Llandrindod, gyda William Hague yn siaradwr gwadd. Talwyd y diolchiadau gan ymgeisydd seneddol Brycheiniog a Maesyfed ar y pryd, Dr Peter Gooderham. Teimlwyd fod ei araith o 35 munud yn llawer rhy hir a chredai rhai ei fod e braidd yn feddw gan na chyfeiriodd o gwbl at William Hague. O ganlyniad fe'i gorfodwyd i roi'r gorau i'w ymgeisyddiaeth ac arwyddo datganiad i'r wasg a baratowyd ymlaen llaw. Ynddo gwnaeth yr honiad gwirion ei fod am ystyried datblygiadau proffesiynol eraill. Ond chwaraeodd i ddwylo'i feirniaid niferus o fewn aelodaeth yr etholaeth a oedd wedi difaru ei benodi yn y lle cyntaf.

Hysbysebwyd am ddarpar ymgeisydd newydd i etholaeth Brycheiniog a Maesyfed, gan roi'r cyfle i mi gael fy newis ar gyfer etholaeth y gellid ei hennill. Er bod yna fwyafrif o 5,097 yn 1997 pan enillodd yr ymgeisydd Democrataidd Rhyddfrydol Richard Livsey, byddai yntau'n ymddeol cyn yr etholiad cyffredinol nesaf. Fe'i holynwyd fel ymgeisydd gan Roger Williams, ffermwr o Dalgarth, gan wneud yr etholaeth yn un fwy ymylol. Roeddwn i'n un o 37 o ymgeiswyr a theimlwn yn hynod hapus pan dderbyniais lythyr yn fy ngwahodd am gyfweliad. Bu'r holi'n galed gyda rhai pobl, yn arbennig y rhai o Faesyfed, yn llym. Fodd bynnag, teimlais i mi ennill cymeradwyaeth Edna Walters, cadeirydd y Gymdeithas Geidwadol, a'r trysorydd, Michael Sandford.

Hysbyswyd fi y cawn wynebu'r pwyllgor dewis terfynol o flaen aelodaeth lawn Cymdeithas Ceidwadwyr yr etholaeth. Bu'r paratoi at y digwyddiad hwn yn ddigon i wneud i nofelau ysbïo John Le Carré ymddangos yn ddof! Dywedwyd wrthyf yn gyfrinachol i mi gael fy nghodi i'r brig yn dilyn fy ymddangosiad o flaen y Pwyllgor Dewis, er mai pedwerydd oeddwn i allan o chwech yn y cyfweliad cyntaf. Ond clywais hefyd fy mod i, er yn cael cefnogaeth o blith yr aelodau ym Mrycheiniog, gryn dipyn yn wannach ymhlith yr aelodau ym Maesyfed. O gofio bod y cyfarfod terfynol i'w gynnal ym Maesyfed ar 20 Tachwedd, golygai hynny y byddwn dan anfantais. Fodd bynnag, yn ôl fy ysbïwr, ddylwn i ddim teimlo'n ddigalon gan mai'r hyn roedd Edna'n ei ddymuno, Edna a'i câi!

Roedd tri yn y ras: O J Williams, Andrew Phillips a minnau. Hysbyswyd fi ymlaen llaw mai brwydr rhyngof fi ac Andrew Phillips, ffermwr a chynghorydd yn Swydd Henffordd, oedd hi. Golygai ei leoliad ar ffiniau Maesyfed y câi gryn gefnogaeth yno. Er mwyn sicrhau presenoldeb yr aelodau o Frycheiniog yn y cyfarfod yn Llandrindod fe wnaeth Michael Sandford, ar orchymyn Edna Walters, drefnu i ddau lond bws o aelodau ddod yno, ynghyd â nifer o geir – a hynny gyda manylder milwrol, bron – rhywbeth a ddeuai'n naturiol i un a fu'n uwch-gapten.

Roedd nifer o gefnogwyr brwd O J Williams wedi addo'u cefnogaeth i mi pe byddai ail bleidlais. Golygai hynny y byddai gofyn i Andrew Phillips ennill mwyafrif yn y bleidlais gyntaf. Er mawr siom i'w gefnogwyr swnllyd, roedd Andrew Phillips ymhell ar fy ôl pan gyhoeddwyd canlyniad y bleidlais gyntaf. Yn yr ail bleidlais enillais fwyafrif sylweddol o blith cefnogwyr O J Williams yn y rownd gyntaf, yn ogystal â phleidleisiau ychwanegol o ardal Llandrindod, a oedd bellach am ddewis yr ymgeisydd cryfaf i ymladd yn erbyn y Democratiaid Rhyddfrydol.

Ar ôl sicrhau buddugoliaeth sylweddol, roedd disgwyl y byddai gen i chwe mis i baratoi ar gyfer etholiad cyffredinol, a hynny yn etholaeth fwyaf Cymru a Lloegr yn ddaearyddol. Cynhaliwyd cynhadledd y Blaid Geidwadol Gymreig yn Neuadd y Brangwyn, Abertawe, ym mis Mawrth 2001. Un o'r profiadau mwyaf cofiadwy yno fu gwrando ar Simon Weston yn sôn am ei brofiadau yn rhyfel y Falklands. Ond cafwyd hefyd gryn dyndra rhwng Nigel Evans, Ysgrifennydd Cymru yn yr Wrthblaid a wrthwynebai roi mwy o rym i'r Cynulliad, ac Aelodau'r Cynulliad fel David Melding, Jonathan Morgan a Glyn Davies, a oedd dros fwy o bŵer.

Mewn gwleidyddiaeth, mae'n aml yn anodd gwahaniaethu rhwng teyrngarwch personol a theyrngarwch i bolisi. Er enghraifft, er i mi o ran polisi gefnogi senedd i Gymru, ar lefel bersonol roedd gen i well perthynas ag amheuwr fel Nigel Evans na rhai o'r rheiny oedd o blaid. Yn yr un modd derbyniais lythyr oddi wrth yr arch-wrthwynebwr, Elwyn Jones, yn fy nghanmol ar fy araith yn y Gynhadledd ac wedyn ar raglen deledu gyda Dewi Llwyd.

Gan fod yr etholaeth yn un weddol ymylol cawsom ymweliadau gan nifer o Geidwadwyr blaenllaw, yn cynnwys Timothy Yeo yn Aberhonddu, Michael Ancram yn Nhrefyclawdd, Peter Walker yn Rhaeadr, Michael Portillo yn Llandrindod, David Hunt yn Llys-wen, ac Ann Widdecombe yn Aberhonddu. Bu agwedd wrth-hela Ann Widdecombe yn dra amhoblogaidd gyda llawer o Doriaid traddodiadol, ond roedd yn dda cael cwmni fy hen 'ffrind' eto! Fe gafodd y ddau ohonom ddadl werth chweil ar y pwnc.

Gydag Edna Walters ac eraill yn ymgyrchu ym Mrycheiniog a Maesyfed fis Mai 2001

Ymgyrchu gydag Ann Widdecombe yn Aberhonddu ym mis Mai 2001

Brwydr uniongyrchol rhyngof fi a Roger Williams oedd hi. Er i'r ddau ohonom fod yn Ddemocratiaid Cymdeithasol yn ystod yr wythdegau cynnar, fe ddaeth y ddau ohonom o hyd i gartrefi gwleidyddol newydd tua'r un adeg. Er hynny, roeddem yn dal i barchu ein gilydd ac fe gafwyd ymgyrch gyfeillgar. Yn wir, fe wnaethom unwaith siario pryd o bysgod a sglodion yn eistedd ar wal yn Aberhonddu.

Roedd yr ymgeisydd Llafur, y darpar Weinidog Huw Irranca-Davies, yn ogystal ag ymgeisydd Plaid Cymru, Brynach Parry, hefyd yn wrthwynebwyr cyfeillgar, ac felly hefyd yr ymgeisydd Busnes Annibynnol, Ian Mitchell. Ond roedd cryn elyniaeth rhyngom oll a Liz Phillips, ymgeisydd UKIP. Fe wnaeth ei hagwedd ymosodol tuag at bawb arall achosi mwy o ddrwg nag o les iddi. Gwaethygu wnaeth ei hagwedd tuag ataf fi wrth i nifer fawr o'i chefnogwyr ei gadael a throi ataf fi.

Wrth i ddiwrnod y pleidleisio ar 7 Mehefin nesáu, teimlai'r arbenigwyr ei bod hi'n frwydr hollol agored. Mynnai un, a broffwydai fuddugoliaeth glòs i'r Democratiaid Rhyddfrydol, mai ni oedd wedi ennill rhyfel y posteri. Gwelwyd yr enw 'Felix Aubel' ar ymron fil o bosteri, yn arbennig ym Mrycheiniog, lle roedd Tony Chatter wedi perswadio'n cefnogwyr i'w harddangos. Ac er ei fod ymhell dros ei bedwar ugain, fe wnaeth asiant parchus Brycheiniog Myrddin Jenkins, waith gwych yn sicrhau bod y cefnogwyr Ceidwadol na allai fynd i'r gorsafoedd pleidleisio yn bwrw'u pleidlais drwy'r post.

Pwysleisiais y byddai pleidlais dros y Democratiaid Rhyddfrydol yn union fel pleidlais dros Lafur gan fod y ddwy blaid mewn clymblaid yn y Cynulliad. Mater dadleuol arall oedd clwy'r traed a'r genau. Bûm yn gefnogol iawn i ffermwyr lleol gan brotestio gyda nhw ar Fynydd Epynt. Fe wnes i hefyd hybu ymgyrch William Hague i gadw'r bunt, er mai ymateb cymysg gafodd hynny'n lleol. Roedd y

Democratiaid Rhyddfrydol, ar y llaw arall, wedi hybu delwedd eu hymgeisydd fel dyn lleol gydag un daflen yn fy nisgrifio i fel 'Dyn Hague o Aberaeron'! Glynodd y lleill wrth ddadleuon swyddogol eu pleidiau.

Bu'r canlyniad yn y fantol tan y funud olaf. Gyda Roger Williams ddim ond 800 pleidlais o mlaen, galwais am ailgyfrif. Pan gyhoeddwyd y canlyniad, dim ond 751 o bleidleisiau oedd ynddi. Y canlyniad oedd: Roger Williams (DRh) 13,824 (36.85%); Felix Aubel (Ceid) 13,073 (34.85%); Huw Irranca-Davies (Llaf) 8,024 (21.39%); Brynach Parry (PC) 1,301 (3.47%); Ian Mitchell (Ann) 762 (2.03%); Liz Phillips (UKIP) 452 (1.2%); Robert Nicholson (Ann) 80 (0.21%). Fe wnes i'n dda yn ardaloedd gwledig Brycheiniog, gyda'r trefi'n ffafrio'r Democratiaid Rhyddfrydol. Cafwyd patrwm tebyg ym Maesyfed: yn Llandrindod cynyddodd y Ceidwadwyr eu pleidlais ers 1997, ond roedd Roger Williams wedi ennill cyfran dda mewn trefi fel Trefyclawdd a Llanandras. Fe bleidleisiodd llawer o fewnfudwyr yn nwyrain Maesyfed dros y Democratiaid Rhyddfrydol. Hefyd, fe wnaeth llawer o gefnogwyr traddodiadol Llafur bleidleisio'n dactegol mewn ardaloedd glofaol traddodiadol fel Ystradgynlais ac Aber-craf, lle roedd un rhan o bump o'r etholwyr yn byw, er mwyn cadw'r Ceidwadwyr allan.

Gofynnwyd i mi droeon a fu methu cael fy ethol fel Aelod Seneddol Brycheiniog a Maesyfed yn siom. Er i mi'n gyhoeddus ymladd i ennill, bu'r canlyniad yn agosach o lawer na'r hyn a ddisgwyliwn. Credwn yn breifat y byddai Roger Williams wedi ennill o tua 1,500 o bleidleisiau, a hynny ar sail canlyniadau gwael i ni yn yr arolygon barn a phleidleisio tactegol ymhlith sosialwyr a gredai fod pleidlais i Lafur yn bleidlais wastraff. Drwy leihau mwyafrif y Democratiaid Rhyddfrydol o 5,097 i 751 pleidlais, fe lwyddon ni i wrthweithio'r duedd genedlaethol. Daeth hyn yn amlycach fyth wrth i bleidlais y Ceidwadwyr gynyddu chwech y cant, rhywbeth na chyflawnwyd ac eithrio mewn un etholaeth arall, sef yn achos Stephen Crabb ym Mhreseli Penfro.

Yn dilyn ei fethiant wrth y llyw, ymddiswyddodd William Hague. Byddai'r frwydr a oedd i ddilyn dros yr arweinyddiaeth yn creu hollt rhwng Nick Bourne a minnau. Y dewis oedd Kenneth Clarke neu Iain Duncan Smith. Penderfynodd Nick Bourne gefnogi Clarke, ond er fy mod yn cydnabod ei ragoriaethau fel arweinydd, fedrwn i ddim derbyn y gallai rhywun a gefnogai fwy o integreiddio Ewropeaidd, a oedd am dderbyn yr Ewro fel arian sengl ac a rannodd blatfform ar fater Prydain yn Ewrop gyda Tony Blair yn 1999, ddod yn arweinydd ar blaid a oedd gan fwyaf yn Ewro-sgeptig. Felly, penderfynais gefnogi enwebiad Iain Duncan Smith ar sail ei safiad egwyddorol yn erbyn cysylltiadau agosach â'r Undeb Ewropeaidd. Ffactor arall a'm perswadiodd oedd y ffaith fod cyn-gefnogwr i Michael Portillo, sef Nigel Evans, bellach yn cefnogi Iain Duncan Smith am yr un rhesymau.

Ar 27 Gorffennaf, fe'm penodwyd yn rheolwr ymgyrch Iain Duncan Smith yng Nghanolbarth a Gorllewin Cymru. Roeddwn i'n gyfrifol nawr am sicrhau y byddai'r rhanbarth hwnnw'n herio dymuniadau clir Nick Bourne. Trefnais gyfarfod yn Aberhonddu lle daeth dros dri chant o aelodau Cymdeithas Geidwadol y rhanbarth i wrando ar Iain Duncan Smith. Fe gâi'r digwyddiad sylw drwy wledydd Prydain, diolch i Quentin Letts o'r *Daily Mail*, a gyfleodd fy nheimladau i'r dim. Os Duncan Smith fyddai'n ennill, meddai, nid clyfrwch y dyn fyddai'n gyfrifol am hynny ond yn hytrach y ffaith fod gan bobl fwy o amheuon am yr ymgeisydd arall, Kenneth Clarke.

Pan gyhoeddwyd canlyniad y bleidlais ar 14 Medi, roeddwn i'n hapus iawn wrth i Iain Duncan Smith ennill o 155,933 o bleidleisiau i 100,864, gyda 79 y cant wedi pleidleisio. Fodd bynnag, cydnabyddaf i mi osod fy amheuon Ewropeaidd o flaen adfywio'r Blaid Geidwadol drwy hyrwyddo achos Duncan Smith. Roedd Clarke yn llawer mwy poblogaidd ymhlith pleidleiswyr cyffredin a byddai wedi bod yn fwy tebygol o adfer safle'r blaid na'i wrthwynebydd buddugol o'r adain dde.

Ar ganol yr ornest darlledwyd rhifyn o'r rhaglen *Week In, Week Out* o Gaernarfon. Y testun oedd mewnfudo i Gymru a'i effaith ar yr iaith a'r diwylliant Cymraeg. Yn holi roedd Betsan Powys a gosodwyd fi i eistedd wrth ymyl y cenedlaetholwr penboeth Seimon Glyn. Gobaith y BBC oedd creu gwrthdaro byw rhyngom fel adloniant cyfryngol. Yr hyn na wyddai Betsan a'i chyfeillion oedd fy mod i, yn dilyn fy ymweliad â Slofenia, yn rhannu llawer o bryderon Seimon Glyn am barhad cymunedau Cymraeg Cymru. Roedd diogelu'r iaith a'r diwylliant brodorol yn rhan annatod o'r math o Geidwadaeth gynhenid y dymunwn ei datblygu.

Cyn y recordiad roedd Seimon Glyn a minnau wedi cael sgwrs gyfeillgar a theimlwn fod yna gytgord rhyngom. Yn ddiarwybod i'r holwraig, roedd y ddau ohonom wedi cytuno i ymosod ar yr elfen wrth-Gymraeg yn y gynulleidfa. Cynrychiolid y rhain gan Paul Starling o'r *Daily Mirror* Cymreig, un o feirniaid llym Seimon Glyn a'i gredoau. Gweithiodd ein strategaeth yn berffaith ac roedd hi'n werth gweld wyneb Betsan! O ganlyniad i'r rhaglen byddwn yn sefydlu cysylltiad anffurfiol â nifer o wladgarwyr Cymreig.

Oherwydd fy nheimladau cryfion am beryglon cael ein llyncu gan yr Undeb Ewropeaidd, penderfynais gefnogi'r Mudiad Democrataidd amhleidiol yng ngorllewin Cymru, a mynychais lobi yn Nhŷ'r Cyffredin mewn ymgais i atal gwneud Cytundeb Nice yn ddeddf. Roeddwn i'n ffyrnig yn erbyn y Cytundeb, a hybai fwy o integreiddio gwleidyddol. Cymerais ran hefyd yn yr orymdaith yn erbyn Cytundeb Ewropeaidd 2000 (*Stop the Euro Treaty 2000*), a drefnwyd gan y Mudiad Democrataidd yn Llundain yn Hydref 2001.

Roedd gwrthwynebwyr o bob plaid ac o wahanol wledydd Ewropeaidd yno, gan ddangos yn glir nad rhyw elfen o senoffobia oedd y tu ôl i'r amlygiad hwn o sgeptigaeth. Dyma pam na lwyddais erioed i ddeall polisi Plaid Cymru o wahanu Cymru oddi wrth weddill y Deyrnas Gyfunol ac yna ganiatáu i'r Undeb Ewropeaidd reoli Cymru, a fyddai i fod yn annibynnol. I mi, mae meddwl am annibyniaeth o fewn Ewrop yn wrth-ddweud. Hefyd, os yw San Steffan yn rhy bell, fel yr honna Plaid Cymru, i ddeddfwriaethu er ein budd, yna onid yw Brwsel a Strasbwrg ymhellach fyth?

Aeth y tyndra rhwng Nick Bourne a minnau y tu hwnt i'r ddadl ynghylch pwy ddylai arwain y Blaid Geidwadol. Yn union ar ôl fy mrwydr ym Mrycheiniog a Maesyfed, fe awgrymodd nifer o Geidwadwyr amlwg y dylwn ei ddisodli fel darpar ymgeisydd y Cynulliad yn yr etholaeth honno. Roedd Nick wedi colli o 5,852 pleidlais i'r Democratiaid Rhyddfrydol yn 1999, a minnau wedi colli o ddim ond 751 pleidlais. Mewn ymateb i'r dyfalu yn y wasg fe gyhoeddodd Nick Bourne ddatganiad, heb gysylltu â mi, yn dweud mai yn San Steffan yr oedd fy niddordebau gwleidyddol i.

Er nad oedd gen i unrhyw ddiddordeb mewn sefyll ar gyfer y Cynulliad, teimlwn yn flin am gyhoeddiad Nick Bourne. Digon oeraidd oedd yr awyrgylch rhyngom ni pan wnaethom ni agor swyddfa newydd y Ceidwadwyr yn Llandrindod ym mis Awst 2001. Gwrthwynebodd Nick hefyd i mi ddefnyddio swyddfa'r Ceidwadwyr yn Aberhonddu fel cyfeiriad i lenyddiaeth yn hybu ymgyrch Iain Duncan Smith. Rown i hefyd wedi perswadio Edna Walters i gadeirio cyfarfod Iain Duncan Smith, gan gyfaddawdu ei sefyllfa ddiduedd.

Pan etholwyd Iain Duncan Smith yn arweinydd gyda mwyafrif sylweddol, cafwyd dyfalu yn y wasg tybed a allai

'Y pellter sydd rhyngddynt sydd fawr' – gyda Nick Bourne yn Clyro, mis Mehefin 2002

Nick Bourne weithio gyda'r arweinydd newydd. Yna, dyma Duncan Smith yn dewis y sgeptig Ewropeaidd Nigel Evans fel Ysgrifennydd Cymru ar ran yr wrthblaid. Proffwydodd Martin Shipton yn y *Wales on Sunday*: 'Bourne faces Tory chop!' Roedd hyn yn or-ddweud ond fe'm perswadiwyd gan rywun uchel yn Swyddfa Genedlaethol y Ceidwadwyr i gynnig fy enw fel darpar ymgeisydd ar gyfer y Cynulliad. Gadawai hyn y ffordd yn glir i mi geisio enwebiad ar gyfer Brycheiniog a Maesyfed, neu unrhyw etholaeth arall, pe dymunwn hynny. Ond cafodd Nick dragwyddol heol i ymladd y sedd dros y Ceidwadwyr ac addewais fy nghefnogaeth iddo. Cyhoeddais ddatganiad ym mis Ionawr 2002, yn dweud y dylai undod o fewn y blaid ddod o flaen uchelgais bersonol. Fe wnes i, felly, droi at San Steffan a chael fy enw wedi'i gynnwys ymhlith y darpar ymgeiswyr ar gyfer y fan honno ym Mawrth 2002.

Roedd hyn oll yn cyd-ddigwydd â chau pen y mwdwl ar

yrfa wleidyddol Rod Richards. Gwrthododd Iain Duncan Smith ymyrryd drwy orfodi Nick Bourne i dderbyn Rod yn ôl i blith grŵp Cynulliad Cenedlaethol y Ceidwadwyr, er ei fod wedi cefnogi ymgyrch Duncan Smith am yr arweinyddiaeth. Ond agorwyd y drws i Rod gan Gadeirydd Cenedlaethol y Toriaid, Henri Lloyd Davies, drwy ganiatáu iddo gael cyfweliad ar gyfer bod yn ddarpar ymgeisydd i'r Cynulliad.

Cynhaliwyd y cyfweliad mewn gwesty yng Nghaerdydd ar 12 Rhagfyr. Yno, cafwyd dau o'i blaid a dau yn ei erbyn, â phleidlais fwrw Cadeirydd y panel, Paul Valerio, yn ffafrio Nick Bourne. Lai nag wythnos yn ddiweddarach, canfuwyd Rod yn feddw ar Gaeau Llandaf. Galwyd ambiwlans ac aed ag ef yn anymwybodol, bron, i Ysbyty'r Brifysgol.

Mewn datganiad yn ymateb i'r digwyddiad yn y *Welsh Mirror* dywedodd Rod yn eironig: 'Derbyniaf bellach fod ar Rod, y Rottweiler honedig, wir angen help gan yr RSPCA!' Yn y *Western Mail*, 20 Rhagfyr, cafwyd sylw cytbwys iawn gan Toby Mason: 'Anaml iawn mewn gwleidyddiaeth fodern y cynlluniodd un dyn y fath gwymp oddi wrth ras mewn gyrfa a nodweddwyd gan gynifer o ail gyfleon. Beth bynnag fo'r dyfodol bellach i Mr Richards, nid yw ond cysgod o'r gwleidydd a rodiai goridorau grym gynt fel arweinydd y Ceidwadwyr yng Nghymru.'

Un o'r digwyddiadau mwyaf diddorol yn hanes y Blaid Geidwadol ar ddechrau 2002 oedd tröedigaeth un o aelodau blaenllaw Plaid Cymru, Guto Bebb, at y Toriaid. Roeddwn i wedi sylwi arno yn Fforwm Polisi'r Ceidwadwyr Cymreig ddechrau mis Rhagfyr 2001, yn cadw proffil isel iawn. Roedd Clive Betts o'r *Western Mail* yno a synnais nad oedd wedi sylwi arno a datgelu'r stori. Roeddwn wedi ymddangos gyda Guto sawl tro ar raglen *Maniffesto* S4C ac wedi sylweddoli mai ceidwadwr gydag 'c' fach oedd e. Yr unig reswm yr arhosodd cyhyd gyda Phlaid Cymru oedd ei deyrngarwch i'r iaith a'r diwylliant Cymraeg. Yn wir, gwisgai fathodyn 'Cadwch y Bunt' yn gyhoeddus a byddai'n huawdl yn ei gondemniad o gefnogaeth Plaid Cymru i'r Arian Sengl Ewropeaidd.

Er i mi groesawu penderfyniad Guto i droi at y Blaid Doriaidd, a'i ddewis i ymladd is-etholiad Ogwr, fe ddisgrifiodd Elfed Williams o Blaid Cymru ef yn y *Daily Post* ar 30 Ionawr 2002 fel 'gwleidydd gyrfaol' oedd wedi newid plaid ar ôl methu cael ei ddewis yn ymgeisydd dros Blaid Cymru.

Roedd y pleidleisio ar 14 Chwefror ac ar gyfer wythnos ola'r ymgyrch, gofynnwyd i mi weithredu fel gofalwr i Guto. Lletyais gyda Mary Davies yng Nhŷ Llanharan, cartref Owen Williams a'i deulu. Roedd Owen yn un o gefnogwyr cryf y Toriaid ym Mro Morgannwg. Er i mi dderbyn croeso cynnes, cefais gryn anhawster gydag ysbryd a drigai yn y stafell ymolchi gyferbyn â'm stafell wely. Ar fy noson gyntaf euthum i'r baddon Fictoraidd a theimlo fy mhen yn cael ei wthio dan y dŵr. Aeth y stafell yn niwlog a theimlwn fy mod yn tagu, arwydd fod ysbryd drwg yn bresennol. Clywn hefyd eiriau yn fy mhen yn dweud wrtha i am fynd allan am nad oedd yno groeso i mi. Sylweddolais fy mod i'n siario profiadau morwr a foddodd yn yr Ail Ryfel Byd.

Llwyddais i godi ar fy nhraed a rhedais allan fel mellten i'r coridor yn noeth. Wnes i ddim eistedd yn y baddon wedyn. Rhegais yr ysbryd gan fabwysiadu athroniaeth Napoleon mai'r dull gorau o amddiffyn oedd ymosod. O hynny ymlaen bu presenoldeb yr ysbryd yn un tawelach.

Yn ystod yr ymgyrch bu cefnogwyr Plaid Cymru'n ymosodol iawn gan gyfeirio at Guto Bebb fel bradwr. Byddai yntau'n ymateb yr un mor ymosodol gan ddyfnhau'r drwgdeimlad rhwng ymgyrchwyr ei blaid newydd a'i gyn-blaid. Swm ei ddadl oedd, er bod ei dad-cu, Ambrose Bebb, yn un o sylfaenwyr Plaid Cymru – ac yntau'n aelod er pan oedd yn dair ar ddeg oed – iddo deimlo bod Plaid Cymru wedi cefnu ar ei hymrwymiad i gadw'r iaith a'r diwylliant er mwyn elw gwleidyddol. Teimlai fod Ieuan Wyn Jones wedi cefnu ar yr ardaloedd Cymraeg eu hiaith er mwyn ceisio ennill cefnogaeth pleidleiswyr a oedd wedi'u dadrithio gan y Blaid Lafur yng nghymoedd y de. Roedd Plaid Cymru er enghraifft, meddai, wedi troi'n blaid negyddol gydag un neges: bod yr Ewro, os oedd yn beth drwg i Loegr, yn beth da i Gymru. Cartref naturiol gwladgarwyr Cymreig bellach oedd y Blaid Geidwadol, a oedd wedi ymdynghedu i wneud i'r Cynulliad lwyddo.

Yr enillydd clir yn yr etholiad oedd Huw Irranca-Davies, gyda 52 y cant o'r bleidlais, a Guto Bebb yn bedwerydd sâl gyda dim ond saith y cant. Rhaid bod Plaid Cymru'n anhapus gyda dim ond 21 y cant o'r bleidlais ar adeg pan oedd disgwyl iddi ddenu pleidleisiau Llafur a ddadrithiwyd gan Lywodraeth Llafur Newydd Tony Blair. Hwyrach iddynt ganolbwyntio gormod ar ymosod yn gyhoeddus ar Guto Bebb yn hytrach nag ymosod ar Lafur.

Ddechrau mis Ebrill 2002 ymwelodd Ann Widdecombe â Phlasty Pantathro yn Llansteffan. Roedd dros hanner cant o brotestwyr o blaid hela yn wynebu Ysgrifennydd Cartre'r wrthblaid. Fe boethodd pethau a bu'n rhaid i mi ei hebrwng 'nôl i'r gwesty. Er fy mod yn anghytuno â'i safiad yn erbyn hela, fedrwn i ddim ond edmygu ei dewrder fel un o'r ychydig wleidyddion oedd yn barod i siarad yn blaen heb boeni am y canlyniadau.

Yng Nghynhadledd y Blaid Dorïaidd Gymreig yn Llandudno ym mis Mai deuthum yn fwy ymwybodol fyth o'r elyniaeth bersonol rhwng Nigel Evans a Nick Bourne. Yno, deuthum i sylweddoli y tybiai Nigel, o Abertawe, fod ei rôl fel Ysgrifennydd Cymru dros yr wrthblaid yn golygu hefyd mai ef oedd arweinydd y Ceidwadwyr yng Nghymru. Credai Nick, ar y llaw arall, mai ei gyfrifoldeb ef oedd materion yn ymwneud â pholisi'r Toriaid yng Nghymru.

Crynhowyd eu gwahaniaethau'n gryno gan Clive Betts yn y *Western Mail*:

> Mae'r gwahaniaeth barn rhyngddynt yn ddwfn ac yn chwerw. Mae un yn Gymro a'r llall yn Sais rhonc – er iddo ennill ei radd yn y Gyfraith yn Aberystwyth ugain mlynedd yn ôl. Mae gan y ddau agweddau gwahanol iawn tuag at werth y Cynulliad. Mr Bourne oedd un o'r Toriaid cyntaf i'w dderbyn wedi'r Refferendwm. Mae Mr Evans yn parhau'n sgeptig amlwg. Mae Mr Evans yn tueddu tuag at weledigaeth wleidyddol Thatcheraidd tra mae Mr Bourne yn gefnogwr un-genedl. Mae gwleidyddiaeth Mr Bourne yn ymenyddol. Mae Mr Evans yn saethu o'r glun.

Gwelwyd yr elyniaeth rhwng y ddau'n glir ym Mrycheiniog a Maesyfed. Roedd Nigel am i mi gael fy nhaflu i'r dwfn fel yr ymgeisydd Ceidwadol ar gyfer San Steffan erbyn haf 2002. Cytunai Edna Walters ag ef. A minnau ar wyliau yn Jersey derbyniais lythyr oddi wrth Bwyllgor Gwaith Cymdeithas Geidwadol yr etholaeth yn fy hysbysu mai fy enw i fyddai'r unig un i'w ystyried gan bwyllgor arbennig o'r Gymdeithas. Ond adroddodd y *Western Mail* nad oedd pawb yn hapus â'r penderfyniad, gyda Nick Bourne yn dadlau y byddai'n ddoethach canolbwyntio'n gyntaf ar y bleidlais nesaf yn y cylch etholiadol. Ond cafodd orchymyn gan Edna Walters i gynnig fy enw i fel yr ymgeisydd Ceidwadol nesaf dros yr etholaeth. Mae'n debyg iddo ddweud y byddai Nick heb Felix fel Tim Henman heb Greg Rusedski neu Ant heb Dec!

Un o'r atgofion doniolaf sy'n aros o'r flwyddyn 2003 oedd mynd i gyfarfod yn Institiwt Glowyr y Coed Duon ym mis Chwefror lle roedd Arthur Scargill yn ŵr gwadd. Ac yntau bellach yn arweinydd y Blaid Lafur Sosialaidd, cyfunodd ei wrthwynebiad i ryfel Irác â chefnogaeth i'r dynion tân a oedd mewn anghydfod diwydiannol. Cyhuddodd George Bush o droseddau rhyfel ac amheuai ai Al-Qaeda oedd yn gyfrifol am drychineb Medi'r 11eg. Aeth mor bell â mynnu mai swyddogion cudd America oedd yn gyfrifol am ddymchwel y ddau dŵr, a hynny er mwyn dod ag anfri ar filwyr rhyddid Islam. Gorffennodd ei araith wirion drwy gyhoeddi y byddai'n sefyll yn ne-ddwyrain Cymru yn etholiadau'r Cynulliad ym mis Mai.

Mewn cyfweliadau ar *Dragon's Eye* y BBC a *Waterfront* HTV fe wnes i, a'm tafod yn fy moch, groesawu ymgeisyddiaeth Scargill ond derbyniwyd hynny'n ffyrnig gan rai aelodau blaenllaw o'r Blaid Geidwadol. Fe'm disgrifiwyd gan Carol Hyde, Cadeirydd y Blaid Geidwadol Gymreig, fel Comiwnydd Scargillaidd wedi'i aileni. Dim ond tynnu coes oeddwn i – ddylai pobl ddim ymwneud â gwleidyddiaeth os nad oes ganddyn nhw synnwyr doniolwch.

Gwleidydd arall o argyhoeddiad, fel Rod Richards ac Arthur Scargill, oedd Elwyn Jones. Bu'n asiant i'r Blaid Geidwadol yng ngogledd Cymru ers 1970 gan wneud gwaith egnïol i sicrhau bod Wyn Roberts yn cadw'i sedd yng Nghonwy gydol y degawd. Ef oedd pensaer yr ymgyrch 'Na' lwyddiannus yng Ngwynedd yn Refferendwm 1979, a gweithiodd yn galed hefyd i sicrhau ethol Beata Brooks fel Aelod Ewropeaidd dros Ogledd Cymru'n ddiweddarach y flwyddyn honno. Bu'n ganolog gydag ethol Robert Harvey yn Aelod Seneddol Ceidwadol De-orllewin Clwyd yn etholiad cyffredinol 1983. Petai yntau wedi gwrando ar ei asiant a gweithio'n galetach, buasai wedi cadw'r sedd a gollwyd i Lafur bedair blynedd yn ddiweddarach.

Roedd yna rai Ceidwadwyr Cymreig amlwg a oedd yn eiddigeddus o sgiliau trefniadol Elwyn a'i broffil uchel yn y cyfryngau. O ganlyniad i hyn, gadawodd ei swydd amser llawn fel asiant i'r Blaid Geidwadol yn dilyn etholiad cyffredinol 1992. Teimlai'n flin i'w gynnig i drefnu ymgyrch gogledd Cymru yn erbyn Cynulliad i Gymru yn 1997 gael ei wrthod. O hynny ymlaen llithrodd yn raddol oddi wrth y Blaid Geidwadol.

Ar 20 Chwefror 2003 cyhoeddwyd bod Elwyn wedi ymuno â Phlaid Annibynnol y Deyrnas Gyfunol (UKIP). Cyhuddodd Nick Bourne a grŵp Ceidwadol y Cynulliad o fradychu gwrthwynebiad traddodiadol y Ceidwadwyr i'r sefydliad hwnnw er mwyn cadw'u swyddi. Mynnai mai dim ond UKIP oedd am ddileu'r Cynulliad Cenedlaethol 'gwastraffus, drud ac analluog'. Rheswm cryf arall pam yr ymunodd ag UKIP oedd oherwydd bod y blaid honno'n gwrthwynebu aelodaeth Prydain â'r Undeb Ewropeaidd. Mynnodd i Brydain gael ei chamarwain a'i thwyllo i ymuno â biwrocratiaeth ddrud ac anatebol. Er i mi anghytuno â barn Elwyn am y Cynulliad Cymreig, cytunwn ag ef yn gyffredinol am yr Undeb Ewropeaidd.

Hwn fyddai datganiad sylweddol olaf Elwyn gan y bu farw ar 17 Ebrill yn 57 mlwydd oed. Yn ei ewyllys dymunai Elwyn i mi wasanaethu yn ei angladd, ac roeddwn yn ei hystyried yn fraint fawr cael gwneud hynny. Cynhaliwyd y gwasanaeth yng Nghapel y Bowydd, Blaenau Ffestiniog, ar 25 Ebrill lle'm cynorthwywyd gan Vaughan Hughes; roedd nifer fawr yn bresennol, yn eu plith yr Arglwydd Roberts o Gonwy ac amryw o bobl amlwg eraill. Gellid crynhoi cymeriad Elwyn yn ei eiriau ei hun. Un tro, wrth agor siop y Gymdeithas Diogelu Cathod ym Mae Colwyn, cymharodd ei hun i gathod: 'Maen nhw o feddylfryd annibynnol. Ni all neb eu gorfodi i wneud yr hyn na fynnant ei wneud; cred rhai eu bod nhw'n gwerylgar, hyd yn oed yn lletchwith!'

Cynhaliwyd Cynhadledd y Ceidwadwyr Cymreig yn Neuadd y Ddinas, Caerdydd, ar 7-8 Mawrth 2003. Er mai cyfarfod i osod y seiliau ar gyfer etholiadau'r Cynulliad oedd hwn, taenodd ymddiswyddiad Ron Davies, Aelod y Cynulliad dros Gaerffili, ei gysgod drosto. Digwyddodd ar ddiwedd wythnos o honiadau am gyn- Ysgrifennydd Cymru a'i ymweliad â Tog Hill, man cyfarfod enwog i ddynion hoyw ger yr M4 yng Ngwlad yr Haf. Fel ei 'eiliad o wallgofrwydd' ar Gomin Clapham yn 1998, nid yr hyn a wnaeth fel y cyfryw a arweiniodd at gwymp Ron Davies oddi wrth ras ond yn hytrach ei ddull anaddas o esbonio'i weithgareddau drwy beidio â bod yn hollol agored am y gwir. Cyfaddefodd yn ddiweddarach wrth Paul Starling: 'Mae'r cwestiwn a fûm yn bensaer fy nghwymp fy hun yn rhywbeth y bydd yn rhaid i mi ei ystyried.' Eironi trist fu i un a wnaeth fwy na neb i sicrhau Cynulliad Cenedlaethol ei gael ei hun yn awr ar y domen sgrap wleidyddol.

Roedd Ron Davies a Rod Richards ill dau yn meddu ar beirianweithiau hunanddinistriol fel rhan o'u personoliaethau. Nid cynt y ciliai un llanast gwleidyddol nag yr ymddangosai un arall ar y gorwel. Ni fedrai'r naill na'r llall ddysgu gwersi o'u camgymeriadau, faint bynnag o ail gyfleoedd a ddeuai i'w rhan mewn bywyd.

Er i mi gynorthwyo gydag ymgyrch Nick Bourne i gael ei ethol i'r Cynulliad yn etholaeth Brycheiniog a Maesyfed, teimlwn na chefais fy nefnyddio gymaint ag y dylwn. Ni dderbyniais unrhyw amserlen ar gyfer yr ymgyrch ac ni chefais unrhyw fanylion am gyfarfodydd i lunio strategaethau etholiadol, os bu rhai o gwbl. Ymddangosai'n anochel y byddai'n rhaid i arweinydd Ceidwadol Cymru ymgyrchu y tu allan i'w etholaeth. Teimlais, felly, y dylwn ymwneud mwy â'r gweithgareddau. Fodd bynnag, ystyriwn syniad Nick Bourne o ymweld â phob etholaeth yng Nghymru fel gwastraff amser, ac y câi effaith andwyol ar ei ymdrechion i ddisodli'r Aelod Cynulliad Kirsty Williams o'r Democratiaid Rhyddfrydol. Profwyd fi'n gywir. Curwyd

Nick Bourne yn rhacs o fwyafrif o 5,308 o bleidleisiau, neu 19.77 y cant. Pan glywais y canlyniad teimlwn ar chwâl. Roedd hi'n ymddangos fel petai fy holl waith yn cwtogi mwyafrif seneddol y Democratiaid Rhyddfrydol i ddim ond 751 pleidlais, neu ddau y cant, wedi bod yn ofer. Oni bai am Mary Davies ac Edna Walters byddwn wedi ymddiswyddo fel ymgeisydd seneddol yn y fan a'r lle.

Pennod 8

Pleser mawr fu clywed i mi gael fy mhenodi'n gaplan i Gadeirydd newydd Cyngor Sir Ceredigion, y Cynghorydd Stan Thomas. Cynhaliwyd ei gyfarfod sefydlu yng Nghapel Neuadd-lwyd ar 1 Mehefin 2003, lle roedd Stan yn aelod papur. Sylweddolais yn fuan fod yna fanteision i fod yn gaplan i Stan: fe fyddai yna ddigon o fwyd a diodydd am ddim i'r cynghorwyr a'r caplan mewn gwahanol ddigwyddiadau swyddogol.

Yn y digwyddiadau hyn clywais lawer stori. Dysgais fod achlysuron cymdeithasol Castell-nedd Port Talbot a Merthyr Tudful yn rhai gwerth eu mynychu oherwydd haelioni'r cynghorau hynny. Eironi mawr yw'r ffaith mai plaid y gweithwyr, sef Llafur, oedd y mwyaf gwastraffus o ran gwario trethi'r bobl gyffredin ar adloniant cymdeithasol. Ar y llaw arall, ystyrid Cyngor Annibynnol Powys fel un crintachlyd gan nad oedd diodydd am ddim ar gael yno. Roedd hi'n ymddangos i mi y byddai amryw o gynghorwyr Ceredigion yn mynychu cyfarfodydd awdurdodau eraill dim ond lle byddai'r lletygarwch corfforaethol yn ddigon hael i wneud y daith yn werth chweil. Siom fawr, felly, oedd gorfod ildio fy swydd fel caplan pan ddaeth fy mlwyddyn i ben.

Daeth tymor tair blynedd Edna Walters fel cadeirydd etholaeth Brycheiniog a Maesyfed i ben ddiwedd mis Mawrth 2003 ac fe'i holynwyd gan Mary Fellowes o'r Gelli Gandryll, menyw ddymunol ond heb graffter gwleidyddol Edna.

Yn y *Western Mail* ar 16 Mai galwais am fwy o gyfrifoldebau i Gynulliad Cymru. A minnau newydd fod ar wyliau yn Jersey dywedais fod gan Gymru lawer i'w ddysgu o gyfundrefn lywodraethol yr ynys honno. Yna, ar 7 Awst, ysgrifennais i ddweud bod Jersey, er yn ddibynnol ar y

Goron ac yn atebol i'r Frenhines, yn hunanlywodraethol o ran materion mewnol, er mai Llywodraeth y Deyrnas Gyfunol oedd yn gyfrifol am amddiffyn a materion rhyngwladol yn gyffredinol.

Denodd fy nghefnogaeth i fwy o ddatganoli ymateb chwyrn oddi wrth Peter Weavers, is-gadeirydd newydd y Ceidwadwyr ym Mrycheiniog a Maesyfed. Roedd y gŵr hwn a oedd yn erbyn datganoli am i'w blaid fabwysiadu polisi o ddileu'r Cynulliad, ac ymosododd ar Nick Bourne hefyd am amddiffyn y *status quo*. Gwaethygodd y sefyllfa pan fynychais gyfarfod o grŵp 'Ymlaen' y Ceidwadwyr, grŵp a gefnogai ddatganoli, yng nghartref yr Aelod Cynulliad David Melding yn y Barri. Yno hefyd roedd yr Aelod Cynulliad Jonathan Morgan a nifer o Geidwadwyr cefnogol o orllewin Cymru fel Paul Davies, a oedd wedi sefyll ym Mhreseli Penfro yn etholiadau'r Cynulliad yn 2003.

Ar 27 Hydref, mewn araith i Sefydliad Gwleidyddiaeth Cymru yn Aberystwyth, mynnodd David Melding fod polisi'r Blaid Geidwadol o wrthwynebu mwy o bwerau i'r Cynulliad yn anghynaladwy. Ni allai'r Blaid Geidwadol Gymreig, meddai, barhau i amddiffyn cytundeb diffygiol y Blaid Lafur. Gorffennodd gyda her i'w blaid y dylai pobl Cymru gael hawl i'r un dewisiadau ag a gynigiwyd i'r Alban a Gogledd Iwerddon yn 1997-8.

Roedd Peter Weavers yn flin oherwydd sylwadau David Melding, ac fe aeth yn fwy blin tuag ataf fi pan wnes i amddiffyn yr Aelod Cynulliad yn y *Western Mail* ar 3 Tachwedd. Disgrifiais David fel Cymro gwladgarol a gredai'n gyfiawn fod angen grymoedd deddfwriaethol llawn er mwyn darparu gwell gwasanaeth cyhoeddus i bobl Cymru. Anelais fy mwledi at y gwrth-ddatganolwyr hynny a oedd yn galw ar Nick Bourne i daflu David Melding allan o Grŵp Ceidwadwyr y Cynulliad. Mynnais fod yr amser wedi dod i amheuwyr y Cynulliad o fewn y Blaid Geidwadol

Gymreig dderbyn mai proses yn hytrach na digwyddiad oedd datganoli. Y cam nesaf yn y broses fyddai cydraddoldeb â'r Alban. Yna, cyhoeddodd Glyn Davies hefyd ei fod yntau o blaid mwy o rymoedd i'r Cynulliad. Byddai'n well ganddo weld y Cynulliad yn cael ei ddileu na pharhau fel yr ydoedd.

Roedd y tyndra'n amlwg yn Fforwm Polisi'r Blaid Geidwadol Gymreig yng Nghaerdydd ddechrau mis Tachwedd. Ceisiodd Nick Bourne amddiffyn rhywbeth na ellid ei amddiffyn drwy fynnu mai ewyllys y bobl yn 1997 oedd sicrhau datganoli yn ei ffurf bresennol. Doedd hynny ddim yn plesio'r naill garfan na'r llall. Teimlwn yn flin na fu iddo wynebu'r broblem yn uniongyrchol. Er i mi deimlo bod ganddo, yn breifat, fwy o gydymdeimlad tuag at ddatganoli, roedd ei ansicrwydd cyhoeddus yn dangos diffyg egwyddor a dewrder yn wleidyddol. Ni wnaeth hyn ond cadarnhau barn Rod Richards mai'r unig egwyddor wleidyddol a symbylai Nick Bourne oedd hunangadwraeth a hunanhyrwyddo Nick Bourne ei hun!

Ar 21 Ionawr 2004 ymddiswyddais o fod yn ddarpar ymgeisydd Brycheiniog a Maesyfed. Ysgrifennais at Mary Fellowes yn dweud i mi gael fy nadrithio fwyfwy gan agwedd elyniaethus un neu ddau o swyddogion Ceidwadol yr etholaeth ynglŷn â'm barn ar y Cynulliad. Beth bynnag oedd y farn bersonol, roedd y Cynulliad yma i aros er lles pawb yng Nghymru. Yn anffodus, doedd y cytundeb datganoli presennol ddim yn darparu gwell gwasanaethau i bobl Cymru, a'r unig ffordd o wella ar y Cynulliad oedd drwy ganiatáu iddo fwy o rym gwirioneddol. Gofynnais pam y dylem ni yng Nghymru gael ein trin fel dinasyddion eilradd o'n cymharu â phobl yr Alban, a oedd yn meddu ar bwerau deddfwriaethol sylfaenol dros nifer helaeth o faterion cartref? Trwy Ewrop gyfan, roedd cenhedloedd bach wedi derbyn pwerau ehangach dros eu materion catref, er enghraifft y Basgiaid a'r Catalaniaid, er eu bod yn parhau'n rhan o Sbaen ffederal. Pam, gofynnais, y dylid trin Cymru'n wahanol? Er mwyn sicrhau undod y Blaid Geidwadol cyhoeddais ddatganiad i'r wasg yn dweud mai dyletswyddau gwaith oedd yn gyfrifol am fy ymddiswyddiad. Ac yr oedd yna beth gwirionedd yn hyn, fel yr eglurais wrth Martin Shipton o'r *Western Mail* a David Williams o *Dragon's Eye*:

> Mae fy ymrwymiadau sylweddol fel gweinidog Annibynnol, caplan i Gyngor Sir Ceredigion, darlithydd llawrydd a darlledwr yn cyfyngu ar yr amser y gallwn ei roi i ofalu am etholaeth mor eang. Mae canllawiau diweddar Swyddfa Ganolog y Ceidwadwyr yn mynnu'r fath amser oddi wrth ymgeiswyr mewn etholiadau ymylol fel na fedraf gyflawni hynny oherwydd fy ngalwadau gwaith.

Pwysleisiais hefyd y byddwn yn parhau i weithio i hybu'r Blaid Geidwadol.

Ar ôl dweud hyn oll, y prif reswm dros fy ymddiswyddiad oedd na chredwn y gallwn ennill y sedd yn yr etholiad cyffredinol nesaf. Fe wnaeth y grasfa a gafodd Nick Bourne yn etholiadau'r Cynulliad ac effaith hynny ar hyder y Blaid Geidwadol yn lleol fy mherswadio nad oedd unrhyw bwrpas treulio cymaint o amser ar achos a gollwyd. Cadarnhawyd fy mhenderfyniad gan etholiad cyffredinol 2005. Bu Roger Williams yn fuddugol dros ei wrthwynebydd Ceidwadol newydd Andrew Davies, ffermwr ac ymgyrchydd gwrth-Gynulliad o Fro Morgannwg, a hynny o 3,905 pleidlais, neu 10.18 y cant. Cynyddodd mwyafrif y Democratiaid Rhyddfrydol bum gwaith drosodd.

Bu'n rhaid i Iain Duncan Smith wynebu pleidlais o ddiffyg hyder ddiwedd mis Hydref 2003. Fe'm gwahoddwyd gan *Dragon's Eye* i fynd gyda'r cyflwynydd, David Williams, i San Steffan i sylwebu ar y canlyniad. Er i David geisio fy mherswadio i ddweud y dylai Duncan Smith ymddiswyddo cyn y bleidlais, dewisais barhau'n driw iddo hyd y diwedd. Wedi'r cyfan, fi drefnodd ei ymgyrch llwyddiannus am yr arweinyddiaeth yng Nghanolbarth a Gorllewin Cymru ac roeddwn yn rhannu'i gredo fel sgeptig Ewropeaidd.

Ceisiodd David recriwtio Quentin Letts, gohebydd y *Daily Mail,* i'm perswadio drwy fynnu – petawn i'n galw ar Duncan Smith i ymddiswyddo – y byddai gen i well cyfle i ennill Brycheiniog a Maesyfed. Er fy mod i'n dawel bach yn cytuno â Letts, dewisais aros yn ffyddlon. Pan wrthodwyd Duncan Smith o 75 pleidlais i 90 gan yr Aelodau Seneddol Ceidwadol, mynnais ddweud bod hyn yn drychineb. Wedi'r cyfan, mae teyrngarwch yn nodwedd a werthfawrogir yn fawr ymhlith aelodaeth gyffredinol y Blaid Geidwadol. Cefnogais hefyd sêl bendith Duncan Smith i Michael Howard fel ei olynydd.

Yn y cyfamser roedd Nick Bourne yn ceisio llesteirio pob trafodaeth ar Adroddiad Comisiwn Richard ar ganiatáu mwy o rym i'r Cynulliad. Gwelwyd hyn yn glir yng Nghynhadledd y Ceidwadwyr Cymreig yn Llandudno ar 2 Ebrill 2004. Mewn erthygl yn *Barn* gwrthodais yr angen am refferendwm ar ganiatáu pwerau sylfaenol cyfyngedig, fel yr argymhellwyd gan Arglwydd Richard. Ni fyddai hynny'n golygu dim byd mwy na thwtio gweithrediadau'r corff presennol. Yna, heriais Nick Bourne i gymryd at yr awenau ar fater pwerau'r Cynulliad yn hytrach na derbyn newidiadau wedi iddynt ddigwydd.

Yn fuan wedyn, cyhoeddwyd Cynllun Datblygu Unedol Cyngor Sir Ceredigion (UDP) yn galw am godi 6,500 o dai yn y sir erbyn 2010, tai a fyddai, ar y cyfan, y tu hwnt i gyrraedd pobl gyffredin. Ffurfiwyd corff newydd, Llais Ceredigion, i wrthwynebu'r cynllun. Casglwyd llofnodion 8,500 o wrthwynebwyr i'r cynllun a oedd yn galw hefyd am

Faer etholedig i ddisodli'r glymblaid o Annibynwyr/ Democratiaid Rhyddfrydol a oedd yn rheoli. Y gobaith oedd gorfodi etholiad ar y mater, un a fyddai'n suddo'r Cynllun Unedol a'i ddisodli â chynllun a fyddai'n gwneud mwy i ddiogelu'r iaith a'r diwylliant brodorol.

Pennwyd 20 Mai fel diwrnod y pleidleisio a sefydlwyd grŵp rhyngbleidiol i arwain yr ymgyrch 'Ie' dros gael Maer. Ymhlith y siaradwyr yn y cyfarfod lansio yn Aberaeron roedd Emyr Hywel, Cadeirydd Llais Ceredigion a chyn-Gadeirydd Cymdeithas yr Iaith; Siôn Jobbins, cyn-Faer Aberystwyth ac ymgeisydd y Cynulliad ar ran Plaid Cymru ym Mhreseli Penfro yn 2003, a minnau ar ran y Blaid Geidwadol. Derbyniwyd hefyd lythyr o gefnogaeth gan gynrychiolydd Llafur, Howard Williams. Fy nadl i oedd y byddai ethol Maer yn rhoi i bobl Ceredigion lais uniongyrchol i arwain eu hawdurdod lleol yn hytrach na gorfod dibynnu ar arweinydd a oedd yn atebol i'w gyd-gynghorwyr yn unig. Cysylltais hefyd Geidwadaeth Gymreig â pharhad a meithrin yr iaith a'r diwylliant ynghyd â darparu tai fforddiadwy i bobl leol.

Trefnodd S4C ddadl yn Theatr Mwldan, Aberteifi, gydag Emyr Hywel a finne ar un ochr a Dai Lloyd Evans, Arweinydd Cyngor Ceredigion, ac Elin Jones, Aelod Cynulliad Plaid Cymru ar yr ochr arall. Roedd hwn yn ddigwyddiad arwyddocaol mewn gwleidyddiaeth Gymreig wrth i genedlaetholwr Cymreig sefyll ochr yn ochr â Cheidwadwr Cymreig mewn ymgais i ddiogelu'r cymunedau Cymraeg eu hiaith. Dylid cofio bod bron pob un o fudiadau cenedlaethol Dwyrain Ewrop a oedd yn gwrthwynebu gormes comiwnyddiaeth Sofietaidd yn geidwadol ei ogwydd gwleidyddol. Byddai cenedlaetholdeb a cheidwadaeth felly'n mynd law yn llaw heb fod angen sosialaeth. Mae hyn yn rhywbeth y dylai arweinyddiaeth adain chwith Plaid Cymru fod yn ddigon doeth i'w gofio.

Wrth i ddiwrnod y pleidleisio agosáu, daeth yn amlwg y câi'r syniad o Faer etholedig ei drechu'n llwyr. Roedd arweinyddiaeth pob plaid, yn cynnwys Plaid Cymru, wedi penderfynu cefnogi'r bleidlais 'Na'. Fe gymerodd Plaid Cymru gambl dactegol enfawr yn hynny o beth, gan obeithio y medrent wedyn ennill rheolaeth ar Gyngor Ceredigion ar 10 Mehefin ac addasu'r Cynllun Unedol i fod yn garedicach i anghenion lleol. Er mwyn ennill mwyafrif clir ar y Cyngor byddai gofyn iddynt fwy na dyblu eu cynrychiolaeth ar y Cyngor, o'r deg aelod oedd ganddynt i ddau ar hugain.

Fe drodd ymgyrch y Maer yn un tra phersonol, gyda'r gwrthwynebwyr yn sarhau cymeriad rhai o'u gwrthwynebwyr. Er enghraifft, cymharodd Dai Lloyd Evans aelodau Llais Ceredigion i'r BNP. Pardduwyd Gwilym ab Ioan, ymgyrchydd 'Ie' brwd a chyn-gadeirydd Plaid Cymru yng Ngheredigion, yn y wasg leol am iddo fod yn fethdalwr ddwywaith, a beiwyd Emyr Hywel ar gam o fod yn gyfrifol am fethiant Gŵyl Werin y Cnapan. Darluniwyd Simon Brooks o fudiad Cymuned fel eithafwr gwleidyddol, a bu'n darged i lawer o sen bersonol gan nifer o gefnogwyr Plaid Cymru yn Nhal-y-bont, lle roedd ef a'i deulu ifanc yn byw. Cefais innau fy nghyhuddo o gefnogi'r ymgyrch 'Ie' oherwydd fy mod am sicrhau'r swydd o Faer i mi fy hun. Allai dim byd fod yn bellach o'r gwir.

Cyhoeddwyd y canlyniad yn Aberaeron ar 21 Mai, a gwrthodwyd y cynllun i gael Maer etholedig cyntaf Cymru o 14,013 o bleidleisiau i 5,308 (72.5 i 27.5%), a hynny oherwydd i'r prif bleidiau glosio at ei gilydd i sicrhau pleidlais 'Na'. Ymddengys bod llawer o gefnogwyr Plaid Cymru, a oedd wedi galw am refferendwm yn y lle cyntaf, wedi cael eu perswadio gan beiriant profiadol y Blaid i ufuddhau. Petai Plaid Cymru wedi brwydro dros bleidlais 'Ie', gallasai'r canlyniad fod wedi bod yn wahanol. Credaf mai'r trobwynt yn y frwydr fu datgelu na fedrai Maer etholedig, yn gyfreithlon, wyrdroi'r Cynllun Unedol heb gefnogaeth y mwyafrif o'r cynghorwyr sir.

Eironig, hwyrach, yw'r ffaith mai mewnfudwyr Seisnig oedd yn byw ar arfordir y sir, oedd y mwyafrif o'r pleidleiswyr 'Ie'. Ymddengys bod rhai o'r rhain yn poeni mwy am ddyfodol y diwylliant cynhenid na nifer o'r siaradwyr Cymraeg lleol eu hunain. Yn wahanol i lawer o'r Cymry Cymraeg cynhenid a oedd yn berchen tir ac yn ddylanwadol o fewn grŵp rheoli'r awdurdod lleol, doedd y rhain ddim mewn sefyllfa i elwa'n ariannol o godi dros 6,500 o dai newydd yn y sir.

Gyda'r refferendwm drosodd, galwodd yr Aelod Seneddol Simon Thomas ar i Lais Ceredigion ddod i ben a chefnogi Plaid Cymru mewn ymgais i ennill rheolaeth ar Gyngor Ceredigion. Ond o ganlyniad i ymosodiadau milain ar yr ymgyrchwyr 'Ie' yn ystod y refferendwm, penderfynodd Llais Ceredigion enwebu eu hymgeiswyr eu hunain i sefyll yn erbyn y Cynllun Unedol. Pan gyhoeddwyd y canlyniadau ar 11 Mehefin gwrthodwyd yr ymgeiswyr a oedd wedi gosod egwyddor yn gyntaf. Er i Lais Ceredigion a Llais Aberaeron ddenu ymhell dros fil o bleidleisiau yn y chwe ward lle gwnaethon nhw sefyll, ddaeth yr un yn agos at ennill.

Yr unig un i ddod yn ail mewn gornest o fwy na dau ymgeisydd oedd Mary Davies a safodd, oherwydd ei bod yn aelod o'r Blaid Geidwadol Gymreig, dros Lais Aberaeron. Denodd 27 y cant o'r bleidlais. Ar y llaw arall, 15 pleidlais (2%) yn unig a ddenodd David Williams, a oedd wedi gadael y Ceidwadwyr i ymladd dros Lais Ceredigion, yn Llanrhystud. Curwyd Gwilym ab Ioan gan Dai Lloyd Evans yn Lledrod, o 682 pleidlais i 319. Daeth Emyr Hywel ar waelod y pôl yn Aber-porth, er iddo fod o fewn 40 pleidlais i ennill ar ran Plaid Cymru flwyddyn yn gynharach. Roedd ei frawd Glyndwr Howells ar y gwaelod hefyd yn Beulah, ac felly hefyd Michael Dawe, cyn-gadeirydd cangen o'r Blaid Geidwadol, yn Ward Pen-parc.

Er i Blaid Cymru ennill pedair sedd yn rhagor, parhaodd yr awdurdod o dan reolaeth Dai Lloyd Evans a'r glymblaid o Annibynwyr / Democratiaid Rhyddfrydol. Meddai Simon Brooks yn y *Cambrian News*, 24 Mehefin:

> Y ffaith greulon yw i Blaid Cymru gamblo â dyfodol Ceredigion a cholli. Fe wnaethant gefnogi Dai Lloyd Evans, difetha'r ymgyrch refferendwm am Faer etholedig ac addo'n bendant i'w cefnogwyr y byddent yn ennill rheolaeth o'r Cyngor. Fe wnaeth Dai Lloyd Evans ymddwyn yn rhesymol dros y ddeufis diwethaf wrth geisio atgyfnerthu ei safle gwleidyddol. Treuliodd Plaid Cymru'r ddeufis yn camarwain ei chefnogwyr ei hunan a batio dros y gwrthwynebwyr. Gallasai ymgyrch y maer fod wedi rhoi'r rheolaeth i Blaid Cymru ar blât. Drwy berswadio cefnogwyr Plaid Cymru i bleidleisio 'Na', fe lwyddodd arweinydd y grŵp, Penri James, i gipio methiant o enau buddugoliaeth.

Bu Emyr Hywel hyd yn oed yn fwy deifiol yn y *Daily Post,* 26 Mehefin: 'Rhaid i Blaid Cymru a Chymdeithas yr Iaith fel ei gilydd dderbyn y cyfrifoldeb am yr hyn ddigwyddodd. Nhw sy'n gyfrifol am y ffaith fod y Cynllun Unedol wedi cael rhyddid i fynd yn ei flaen, a nhw sy'n gyfrifol fod y Gymraeg yn wynebu difodiant fel iaith gymunedol yn y sir.'

Cynhaliwyd yr etholiadau Ewropeaidd hefyd ar 10 Mehefin 2004 ac fel amheuwr Ewropeaidd, cefais fy synnu gan lwyddiant UKIP, a bwysleisiai'r ffaith fod y Deyrnas Gyfunol yn talu aelodaeth o £30 biliwn yn flynyddol i'r Undeb Ewropeaidd. Fe drawodd y cyflwynydd teledu, Robert Kilroy Silk, dant cyffredinol drwy fynnu y gallai arian o'r fath dalu am 10,000 o welyau ysbyty, 68,000 o blismyn, 66,000 o athrawon a 125,000 o nyrsys dan hyfforddiant. Roeddwn yn llawenhau, felly, pan gynyddodd cyfanswm eu Haelodau Ewropeaidd o dri i ddeuddeg, gan guro'r Democratiaid Rhyddfrydol i'r trydydd safle.

Gyda dwy o'r 'Angylion' – Mary Hall ac Elizabeth Morgan yn Soar-y-mynydd, Mehefin 2004

Pleidleisiais dros y Toriaid yn yr etholiadau Ewropeaidd, o ffyddlondeb personol i'r aelod Jonathan Evans. Er i ni anghytuno ynghylch perthynas y Deyrnas Gyfunol ac Ewrop, edmygwn ei sgiliau gwleidyddol a hoffwn ef fel dyn, a bu'n gefnogol i mi ym Mrycheiniog a Maesyfed. Roeddwn yn hapus, felly, iddo lwyddo i wthio Jill Evans, Plaid Cymru, i'r pedwerydd safle yn y Senedd Ewropeaidd. Gwyddwn fod nifer o Doriaid Cymreig wedi troi at UKIP, a daeth y blaid honno o fewn deg y cant i ethol Aelod Ewropeaidd dros Gymru.

Yn y cyfamser, penderfynodd Llais Ceredigion barhau fel plaid ar wahân, ond roedd yr hyder yn brin, a'r cyfarfod cymdeithasol a drefnwyd i'r aelodau yn Llangoedmor ym mis Gorffennaf, yn fwy o angladd nag o ddathliad. Un o'r ychydig elfennau cadarnhaol i ddeillio o'r cyfarfod oedd awydd rhai o'r aelodau i sefydlu seiat syniadau er mwyn hybu trafodaeth ar y prif faterion oedd yn effeithio ar Gymru.

Gwilym ab Ioan awgrymodd y syniad o sefydlu Grŵp Machynlleth. Eiliais innau, a chafwyd cefnogaeth Simon Brooks, ond roedd Emyr Hywel yn amheus. 'Rhaid i mi dderbyn na wnaiff unrhyw beth a ymleddais drosto'n wleidyddol erioed gael ei wireddu bellach,' meddai. Cadarnhawyd hyn yn fuan gan i gyfarfod olaf un Llais

Ceredigion gael ei gynnal ar 30 Hydref; parhaodd mewn enw'n unig dan gadeiryddiaeth Gwilym ab Ioan, ond roedd mor farw â hoelen.

Sefydlwyd Grŵp Machynlleth yn senedd-dy enwog Owain Glyndŵr ar 6 Tachwedd, ond ni fyddai'r seiat syniadau hon yn fawr mwy na gweddillion corff brau'r ymgyrch 'Ie dros Faer Ceredigion' gyda chwistrelliad bychan o waed o ogledd Cymru. Ymhlith y rhai'n bresennol roedd David Williams a Michael Dawe, Mary Davies a minnau o'r Blaid Geidwadol; roedd Simon Brooks a Gwilym ab Ioan o gangen Ceredigion o Cymuned yno yn ogystal â phennaeth gweithredol y mudiad hwnnw, Aran Jones. Aelod brwdfrydig arall o Cymuned oedd yn bresennol oedd Wyn Hobson o Fangor. Yno hefyd roedd Royston Jones, cyn-aelod o Fyddin Rhyddid Cymru a wisgai fodrwy a'r llythrennau FWA arni.

Cytunwyd y dylid seilio'r grŵp ar gyfansoddiad y *Fabian Society* ond heb y meddylfryd sosialaidd. Meddai Gwilym ab Ioan, 'Mae ar Gymru angen mudiad sosialaidd arall gymaint ag y mae malwen angen halen!' Teimlai fod yna wacter yng ngwleidyddiaeth Cymru i'r de-canol o'r sbectrwm gwleidyddol, a chredai y gallai Grŵp Machynlleth ei lenwi. Arweiniodd hyn at ddadlau rhwng Gwilym a Simon, a cherddodd Simon allan o'r cyfarfod.

Roedd yr anghydfod yn mynd yn ôl ddwy flynedd pan oedd Gwilym yn awyddus i weld Cymuned yn newid i fod yn blaid wleidyddol a fyddai'n ymladd am deyrngarwch y cymunedau traddodiadol Gymraeg yn hytrach na bodoli fel carfan ddylanwadol fel Cymdeithas yr Iaith Gymraeg. Anghytunai Simon, gan gredu mai pwrpas Cymuned oedd creu mudiad amhleidiol i ymladd dros hawliau sifil siaradwyr Cymraeg mewn Cymru gynyddol Seisnigedig.

Roedd Gwilym ab Ioan yn gyn Is-lywydd Plaid Cymru, ond ymddiswyddodd ym mis Ionawr 2002 i ymuno â Phlaid

Annibynnol Cymru (IWP). Cyn hynny gwrthododd ymddiheuro am gwyno bod rhannau o Gymru wedi'u coloneiddio a'u concro gan 'drop-outs', crafangwyr a phobl wedi ymddeol a oedd yn difa cymunedau cynhenid. Roedd Plaid Cymru, meddai, wedi cael ei herwgipio gan garfan adain chwith a oedd bron â marw eisiau grym am unrhyw bris, er bod hynny wedi darostwng plaid a fu gynt yn urddasol i fod yn ddim mwy na chardotyn di-asgwrn-cefn.

Wedi i'r IWP chwalu o ganlyniad i anghydfod mewnol, aeth Gwilym ab Ioan a Royston Jones ati i sefydlu Plaid y Werin. Un o hoff lyfrau Royston oedd *Sons of the Romans: the Tory as Nationalist* gan aelod adain dde o Blaid Cymru, H W J Edwards. Ysgrifennwyd y rhagair gan Enoch Powell! Ynddo aeth ati i sôn am iaith ac am hil, gan fynnu na allai'r un Tori fod yn heddychwr.

Fel yr arweinydd Gwyddelig o'r bedwaredd ganrif ar bymtheg Daniel O'Connell, credai Royston Jones fod yr iaith frodorol yn rhwystr i'r frwydr dros sicrhau annibyniaeth wleidyddol. Galwai am genedlaetholdeb newydd, un a wireddai'r ddelfryd o fod yn fudiad gwleidyddol ar gyfer y genedl gyfan, nid yn unig y rhai a osodai'r iaith o flaen popeth arall, sef y dosbarth canol Cymraeg parchus.

Beth bynnag oedd gwir fwriad Gwilym ab Ioan wrth sefydlu Grŵp Machynlleth, doedd yna fawr o archwaeth ymhlith y rhai oedd yn bresennol dros sefydlu plaid wleidyddol arall eto fyth. Roedd yr aelodau (neu'r cyn-aelodau) Ceidwadol am weld sefydlu fforwm go iawn a fyddai'n llunio polisi ar gyfer cydweithredu rhwng gwladgarwyr diwylliannol Cymreig a'r elfen a oedd yn bleidiol i Gymru o fewn y Blaid Geidwadol Gymreig. Yn wir, teimlwn fy mod yn adeiladu ar y ddealltwriaeth a sefydlais flynyddoedd yn gynharach rhyngof a phobl fel Seimon Glyn a Gwilym Euros Roberts.

Gyda niferoedd y mynychwyr yn lleihau o un cyfarfod i'r llall, diddymwyd Grŵp Machynlleth ar 11 Tachwedd, 2005. Ond fedra i ddim peidio â meddwl beth allai fod wedi digwydd. Petai Llais Ceredigion wedi ennill y refferendwm i gael Maer etholedig, a sicrhau presenoldeb ar y cyngor, byddai gwladgarwyr mewn ardaloedd eraill o Gymru wedi cael eu hysbrydoli i wneud yr un fath, gan dorri gafael Plaid Cymru ar drwch y pleidleiswyr gwladgarol. Yn wir, digwyddodd hyn ym mis Mai 2008 yng Ngwynedd, lle llwyddodd Llais Gwynedd i atal Plaid Cymru rhag ennill mwyafrif ar Gyngor Gwynedd, a hynny yn bennaf o ganlyniad i wrthryfel y bobl yn erbyn cau ysgolion bach gwledig, polisi a gefnogwyd gan Blaid Cymru. Ai ofn rhywbeth fel hyn fu'n gyfrifol am benderfyniad Plaid Cymru i suddo'r ymgyrch dros gael Maer etholedig i Geredigion?

Recordiwyd rhaglen arbennig o *Pawb a'i Farn* ar bwnc y mewnfudiad, gyda Dewi Llwyd yn cyflwyno, yn Aberaeron ar 2 Rhagfyr 2004. Yn ystod yr wythnos darlledwyd cyfres a gyfarwyddwyd gan Euros Lewis, *Croeso i Gymru,* a oedd yn canolbwyntio ar dri theulu Seisnig a oedd wedi symud i fyw i'r Gymru wledig Gymraeg. Ymateb i'r gyfres hon oedd *Pawb a'i Farn,* gyda phanel yn cynnwys Simon Thomas o Blaid Cymru, Ross Hendry o'r Blaid Lafur, Nick Bennett o'r Democratiaid Rhyddfrydol, a minnau o'r Blaid Geidwadol. Yn y gynulleidfa roedd nifer o gyn-aelodau o Lais Ceredigion.

Fy mwriad i a'm cyfeillion yn y gynulleidfa oedd rhoi amser caled i Simon Thomas. Cyhuddwyd ef o ragrith, a'i blaid o fod yn fudiad adain chwith sosialaidd gyda'r unig nod o ddenu aelodau oedd wedi'u dadrithio gan y Blaid Lafur yn y Cymoedd yn hytrach na bod yn blaid a fyddai'n amddiffyn buddiannau ieithyddol a diwylliannol cefnogwyr o gefn gwlad. Fe wnaeth y neges daro tant ymhlith y gynulleidfa, ac roedd y derbyniad oeraidd a gafodd Simon

Thomas yn arwydd o'r hyn oedd i ddod.

Agorodd 2005 gyda thyndra o fewn y Blaid Geidwadol yng Nghymru ar fater grym i'r Cynulliad. Adroddodd y *Western Mail* fod Nick Bourne wedi datgan ei gefnogaeth amodol i bwerau deddfwriaethol, ond dros gyfnod o amser. Roedd yn amlwg mai hunan-les oedd y tu ôl i ddatganiad Nick gan y gobeithiai gael lle, rywbryd, yn y Cabinet clymbleidiol di-Lafur ym Mae Caerdydd. Ond roedd hwn yn rhyw fath o symud ymlaen ac o'r herwydd fe'i cymeradwyais, ac felly hefyd Geidwadwyr eraill dros ddatganoli fel David Melding, Jonathan Morgan a Glyn Davies. Ar y llaw arall, cyhoeddodd Bill Wiggin, a benodwyd gan Michael Howard yn Ysgrifennydd Cymru ar ran yr Wrthblaid, ei fod am weld diddymu'r Cynulliad. Cythruddodd hyn nifer o aelodau amlwg y Ceidwadwyr yng Nghymru gan chwalu cadoediad a oedd eisoes yn sigledig ar y mater. Cymhlethwyd pethau fwyfwy wrth i Michael Howard gefnogi 'Preferendum', a fyddai'n caniatáu i bleidleiswyr ddewis rhwng annibyniaeth, Cynulliad â phwerau deddfwriaethol, y *status quo* neu ddiddymu'r Cynulliad. Gwrthododd Michael ddatgelu pa opsiwn a ffafriai ef ei hun, er iddo awgrymu'n breifat mai'r olaf fyddai ei ddewis.

Dim ond dyfnhau'r rhaniadau wnaeth hyn. Ar un pen roedd pobl fel Bill Wiggin, 'Maffia Mynwy', a'r cyn-Aelod Cynulliad dros Ogledd Cymru, David Jones. Ar y pen arall, yn ffafrio mwy o bwerau yn unol ag Adroddiad Richard, roedd pobl fel David Melding a minnau. Doedd hi ddim yn syndod i Nick Bourne ei osod ei hun rywle yn y canol.

Gobaith Michael Howard oedd diddymu'r Cynulliad drwy'r drws cefn. Dyna oedd dehongliad Peter Davies, Cadeirydd y Blaid Geidwadol Gymreig yn Ne-ddwyrain Cymru a thad yr Aelod Cynulliad David Davies. Mewn llythyr yn y *Western Mail*, 27 Ionawr, mynnodd Peter Davies fod popeth yr oedd y Cynulliad wedi ymwneud ag ef wedi troi'n fethiant. Credai, felly, yn y cyfle a ddarperid gan Michael Howard i gael gwared ar y 'gelen fwystfilaidd hon ar drethdalwyr Cymru'.

Yng Nghynhadledd y Ceidwadwyr Cymreig yng Nghaerdydd ddechrau mis Mawrth galwodd Bill Wiggin, a hynny i fanllefau o gymeradwyaeth, ar i'r aelodau ymgyrchu dros ddiddymu'r Cynulliad. Crëwyd mwy o rwygiadau wrth i Glyn Davies wawdio gweledigaeth Nick Bourne o glymblaid gyda Phlaid Cymru a'r Democratiaid Rhyddfrydol i herio'r arweinyddiaeth Lafur yn y Cynulliad. Doedd e, meddai, ddim am weld clymblaid; doedd e ddim hyd yn oed am siarad am glymbleidio cyn yr etholiad cyffredinol.

Gyda dyddiad yr etholiad cyffredinol ar 5 Mai, cynorthwyais ymgyrch Stephen Crabb yn etholaeth ymylol Preseli Penfro. Roeddem yn hyderus iawn tra oedd Llafur yn dal yn rhanedig ar fater cynnwys menywod yn unig ar restr yr ymgeiswyr i olynu Jackie Lawrence, a oedd yn ymddeol. Rown i ar ben fy nigon pan etholwyd Stephen gyda mwyafrif o 607. Llawenhawn hefyd na ellid disgrifio Cymru bellach fel parth di-Dori gan fod Stephen yn un o dri a etholwyd, gyda David Jones yng Ngorllewin Clwyd a David Davies ym Mynwy.

Er i mi ymgyrchu'n genedlaethol dros y Toriaid roedd yna hefyd ystyriaethau pwysig yn y fantol yng Ngheredigion, lle roeddwn yn byw. Yn dilyn ymosodiadau Simon Thomas adeg ymgyrch y Maer, roedd hi nawr yn amser dial. Am y tro cyntaf yn eu bywydau, penderfynodd aelodau amlwg o Lais Ceredigion beidio â phleidleisio dros Blaid Cymru. Ar ben hynny, dewisodd dwsinau o gefnogwyr a fu'n gefnogol i Faer etholedig bleidleisio dros y Democrat Rhyddfrydol Mark Williams am mai ef oedd yn y sefyllfa orau i ddisodli Simon Thomas. Bu'r pleidleisiau hyn yn dyngedfennol gan i Simon golli o 219 o bleidleisiau yn unig. Mewn llythyr yn y *Cambrian News*, 12 Mai, fe ddywedodd Gwilym ab Ioan, 'Cyflog brad yw cael eich gwrthod.' Cystwyodd Blaid Cymru am 'neidio i'r gwely gyda Dai Lloyd Evans a'i griw'. Roedd yr ieir wedi dod adre i glwydo, meddai, ac o hau hadau drain, yna drain fyddai'r cynhaeaf.

Yn ystod yr ymgyrch, wfftiodd Simon yr awgrym y gallai'r Democratiaid Rhyddfrydol ennill, gan wawdio Mark Williams fel un nad oedd ganddo obaith o gipio'r sedd. Yn ddiweddarach, dangosodd ei fod yn gollwr gwael hefyd drwy honni mai pleidleisiau myfyrwyr o Loegr a phleidleisio tactegol gan y Toriaid fu'n gyfrifol am y ffaith iddo golli'r sedd. Rown i wrth fy modd gyda'r canlyniad.

Syniad da i Gymru! Y tu allan i Senedd-dy Ynys Jersey, Mehefin 2005

Un o'r achlysuron mwyaf cofiadwy yn 2005 oedd y noson a gynhaliwyd gan yr Aelod Seneddol George Galloway yn Aberystwyth ar 3 Hydref. Bu'r noson undyn hon gan un o wrthwynebwyr mwyaf pybyr rhyfel Irác yn werth y tocyn £9. Faint bynnag y cwestiynir dilysrwydd Galloway, does dim gwadu ei allu fel areithydd sy'n gallu cyfuno doniolwch a beirniadaeth ysgubol. Disgrifiodd Tony Blair fel 'ficer rhagrithiol, ei lais yn drwm gan ffug ddilysrwydd yn swnio fel un o'r efengylwyr a welir ar y teledu wedi'i ddal yn y gwely gyda phuteiniaid ac yn eu talu ag arian a ddygwyd o'r casgliad'. Disgrifiodd Gordon Brown fel 'mab hunanymwadol y mans, yn lletchwith, swil a darllengar', a Neil Kinnock fel 'unigolyn arwynebol a disylwedd'. Roedd John Prescott, meddai, 'yn fawr, yn salw, yn arw ac yn wydn'; ef oedd y ci a nodiai ei ben yn ffenest ôl car modur Llafur Newydd Tony Blair.

Gydag ymddiswyddiad Michael Howard dri mis wedi'r etholiad cyffredinol daeth yn amser i ddewis olynydd iddo. Teimlwn, fel aml i aelod arall, y byddai'n frwydr rhwng Kenneth Clarke a David Davis, Ysgrifennydd Cartre'r wrthblaid. Yn y cylchgrawn *Barn* ysgrifennais fy mod o blaid Clarke, gan y gallai Davis gael ei weld fel eithafwr adain dde. Fodd bynnag, canmolais David Cameron, llefarydd yr wrthblaid ar Addysg, fel modernydd triw a oedd am wneud y Blaid Geidwadol yn berthnasol i'r oes sydd ohoni. Yn groes i'r disgwyl, collodd Clarke yn y rownd gyntaf.

David Cameron oedd y ffefryn clir; dangosai hyn fod y Blaid Geidwadol bellach am ethol arweinydd a allai ennill etholiad yn hytrach na rhywun oedd mewn cytgord â safbwynt y mwyafrif o'r aelodau, fel Iain Duncan Smith. Dychwelodd pragmatiaeth i'r Blaid Doriaidd.

Roedd Nick Bourne a'r sefydliad Toriaidd Cymreig yn gryf o blaid David Cameron. Hybais innau ymgyrch Cameron, yn enwedig wedi iddo ddatgan ei gefnogaeth i Blaid Geidwadol nodweddiadol 'Gymreig'. Teimlai'n gryfach hefyd dros ganiatáu mwy o rym i'r Cynulliad nag a wnâi'r sgeptig David Davis, ffefryn y garfan wrth-ddatganoli o fewn y blaid yng Nghymru. Yn wir, teulu Peter Davies oedd yn trefnu ymgyrch Davis yng Nghymru.

Ar 6 Rhagfyr enillodd Cameron fuddugoliaeth glir o 134,446 pleidlais i 64,398. Teimlwn yn hapus iawn gan y byddai'r blaid bellach mewn gwell cytgord â dymuniadau'r oes fodern. Croesewais hefyd y penderfyniad i symud y gwrth-ddatganolwr Bill Wiggin fel Ysgrifennydd Cymreig yr wrthblaid a'i ddisodli gan Cheryl Gillan o Gaerdydd. Yn wahanol i'w rhagflaenydd, cafodd sedd yng nghabinet yr wrthblaid. Dangosodd Cameron ei fod e'n fwy parod i ymateb i fuddiannau Cymru na Michael Howard.

Ar 10 Ionawr 2006 cyhoeddodd Nick Bourne nad oedd ei blaid bellach am gynnig refferendwm ar ddileu'r

Cynulliad fel rhan o'r 'Preferendum'. Yn y dyfodol byddai unrhyw refferendwm ar ganiatáu mwy o rym i'r Cynulliad Cenedlaethol yn seiliedig yn syml ar 'Ie' neu 'Na'. Yn y *Western Mail* datganodd Cheryl Gillan nad oedd y Toriaid bellach yn gwrthwynebu mwy o bwerau i'r Cynulliad, ond byddent yn cael eu caniatáu dim ond os byddai pobl Cymru'n dymuno hynny. Y ffordd gywir o fesur y farn gyhoeddus fyddai drwy refferendwm.

Pennod 9

Yn 2004 cefais gyfle i ehangu fy mhrofiad yn y cyfryngau a hynny mewn cyfeiriad arall. Ym mis Ionawr derbyniais alwad oddi wrth Randall Isaac, ymchwilydd ar y rhaglen gylchgrawn ddyddiol *Prynhawn Da* ar S4C, yn fy ngwahodd i fod yn westai'r dydd. Derbyniais y gwahoddiad yn llawen a chael fy holi gan Elinor Jones a Lyn Ebenezer yn stiwdio Tinopolis yn Llanelli.

Ychydig fisoedd yn ddiweddarach ymddangosais ar y rhaglen eto pan holwyd fi gan Lyn Ebenezer am fy nghysylltiadau â Slofenia. Bu hwn yn gyfweliad eang, ac ynddo cefais gyfle i fanylu ar hanes lliwgar fy nhad yn ogystal â sôn am fy ymweliad â'r wlad yn 1999. Hoffais dechneg holi Lyn Ebenezer, un a gyfunai holi uniongyrchol gyda chymysgedd o hiwmor addas.

Yna, cefais alwad ffôn oddi wrth Aloma Davies yn gofyn i mi gyflwyno rhaglen ar 'hen bethau' ar *Prynhawn Da* ym mis Awst, a derbyniais y gwahoddiad yn llawen. Er fy mod yn gyfarwydd iawn â siarad am hen bethau mewn cyfarfodydd mudiadau amrywiol fel canghennau o Sefydliad y Merched, Merched y Wawr, y Rotari, y Ford Gron, clybiau busnes a gwahanol gymdeithasau capeli ac ati, roedd cyflwyno rhaglen fyw ar deledu'n brofiad hollol wahanol.

Penderfynais ganolbwyntio ar grochenwaith Swydd Stafford, yn arbennig y ffigurau cefn fflat a gynhyrchwyd yn oes Fictoria sy'n darlunio pobl enwog o'r byd gwleidyddol, crefyddol, milwrol a brenhinol. Dewisais wneud hyn oherwydd fy mod wedi casglu nifer o enghreifftiau ohonynt dros y blynyddoedd, ac felly roedd gen i esiamplau o'r ffigurau hyn i'w dangos wrth sôn am y pwnc ar y teledu. Rhaid bod y cynhyrchwyr wedi'u plesio gan fy mherfformiad gan i mi gael fy ngwahodd yn ôl i gyflwyno eitemau rheolaidd ar grochenwaith Cymreig, arfau, gwydr carnifal, mannau addas ar gyfer prynu hen bethau a chynghorion ar sut i adnabod darnau ffug.

Digwyddais sôn wrth Aloma am ffair hen bethau ar faes y sioe yn Llanelwedd gyda mil o stondinau. O ganlyniad, gofynnwyd i mi gyflwyno cyfres o eitemau o Lanelwedd yn null *Bargain Hunt* y BBC. Pwy feddyliai y byddai rhywun dibrofiad fel fi'n cael rhannu llwyfan â David Dickinson, y 'Duke' ei hun, a oedd yn digwydd ffilmio yno ar yr un diwrnod?

Yn y cyfamser cyflwynais nifer o eitemau amrywiol o'r stiwdio ar gyfer y rhaglen – ar ddarnau casgladwy, llestri te, portreadau o Brif Weinidogion a llyfrau blynyddol i blant – gan sefydlu partneriaeth arbennig gydag Elinor Jones, un y mae gen i feddwl mawr ohoni. Roedd proffesiynoldeb ac amseru perffaith Elinor wrth holi a gwneud y sylwadau cywir yn werthfawr iawn i lwyddiant yr eitemau hyn dros y blynyddoedd. Rwy'n ddiolchgar hefyd i John Hardy am ei gymorth pan fyddai'n cyd-gyflwyno'r eitemau gydag Elinor, ac weithiau'n fy holi ei hun.

Ar ddydd Gŵyl Dewi 2005 daeth *Prynhawn Da* i ben a'i olynu gan *Wedi 3*. Er bod y gyfres hon yn dod o'r un stiwdio yn Llanelli, roedd yn wahanol iawn o ran ffurf a thorrwyd hyd y rhaglen bron iawn i'r hanner. Adeiladwyd set fodern newydd ac anelwyd at raglen fwy slic ei chyflwyniad na'i rhagflaenydd, gyda minnau'n arbenigwr swyddogol y gyfres ar hen bethau. Er hynny, teimlwn braidd yn anesmwyth gan y byddai'r eitem yn chwe munud yn hytrach na deng munud o hyd. Golygai hyn y byddwn yn gorfod bod yn fwy dewisol o ran y nifer o bynciau y medrwn eu trafod ym mhob slot a bod yn fwy cryno wrth ddarparu gwybodaeth gefndirol, ond bu Elinor o gymorth mawr ac o fewn byr amser roeddem wedi ymgyfarwyddo â'r amserlen newydd.

Rwy'n dal i gyflwyno tuag ugain o eitemau'r flwyddyn ar hen bethau ar *Wedi 3*; weithiau daw galwad munud olaf i lenwi slot pan mae rhywun arall yn methu bod yno.

Ar waelod llond bocs o lyfrau di-werth mewn arwerthiant yn Henllan ym mis Mai 2005 sylwais ar lyfr bach clawr lledr a oedd yn cynnwys llofnodion a sylwadau gan aelodau amlwg o'r Blaid Lafur a'r undebau, pobl fel Ramsay MacDonald, Arthur Henderson, George Lansbury, Clement Attlee, Ernest Bevin, Herbert Morrison, Aneurin Bevan, Hugh Gaitskell, Harold Wilson, Michael Foot, Barbara Castle, A J Cook a Tom Mann. Mae cael llofnodion cynifer o bobl amlwg o fewn un gyfrol yn beth prin iawn, ac yn sicr yn werth y £50 a dalais amdani. Dyma un o'm hoff eitemau a wnes ar *Wedi 3*.

Prynais Feibl Saesneg a gyhoeddwyd yn 1608 ymhlith bwndel o lyfrau eraill yn Cross Hands. Roedd mewn cyflwr da ac yn werth y £100 a dalais am y bwndel cyfan, a bu'n destun eitem ar y rhaglen. O ganlyniad ffoniodd gwraig o Wynedd yn dweud bod ganddi hi waith gan yr Esgob Richard Hooker a gyhoeddwyd yn 1662, ac arweiniodd hyn at eitem arall.

Arweiniodd yr ail eitem eto at un arall wedi i ŵr o Gaerdydd roi benthyg ei gasgliad o Feiblau Cymraeg cynnar i ni. Roedd y casgliad yn cynnwys Beibl yr Esgob Parry 1620, Beibl Bach 1630, Testament Newydd Cymraeg 1672 a Beibl Cymraeg 1678. Yn wir, rown i newydd brynu argraffiad cyntaf o Feibl Peter Williams (1770) yn arwerthiant y Brodyr Evans yn Llanybydder am ddim ond £20.

Arweiniodd yr eitem ar y Beiblau at alwad ffôn gan wraig o Ynys Môn yn dweud bod ganddi hi gopi o Feibl tebyg ond a oedd wedi'i argraffu yn America. Teithiais i fyny i'w gweld gyda chriw camera a ffilmio eitem hefyd ar grochenwaith Gaudy Cymreig.

Nid âi pethau'n esmwyth bob amser. Un tro, dim ond hanner awr cyn i ni fynd ar yr awyr yn fyw o'r Ardd Fotaneg Genedlaethol fe lewygodd John Hardy. Credai rhai mai tynnu coes oedd e, ond na, roedd e wedi cael ffit. Dangosodd Elinor Jones ei phroffesiynoldeb drwy gyflwyno'r rhaglen ar ei phen ei hun. Wrth iddi fy holi medrwn weld John, drwy gornel fy llygad, yn cael ei gario allan gan ddynion ambiwlans. Yn ffodus, cafodd adferiad llwyr.

Yn 2006 cefais wahoddiad i gymryd rhan mewn eitem ar *Wedi 7* ar Kyffin Williams, a oedd newydd farw. Proffwydais y byddai twyllwyr cyn hir yn ceisio gwerthu gweithiau ffug fel rhai gwreiddiol ar eBay ac mewn arwerthiannau. Yn anffodus, felly y bu. Cofiwch hyn, ddarpar brynwyr, os yw rhywbeth yn swnio fel petai'n rhy dda i fod yn wir, mae bron yn sicr o fod wedi'i ffugio.

Wrth drafod Aur Clogau gwneuthum sylw a greodd gryn ddadlau. Mynnais y byddai'n well prynu aur 22 carat cyffredin na thalu crocbris am yr hyn a ddisgrifir fel aur Cymru. Does ond angen i ddeg y cant o'r aur ddod o Gymru i hawlio cael ei alw'n aur Cymru. Ar ben hynny, roedd y cyfan oedd yn weddill o aur pur Cymru, sef 2.5 kg, yn nwylo'r teulu brenhinol. Doedd pawb ddim yn hapus gyda'r hyn a ddywedais.

Ar gyfrif fy sgyrsiau teledu, cefais wahoddiad gan Antur Teifi i gyfrannu at gynllun Milltir Sgwâr drwy gynnal dros ddeugain o nosweithiau ar hen bethau ledled sir Gaerfyrddin. Bu'r gweithgareddau hyn, a oedd yn cynnwys codi arian at Eisteddfod yr Urdd, yn fwynhad pur ar wahân i un noson pan own i'n trafod arfau fel cleddyfau a bidogau o flaen criw o blant a phobl ifanc. Rhuthrodd rhyw wraig ymlaen ataf a'm cyhuddo o hyrwyddo imperialaeth Brydeinig. Ni sylweddolai fod y mwyafrif o'r arfau'n rhai Ffrengig neu Almaenig!

Roedd hon, yn amlwg, yn cynrychioli agwedd wrth-Brydeinig a gwrth-filwrol a oedd yn nodweddiadol o lawer o aelodau'r dosbarth canol Cymraeg parchus sy'n mawrygu Glyndŵr fel gwladgarwr ond yn eu hystyried eu hunain yn heddychwyr. Dyma'r bobl sy'n ddall i weithgareddau terfysgol 'milwyr rhyddid' honedig yn ne Affrica ond yn condemnio rhyfel 'gwrth-Gristnogol' Prydain yn erbyn y Natsïaid.

Ar un achlysur cyfunodd *Wedi 3*, Radio Cymru ac Antur Teifi i lunio eitem ar y cyd, ac fe gefais fy ffilmio gan *Wedi 3* yn cael fy holi gan Eleri Siôn o Radio Cymru wrth i mi hefyd gyfrannu at Antur Teifi. Roedd teulu Eleri yn aelodau o'm gofalaeth yn Neuadd-lwyd.

Cefais ambell brofiad chwithig, fel y tro hwnnw pan own i'n darlithio ar ran Milltir Sgwâr. Daeth gwraig oedrannus ataf yn cario bowlen o grochenwaith Llanelli. Dywedais wrthi ei bod hi'n werth £275. Rown i wedi gweld un debyg, ond heb fod cystal, yn mynd am £250 yng Nghaerfyrddin. Doedd hi ddim yn hapus. Roedd hi, meddai, wedi talu £650 amdani dair blynedd yn gynharach. Meddyliais, 'Fe fuest ti'n ffŵl!' Ond er mwyn tawelu'r dyfroedd gofynnais iddi a oedd hi'n hoffi'r bowlen. Dywedodd ei bod hi. A oedd hi, felly, am ei gwerthu? Nag oedd. Os hynny, meddwn, pam oedd hi'n poeni am ei gwerth?

Yn aml gofynnir i mi awgrymu buddsoddiadau call ar gyfer dechrau casgliad o hen bethau. Fy ateb, yn ddieithriad, yw: 'Prynwch rywbeth rydych chi'n ei hoffi bob amser.' Pan fyddwch yn prynu rhywbeth, credaf mai eilbeth yw ystyried y posibilrwydd y bydd gwerth ariannol yr eitem yn cynyddu. Dylid gwerthfawrogi hen bethau ar sail yr hyn ydynt – addurniadau ar gyfer y cartref. Byddaf bob amser hefyd yn awgrymu y dylai rhywun brynu'r esiamplau gorau y medrant eu fforddio. Gwell cael casgliad bychan o hen bethau o ansawdd da sy'n gweddu i'w gilydd nag amrywiaeth o rwtsh amherffaith.

Gofynnir i mi'n aml hefyd pa ffactorau sy'n pennu gwerth hen bethau. Mynnaf fod yna dair ffactor: cyflwr, prinder a'r awydd i'w perchnogi. Mae'r gyntaf yn ei hesbonio'i hun. Ond, yn ymarferol, mae yna wahaniaeth mawr rhwng yr ail a'r drydedd. Er enghraifft, gall eitem gael ei hystyried yn un brin am mai ychydig o ddarnau a luniwyd, ond efallai mai'r rheswm dros hyn oedd y ffaith na wnaeth hi werthu'n dda am nad edrychai'n arbennig o hardd. Dylai casglwyr osgoi'r rhain. Yna, yn drydydd, mae'r awydd i berchnogi rhywbeth. Gallai eitem fod wedi'i chynhyrchu mewn niferoedd mawr, ond wedi prinhau oherwydd iddyn nhw ddenu casglwyr mewn cyfnod diweddarach ac oherwydd hynny fynd yn brin. Er bod angen talu mwy am y rhain, dyma'r eitemau gorau i'w casglu.

Mae gormod o lawer o bobl yn poeni am werth ariannol hen bethau. Byddai'r mwyafrif mawr o drigolion y 1960au a'r 1970au cynnar, o weld eitem na welsent o'r blaen, yn gofyn beth ydoedd. Heddiw, byddent yn gofyn, 'Beth yw ei gwerth?' Gellir mesur gwerth mewn mwy nag un ffordd. Yn gyntaf, ceir y gwerth ariannol, â'r pris yn amrywio o ardal i ardal. Yna, ceir gwerth hanesyddol yr eitem: gall eitem fod yn amhrisiadwy o ran ei gwerth hanesyddol o fewn ardal arbennig er yn ddiwerth yn ariannol. Yn yr un modd gellir edrych ar eitem a ystyrir yn amhrisiadwy fel gwaddol teuluol, ond eto, o ran gwerth ariannol a hanesyddol, gall fod yn ddiwerth. Byd rhyfedd yw byd y casglwr hen bethau.

O'm profiad i, yr un sy'n elwa fwyaf ym myd hen bethau yw'r arwerthwr. Pan fydd rhywun yn gofyn i arwerthwr werthu eitem ar ei ran, bydd gan yr arwerthwr bopeth i'w ennill a dim i'w golli. Fel arfer, bydd yr arwerthwr yn codi 20 y cant o gomisiwn ar y gwerthwr am werthu eitem ar ei ran. Bydd hefyd, yn aml, yn codi premiwm gwerthu o 20 y cant ar y prynwr, ar ben y pris prynu. Er enghraifft, os gwerthir dreser Gymreig am £5,000, bydd y prynwr yn talu £6,000 amdani. Ar y llaw arall, £4,000 fydd y gwerthwr yn ei dderbyn. Yn syml, bydd yr arwerthwr yn gwneud elw o

£2,000 ar eitem na chostiodd yr un geiniog iddo. Ar y llaw arall bydd gwerthwr hen bethau'n gorfod talu am eitem cyn ei gwerthu i'r cyhoedd. O'm profiad i, po uchaf yw pris yr eitem, y lleiaf fydd yr elw o ran canran. Er enghraifft, cymerwch blât Moorcroft a brynwyd gan Mary Davies am £400. Fe'i gwerthodd mewn ffair hen bethau yng Nghastell Craig-y-nos yn 2009 am £475. Dim ond 15 y cant o elw a wnaeth ar yr eitem, lai na hanner yr hyn a wnâi'r arwerthwr heb fynd i'w boced ei hun.

Rhaid cymryd gofal hefyd pan fyddwch yn prynu eitem mewn arwerthiant. Wrth gynnig, nid yn unig mae'n rhaid ystyried premiwm y prynwr ond hefyd ddull amheus rhai arwerthwyr o chwyddo pris gwerthu'r eitem a gynigir. Er enghraifft, os bydd pris cadw o £2,000 wedi'i osod ar gloc mawr, mae gan yr arwerthwr yr hawl gyfreithiol i dderbyn cynigion ffug yn erbyn cynigydd er mwyn sicrhau ei fod yn cyrraedd y pris cadw. Hefyd, pan mae arwerthwr yn dweud bod cynigydd yn y stafell yn bidio yn erbyn cynnig comisiwn – hynny yw, rhywun sydd wedi gadael cynnig yn ei absenoldeb – dim ond yr arwerthwr a ŵyr a yw hynny'n wir ai peidio. Fy nghyngor i yw i chi stopio cynnig pan welwch gynigwyr go iawn yn rhoi'r gorau i fidio.

Dull annheg arall a ddefnyddir yw caniatáu i werthwr gynnig am ei eitem ei hun er mwyn gorfodi darpar brynwr i dalu mwy am yr eitem sydd ar werth. Mewn un stafell werthu yn Sir Gaerfyrddin byddai'r arwerthwr yn caniatáu i ŵr o'r enw Brian o ardal Dinbych-y-pysgod roi cynigion am dros 200 o'i eitemau ei hun oedd ar werth. Byddai'r gŵr hwn yn aml yn sefyll yn y neuadd werthu ac yn gwthio'r pris i fyny, gan ychwanegu at ei elw ef ac elw'r arwerthwr. Weithiau, fodd bynnag, byddai'n mynd yn rhy hunanol ac yn gorfodi'r cynigwyr go iawn allan o'r ras. Byddai'r arwerthwr wedyn yn taro'r morthwyl yn enw'r gwerthwr gan gymryd arno mai hwnnw oedd wedi prynu.

Byddai tŷ gwerthu arall yn elwa ar adael cynnig rhywun na allai fod yn bresennol 'ar y llyfr'. O adael cynnig o ganpunt, er enghraifft, ar eitem arbennig byddwch yn dweud wrth yr arwerthwr eich bod yn fodlon cynnig cymaint â hynny. Os yw'r cynigion yn dod i ben ar £45, dyweder, dylech ei chael am £50. Ond yn yr achos hwn byddai'r arwerthwr yn dechrau'r bidio ar y ffigwr uchaf ar y llyfr. Hynny yw, byddai'r cynigydd llwyddiannus yn talu dwbl yr arian am yr eitem oherwydd na fedrai fod yn bresennol.

Rhaid cofio hefyd mewn arwerthiant cyffredinol, lle nad oes catalog o'r eitemau ar werth i'w weld cyn y bidio, nad oes gan ddarpar brynwr unrhyw ffordd gyfreithiol o fynnu ad-daliad petai nam ar yr eitem a brynodd. Bydd yr arwerthwr yn ei ddiogelu ei hun drwy gyhoeddi cyn dechrau gwerthu bod pob eitem yn cael ei gwerthu 'fel y'i gwelir'. Hynny yw, y prynwr sy'n gyfrifol am benderfynu drosto'i hun pa mor gywir yw'r disgrifiad o'r eitem a gynigir gan yr arwerthwr.

Hyd yn oed mewn arwerthiant catalog, dim ond iawndal cyfyngedig iawn y gall prynwr ei hawlio o dan y fath amgylchiadau. Er enghraifft, petai darlun wedi'i ddisgrifio yn y catalog fel llun yn arddull neu ddull Kyffin Williams, gallwch fod yn sicr mai barn yr arwerthwr yw mai darlun wedi'i ffugio neu ei gopïo ydyw. Os nad yw darpar brynwr yn siŵr o'r hyn y mae'r catalog yn ei gyfleu, dylai fynnu cael datganiad dilysrwydd gan yr arwerthwr cyn cynnig amdano. Os nad yw'r arwerthwr yn fodlon gwneud hynny, mae hwnnw wedi dangos i bob pwrpas nad yw'n sicr o ddilysrwydd yr eitem.

Os oes ganddoch chi unrhyw amheuaeth am ddilysrwydd eitem, ni ddylech gynnig amdani. Mae'n hawdd hefyd dal 'y clefyd arwerthu' drwy gynnig ymhell dros werth rhywbeth er mwyn atal rhywun arall rhag ei brynu. Dylid osgoi hyn ar bob cyfrif, ac mae'n bwysig fod y darpar brynwr yn gosod uchafswm ymlaen llaw o ran y pris y mae'n fodlon ei dalu. Os aiff y bidio'r tu hwnt i'r uchafswm, cofiwch y bydd yna gyfle arall rywbryd i brynu eitem debyg. Ddylai neb ddangos yn glir i'r arwerthwr chwaith ei fod yn rhy awyddus i brynu eitem arbennig neu fe fydd yn credu eich bod chi'n fodlon prynu am unrhyw bris. Gall wedyn wthio'r bidio i fyny'n fwriadol i'ch cael i dalu mwy ac ychwanegu at ei gomisiwn ei hun o bremiwm uwch y prynwr.

Wrth gyflwyno noson ar hen bethau, does neb yn siŵr iawn beth i'w ddisgwyl. Mewn cyfarfod o Ferched y Wawr ger Llambed unwaith cyfeiriais at wraig o Gribyn oedd yn berchen ar bâr o filgwn Swydd Stafford a fyddai'n werth dros £5,000 i gasglwyr arbenigol. Roedd un wraig yn bresennol oedd yn benderfynol o ddod i wybod ble roedd y perchennog yn byw. Aeth y sgwrs rywbeth fel hyn:

Hi: Ydi hi'n byw yng Nghribyn neu'r tu allan i'r pentref?
Fi: Yn y pentref.
Hi: Ai mewn tŷ neu mewn byngalo mae hi'n byw?
Fi: Mewn tŷ.
Hi: Mewn tŷ preifat neu dŷ cyngor?
Fi: Tŷ preifat.
Hi: Ar ochr Aberaeron neu ochr Llambed?
Fi: Rwy bron iawn â datgelu enw'r perchennog wrthoch chi. Dydi hi ddim am i neb wybod. Felly wna i ddim datgelu mwy.
Hi: Rwy'n gwybod pam nad y'ch chi am ddweud mwy.
Fi: Pam?
Hi: O, mae'n hawdd. Dydych chi ddim am ddweud mwy am eich bod chi'n gobeithio y gwnaiff hi eu gadael i chi yn ei hewyllys.
Fi: Dyna syniad da! Fedra i ddim ond byw mewn gobaith!

Dylwn gyfeirio hefyd at ddau ddigwyddiad oedd yn gysylltiedig â menter Milltir Sgwâr. Yn ardal Talyllychau ddechrau 2007, fi oedd yr unig un sobr yn y cyfarfod. Yn ogystal ag alcohol, roedd yna gryn ysmygu defnyddiau anghyfreithlon yno. Roedd y mwg mor wenwynig yn y stafell fach fel fy mod yn ei chael hi'n anodd prisio'r gwahanol eitemau a ddygwyd yno. Gyda phawb yn chwerthin yn afreolus, teimlwn fel comedïwr yn hytrach na phrisiwr hen bethau.

Cefais brofiad mwy annymunol fyth mewn sesiwn brisio ger Llanymddyfri yn 2008. Teimlwn mai man a man fyddai i mi fod yn siarad yn Llundain. Wrth i mi gyrraedd, dywedwyd wrthyf yn dalog mewn acen Gocni gan rywun a allai fod yn Hyacinth Bucket o'r gyfres *Keeping up Appearances* nad oedd hi am glywed unrhyw Gymraeg yno. Mae'r agwedd wrth-Gymraeg hon yn llawer cryfach ymhlith rhai a ddaeth yma i'r Gymru Gymraeg i ymddeol nag a gydnabyddir gan y cyfryngau. Yn wir, hwn oedd un o'r achlysuron mwyaf gwrth-Gymraeg i mi ddod ar ei draws erioed. Clywyd rhai sylwadau dilornus am fy acen Gymreig, hyd yn oed wrth i mi siarad Saesneg. Atebais, 'Diolch i Dduw fod doethuriaethau'n cael eu cyflwyno ar sail gallu yn hytrach nag ar sail acenion.' I wneud pethau'n waeth, anwybyddwyd y gwaharddiad ar ysmygu mewn man cyhoeddus gan olygu bod trwch o lwch gwyn yn gorwedd dros bobman ac arogl sur sigaréts yn llenwi'r lle. Gadael y lle uffernol hwn fu un o brofiadau mwyaf pleserus fy mywyd.

Mae'r noson honno'n cyferbynnu'n llwyr â'r adegau pleserus rwyf wedi'u mwynhau wrth weithio ar *Wedi 3* ac *Wedi 7*. Yn yr NEC yn Birmingham y ffilmiwyd fy eitem gyntaf yn Lloegr ym mis Tachwedd 2007. Yn y digwyddiad pedwar diwrnod hwn, *Antiques for Everyone*, ceir pedwar cant o stondinau'n llawn dop o hen bethau o'r ansawdd gorau. Cefais fy synnu o weld cynifer o ddarpar brynwyr o

Gymru yno; doedd yna ddim prinder gwerthwyr o Gymru yno chwaith i'w holi o flaen y camera.

Un o'r uchafbwyntiau oedd gweld casglwr llestri Nantgarw o ardal Castell-nedd yn talu £20,000 mewn arian parod am dri phlât gwych wedi'u haddurno gan Thomas Billingsley rhwng 1813 a 1820. Bydd y rhan fwyaf o gasglwyr hen bethau'n talu mewn arian parod er mwyn elwa i'r eithaf ar ostyngiadau gan werthwyr. Mae'n rhaid bod yna filiynau lawer o bunnau ynghudd ym mhocedi'r miloedd sy'n ymweld â'r digwyddiad hwn. Gwelais yno hefyd ddreser Gymreig odidog o ogledd Cymru, un o'r ddeunawfed ganrif â gwaelod agored ac mewn cyflwr perffaith, yn cael ei phrynu am £15,000. Talodd y ffermwr o Aberhonddu a'i prynodd mewn arian parod. Pwy sy'n dweud nad yw ffermio'n talu!

Cefais fy ffilmio'n cerdded o gwmpas wedi fy ngwisgo mewn gwisg ddur fel yr un a wisgai Cromwell yn yr ail ganrif ar bymtheg, un o'r enghreifftiau gorau i mi ei gweld erioed o'r math hwn o wisg. Fe'i gwerthwyd yn fuan wedyn i ffermwr o Swydd Sussex am £16,000. Roedd wrth ei fodd! Pan ofynnais iddo pam y bu mor barod i dalu crocbris amdani, dywedodd mai hon oedd yr enghraifft orau o'i bath y tu allan i Dŵr Llundain. Roedd yn berffaith gywir ac yn dilyn y cyngor y dylai casglwr sydd o ddifrif dalu am yr enghraifft orau y gall ei fforddio. Dilynais ei esiampl drwy brynu coffer Cymreig hyfryd o ganol yr ail ganrif ar bymtheg mewn cyflwr da am bris bargen o £750. Yn aml iawn, mae hi'n rhatach prynu eitem Gymreig mewn ffair hen bethau yn Lloegr nag yng Nghymru gan fod y galw yno'n llai.

Dychwelais i Loegr ym mis Mawrth 2008 i gyflwyno dwy eitem ar gyfer *Wedi 3* o Ffair Hen Bethau a Gweithiau Cain Prydain yn Chelsea. Yn y gyntaf canolbwyntiais ar thema Gymreig, a rhoi sylw yn yr ail i eitemau 'gwahanol'. Fe'm synnwyd gan y prisiau uchel a roddai'r gwerthwyr ar eu stoc. Er enghraifft, roedd yno ddau ddarn Swydd Stafford o ddau filwr Prwsiaidd ar gefn ceffyl ar werth am £950, er eu bod fel arfer yn werth tua £400. Fodd bynnag, gwerthwyd eitemau drud iawn yn ddidrafferth o dan fy nhrwyn. Yr enghraifft orau oedd darlun olew a brynwyd gan wraig o Tsieina am £40,000 gan werthwr o Swydd Amwythig. Ymhlith y darnau 'gwahanol' roedd eitemau a luniwyd o fetel crôm wedi'i ailgylchu o hen awyrennau a'i droi'n gadeiriau, yn soffa neu yn ddrychau. Costiai'r eitem rataf £3,500.

Yn ystod Hydref 2008 treuliais ddau ddiwrnod yn ffilmio yn Ffair Hen Bethau Addurniedig a Thecstiliau Battersea yn Llundain. Roedd y prisiau'n uchel yn y ffair hon a doedd fawr o le i fargeinio. Yr hyn a'm synnodd oedd gweld pobl yn crwydro o gwmpas y lle, yn eistedd am baned, ac yna'n ystyried mewn dull hamddenol y fantais neu'r anfantais o brynu eitem yn y ffair. Nid pris yr eitem fyddai'n eu poeni yn gymaint ag addasrwydd yr eitem fel rhywbeth i addurno'r cartref. Roedd hyn yn gwbl wahanol i ddull pobl o fargeinio'n ddwys a brwdfrydig â'r gwerthwyr ym marchnadoedd boreol Bermondsey, Portobello, Angel, a Spitalfields yn Llundain. Gellid esbonio'r gwahaniaeth drwy ddweud bod mynychwyr ffair Battersea, fel honno yn Chelsea, yn berchen ar fwy o arian nag o synnwyr. Yn sicr, ni fyddai gwylwyr y ddwy eitem ar *Wedi 3* wedi gweld yr eitemau a ffilmiwyd yn Battersea o'r blaen, yn cynnwys eitemau celf gan yr artist Iddewig Maty Grünberg.

Ymwelais â mannau diddorol tu hwnt wrth ffilmio ar gyfer *Wedi 7* hefyd. Dyna i chi arddangosfa deganau a doliau yn Nhŷ Arwerthu Bonhams yn Knowle, ger Solihull. Doeddwn i erioed wedi gweld cymaint o dedi-bêrs gyda'i gilydd o'r blaen. Yn eu plith roedd eitemau Almaenaidd Steiff yn dyddio o ddechrau'r ugeinfed ganrif. Roedd llawer o'r rhain wedi'u prisio dros fil o bunnau yn y catalog. Gwerthwyd y mwyafrif ohonynt am brisiau llawer uwch i brynwyr brwdfrydig a oedd yn awyddus i fod yn berchen ar ran o hanes cynnar plentyndod. Roedd yno hefyd fochyn blewog pinc Steiff o tua 1910 wedi'i stwffio â gwellt. Er bod yna olion o draul yma ac acw, fe'i gwerthwyd am £900. Yn yr achos hwn bu'r prynwr yn gall yn prynu enghraifft nad oedd ond mewn cyflwr gweddol. Byddai wedi bod yn amhosibl prynu un mewn gwell cyflwr heb dalu ffortiwn amdano yn un o ffeiriau hen deganau rhyngwladol mawr America.

Ym mis Ionawr 2009 fe ês i Arddangosfa Watsys a Chlociau yn yr Amgueddfa Brydeinig yn Llundain, arddangosfa gofiadwy gyda chlociau cain o'r unfed ganrif ar bymtheg yn aros o hyd yn fy nghof. Uchafbwynt yr arddangosfa oedd cloc awtomatig Hans Schlottheim ar ffurf llong hwyliau. Fe'i gwnaed yn yr Almaen tua 1585 gyda'r oriau'n canu ar glychau yn nyth y frân fry ar y mastiau a'r amser yn cael ei arddangos ar flaen y llong. Chwaraeai fiwsig hefyd, gyda'r trawiad olaf yn saethu canon. Ar fwrdd y llong roedd ffigwr o'r Ymerawdwr Rhufeinig Sanctaidd ac aelodau o'i lys. Byddai'r llong, yn y cyfamser, yn 'hwylio' ar hyd y bwrdd mewn dull rhwysgfawr ar olwynion bychan oddi tani. Mae'n anhygoel meddwl bod y fath dechneg wedi bodoli dros bum can mlynedd yn ôl ar gyfer cynhyrchu tegan a weithredai fel cloc hollol gywir. Pan ofynnwyd i mi ar gamera am amcan bris, atebais fod ei werth ariannol, hanesyddol a sentimental yn amhrisiadwy. Doedd yna ddim ffordd arall o ateb y cwestiwn.

Ymhlith y pethau a drafodais ar *Wedi 3* yn 2009 yr oedd teganau Meurig John, eitemau gwydr coch Timothy Evans, llestri Wedgwood, doliau Rwsiaidd, darnau arian o'r Bathdy Brenhinol, crochenwaith Cymreig Stuart Brown, arian Elkington, trysorau Llangeler, casgliad Ray Tobias, llestri Masons, diwrnodau prisio Plas Glyn-y-weddw a'r Ardd Fotaneg Genedlaethol, a llestri â phatrwm y pren helyg.

Ymhlith rhai o'r pynciau trafod ar *Wedi 7* yr oedd hanner

canmlwyddiant y Barbie Doll, lluniau ffug yn enw Kyffin Williams, trysorau Llanerchaeron, rhagarweiniad i'r *Antiques Roadshow* yn Llandeilo, a sampleri Plas Scolton, sir Benfro. Yn ddi-os, mae yna fwy o anturiaethau ym myd yr hen bethau ar y gorwel, ac rydw i'n edrych ymlaen atynt yn fawr.

Pennod 10

Un o drobwyntiau pwysicaf fy mywyd fu gadael fy ngweinidogaeth yn ardal Aberaeron ym mis Mawrth 2006 er mwyn symud i ofalaeth o dair eglwys yn ardal Tre-lech yn sir Gaerfyrddin. Ar ôl tair blynedd ar ddeg, bron, yn yr un ofalaeth teimlwn yr angen am newid er mwyn aildanio fy ynni. Mae perygl i weinidogion sy'n treulio'u gyrfa gyfan yn yr un man droi yn eu hunfan gan fod heriau newydd yn hollbwysig ar gyfer bywyd prysur. Yn wir, dim ond tua phum mlynedd ar gyfartaledd fydd gweinidogion yn eu treulio yn eu gofalaeth gyntaf, lle maen nhw'n dueddol o wneud camgymeriadau na fyddent yn eu hailadrodd mewn gofalaeth newydd.

O fis Mehefin 1993 tan fis Mawrth 2006 treuliais gyfnod hapus yn gyffredinol fel gweinidog Annibynnol Peniel, Aberaeron; Neuadd-lwyd; Llwyncelyn; Mydroilyn a Siloh, Llan-non. Derbyniais gefnogaeth arbennig o gynnes gan y Parchg Dilwyn Jones a'r Tad Eric Edmunds, y naill yn weinidog Presbyteraidd yn Aberaeron a'r llall wedi rhannu gwasanaethau eciwmenaidd gyda mi yn Eglwys Mydroilyn. Ni wnaf fyth anghofio geiriau'r Tad: 'Un ceffyl yw Cristnogaeth ond ei fod yn cael ei farchogaeth gan nifer o jocis enwadol gwahanol.'

Roeddwn i'n ymwybodol o'r dechrau mai Maria Evans, ysgrifenyddes Capel Peniel, oedd aelod mwyaf dylanwadol fy ngofalaeth. Yn gyn-bennaeth Adran Fioleg Ysgol Uwchradd Aberaeron, roedd yn adnabyddus fel disgyblydd llym. Clywais Hywel Teifi Edwards yn datgan y câi hon, petai hi'n dal i ddysgu, ei charcharu am y modd y byddai'n trin rhai disgyblion. Yn wir, byddai rhai o'i chyn-ddisgyblion yn croesi'r ffordd o'i gweld yn agosáu wrth iddi gerdded o'i chartref, Aldborough yn Heol y Gogledd, Aberaeron.

Roedd Maria Evans yn fenyw abl iawn, yn wir yn un o'r menywod cyntaf i ennill gradd uwch mewn Bioleg cyn y Rhyfel. Ond roedd hi'n oriog iawn, a disgrifiai rhai hi fel 'y fenyw o uffern'! Pan gynigiodd y trefnydd angladdau hynaws Jon James gynllun talu ymlaen llaw iddi am ei hangladd, fe'i taflodd yn ddiseremoni allan o'r tŷ. Weithiau byddai'n ffonio Mam i gwyno pan deimlai nad own i wedi ymddwyn yn briodol. Ac unwaith y dechreuai hi siarad, anodd fyddai atal llifeiriant ei geiriau. Un noson fe'm cadwodd yn siarad yn ei chartref o wyth o'r gloch tan ddau o'r gloch y bore.

Yn ei gwasanaeth angladdol ar 27 Mehefin 2002, dywedodd y Parchg Eifion Powell iddi gymryd blynyddoedd cyn iddo fedru dod i'w pharchu, a hyd yn oed wedyn ni allai ddweud iddo ddod i'w hoffi. Dyma'r deyrnged angladdol fwyaf gonest i'w thraddodi erioed. Mae yna rai sy'n dal i osgoi sôn amdani rhag ofn i'w hysbryd ddod i aflonyddu arnynt. Yn wir, tystia rhai o'i chyn-ddisgyblion iddynt weld ysbryd 'Black Maria' yn stelcian o gwmpas ei chartref.

Cymeriad mawr arall oedd Bevan Jenkins, ysgrifennydd ariannol Capel Mydroilyn, neu'r 'Sgweier', fel y câi ei adnabod. Yn briod â Bessie, merch Esgairwen Fach, roedd e'n ddyn ceffylau o'i gorun i'w sawdl. Roedd e'n hyfforddwr medrus ac yn hen law ar drotian, ac yn heliwr hefyd. Ef oedd un o sefydlwyr Undeb Amaethwyr Cymru ac erbyn i mi ddod i'w adnabod roedd e'n amlwg gyda Dai Jones ar raglenni fel *Rasus* a *Cefn Gwlad*.

Os oedd unrhyw un a allai arwain gweinidog i ddistryw, Bevan oedd hwnnw. Un tro cyhuddwyd ef gan yr RSPCA o docio cynffon ceffyl. Tra bu Bessie'n sgwrsio â'r swyddog, galwodd Bevan arnaf ar y ffôn i fynd draw. Ac yn fy mhresenoldeb i, dywedodd wrth y swyddog fod y gŵr oedd yn gyfrifol am y drosedd yn gorwedd yn y fynwent ers pythefnos. Doedd dim fedrai'r swyddog ei wneud ond mynd adre.

Awn gyda Bevan i sioeau amaethyddol ac i rasys trotian mor bell â sir Faesyfed a'r ffin â Lloegr. Un tro, er mwyn ennill ffafr rhyw fenyw a'i merch a oedd yn flaenllaw gyda'r helfa, honnodd ei fod yn ŵr gweddw ac mai fi oedd ei fab. Yn anffodus daeth ffrind o ffermwr heibio a gofyn i Bevan sut oedd ei wraig. Bu'n rhaid i ni adael yn dra sydyn!

Bu farw Bevan ar 2 Ionawr 2006 yn 80 oed, a'i wasanaeth angladdol oedd un o'r rhai anoddaf i mi ei weinyddu erioed. Collais un o'm cefnogwyr ffyddlonaf, ond yn ddi-os, bu fyw pob eiliad o'i fywyd yn llawn.

Coffa da am Geraint Jones o Blanhigfa Brynaeron wedyn, gŵr egsentrig a oedd ag obsesiwn â salwch. Gwariodd ffortiwn ar arbenigwyr meddygol amheus mewn ymgais i sicrhau y byddai ei fam, Mary Jane, yn byw i fod yn gant. Bu farw'n 97 oed. Galwai un o'r arbenigwyr hyn ei hun yn Terry, a gwerthai ddŵr rhiniol i Geraint am ddeg punt y botel. Byddai'n llwyfannu dawnsfeydd dynion hysbys Affricanaidd wedyn a fyddai, meddai, yn ymestyn oes ei fam. Codai £50 y tro.

Perswadiodd Geraint unwaith i dalu £100 am botelaid o hylif nitrogen i'w chwistrellu dros ei glust i wella cancr honedig, salwch a ddarganfuwyd gan y twyllwr ei hun. Hyd yn oed wedyn ni fedrai Geraint weld drwy'r twyll. Aeth Terry mor bell â dweud bod Geraint wedi'i felltithio gan rywun lleol ac mai dim ond ynni gwrth-felltithiol a allai ei wella. Codai £50 y tro am hwnnw hefyd.

Dim ond marwolaeth wnaeth ryddhau Geraint o ddylanwad dieflig Terry. Baglodd dros feic oedd wedi'i barcio y tu allan i siop yn Aberaeron yn 2005, a bu farw rai wythnosau wedyn yn 78 mlwydd oed. Dywed perchennog presennol y siop fod ysbryd Geraint yn dal i gyniwair yno.

Fe wnaeth un o'i berthnasau agos gyflwyno i mi lyfrau nodiadau yn llawn dywediadau a meddyginiaethau a gedwid gan yr ymadawedig. Ond roedd yna un amod bwysig – fy mod i'n ychwanegu at gasgliad Geraint unrhyw wybodaeth newydd o bwys. Hyd yma rydw i wedi ufuddhau i'r amod. Dydw i ddim am weld ysbryd Geraint yn gadael y siop yn Aberaeron a dod lawr i Dre-lech i'm poeni i!

Aelod ffyddlonaf fy ngofalaeth oedd Elizabeth Morgan. Ni chollodd ond pum gwasanaeth yn Neuadd-lwyd mewn tair blynedd ar ddeg. Yn aml fe âi i Beniel hefyd i wrando ar yr un bregeth. Pan oedd yn ifanc cawsai ei mwytho'n ormodol gan ei rhieni. Dywedir y byddent yn ei chario dros bwll o ddŵr ger Capel Neuadd-lwyd fel na fyddai'n gwlychu ei welingtons.

Priododd â Chynllo Morgan o Goed-y-bryn yng Nghapel Neuadd-lwyd yn 1983. Roedd Cynllo'n aelod o deulu ecsentrig; dywedir y byddai ei dad, a oedd yn un o fois yr hewl, yn eistedd yn wynebu'r clawdd pan fyddai'n bwyta'i frechdanau amser cinio. Byddai hefyd yn pilio oren, yn taflu'r ffrwyth ac yn bwyta'r croen.

Fe âi Cynllo'n bellach fyth. Yn ugain stôn a dim ond pum troedfedd o daldra caniataodd i rai o'i ffrindiau, am fet o £5, osod tân gwyllt ar ei fannau preifat, a'i gynnau. Difethodd hyn ei fywyd rhywiol am weddill ei fywyd.

Er ei fod yn dioddef o glefyd y siwgr, ni hidiai am ddeiet a châi ei gludo'n aml i'r ysbyty o ganlyniad i hynny. Byddai'n bwyta creision fesul bocs, bisgedi siocled fesul pecyn a losin fesul bag. Byddai'n prynu tri phryd o bysgod a sglodion ar y tro, a phan fyddai'n gorfod mynd i'r ysbyty byddai ei wraig yn pacio bwyd yn ei gês gyda'i ddillad.

Roedd Elizabeth yn anfodlon iawn pan dderbyniais alwad i weinidogaethu yn Nhre-lech yn Hydref 2005 ond roedd hi'n bresennol yn fy nghyfarfod sefydlu. Bob tro y dychwelaf i Aberaeron ceisiaf alw gyda hi am sgwrs.

Yn ystod fy nghyfnod yn Aberaeron gwnes lawer o ffrindiau da, yn eu plith Tom a Betty Evans, Gwelfor, Ffos-y-ffin. Roedd Tom Evans yn ddiacon ffyddlon yn Llwyncelyn, a bu ei farwolaeth yn 2001 yn ergyd fawr i mi. Drwy gryfder ei phersonoliaeth, heriodd Betty angau droeon gan brofi gwirionedd y gair am gryfder y meddwl dros y corff.

Dyna i chi Gwen Jenkins, Gwynnant, wedyn, hefyd o Gapel Llwyncelyn, a wnaeth fy nifetha i'n rhacs! Roedd ei chyfnither, Joyce Thomas, a'i gŵr Dan yn fy ystyried fel mab iddynt am flynyddoedd, a byddwn yn teithio ledled Ceredigion gyda nhw i fynychu gyrfaoedd chwist.

Wrth i mi edrych yn ôl ar fy nghyfnod yn ardal Aberaeron, daw tri achlysur arbennig i'r cof. Un oedd yr ymgyrch i adnewyddu Capel Siloh, Llan-non. Gwelwyd bod yr adeilad mewn cyflwr difrifol a sylweddolodd y trigain aelod fod angen to newydd a llawer o waith adfer ar du mewn yr adeilad 130 mlwydd oed. Sefydlwyd pwyllgor dan fy nghadeiryddiaeth yn 1995 i godi £40,000 tuag at y gwaith.

Bu'n frwydr galed i sicrhau'r £5,000 olaf ond, diolch i ymdrechion a chyfraniadau unigol yn ogystal â grant gan Gyngor Ceredigion, llwyddwyd i gwblhau'r gwaith. Cynhaliwyd cyfarfod i ddathlu'r gwaith adnewyddu ar 17 Medi 1996 gyda'r Parchg John Gwilym Jones yn bregethwr gwadd.

Yna, ar 4 Rhagfyr 2005, dathlwyd canmlwyddiant a hanner Capel Llwyncelyn. Yn ystod y prynhawn cyflwynais ddarlith ar hanes yr addoldy, ac ymhlith y cyfraniadau eraill cyfansoddwyd cerdd gan Iori Evans, Cwmsaeson; torrwyd y gacen ben-blwydd gan yr aelod hynaf, Lea Clifford Jones, Merwerydd.

Ddiwedd 2004 cefais fy ethol yn Gadeirydd Cyfundeb Eglwysi Annibynnol Cymraeg Ceredigion. Teimlwn hon yn anrhydedd gan i mi ddilyn ôl traed pobl fel Edwin Pryce Jones, gweinidog Llwyncelyn a Mydroilyn 1947-88, gyda Siloh, Llan-non yn dod yn rhan o'i ofalaeth yn 1963; ef oedd Llywydd yr Undeb yng Nghymru yn 1980-81. Dyna Llewelyn Lloyd Jones wedyn, gweinidog Peniel, Aberaeron a Neuadd-lwyd 1952-65; fe âi yntau ymlaen hefyd i fod yn Llywydd cenedlaethol.

Mae gen i atgofion melys am Eisteddfod Flynyddol Capel Peniel. Byddai hon yn benllanw pum cyfarfod o'r Gymdeithas Lenyddol a Cherddorol a gynhelid yn fisol rhwng misoedd Hydref a Chwefror. Roedd Dan Evans, Gwelfro, Aberaeron, yn Gadeirydd gwych yn yr eisteddfodau hyn. Plant yr ysgolion Sul fyddai'n cymryd rhan i ddechrau, ac yna aelodau'r pum eglwys yn cystadlu yn erbyn ei gilydd yn ddiweddarach.

Mae'r atgofion am y gefnogaeth a dderbyniais gan aelodau Neuadd-lwyd yr un mor gynnes. Codwyd y capel yn 1746 a chysylltir ef â'r cenhadon David Jones a Thomas Bevan a aeth i Fadagascar yn gynnar yn y bedwaredd ganrif ar bymtheg. Disgrifiwyd yr aelodau gan fy rhagflaenydd, y Parchg Gwynfryn Jones fel 'y mwyaf teyrngar i mi weinidogaethu drosto'. Yno cefais Morlais Davies, Mwdwl, ei fab Ceredig a'i ferch Elizabeth yn bileri'r achos. Rhaid cyfeirio hefyd at Sally Evans, Penlôn. Roedd ei gŵr, Ieuan, yn aelod gyda'r Presbyteriaid yn Ffos-y-ffin. Pan gaeodd yr achos yno yn 1997 cyfansoddodd gerdd ar yr achlysur gan grynhoi dirywiad nodweddiadol anghydffurfiaeth yng Nghymru. Mae'r gerdd yn cloi gyda'r geiriau,

> Difaterwch, ariangarwch,
> Diffyg parch at Dduw a dyn,
> Dyna pam nad ydoes capel
> Heddiw ym mhentref Ffos-y-ffin.

Mae yna ffyddloniaid eraill yn y fro sy'n rhy niferus i'w henwi.

Âi fy nghysylltiadau â Chapel y Graig Tre-lech, Pen-y-bont a Ffynnonbedr yn ôl i ddiwedd 2004 pan dderbyniais gynnig i bregethu yno. Roedden nhw wedi bod heb weinidog ers marwolaeth y Parchg James Henry Jones ym mis Mai 2002.

Yn dilyn galwad ffôn oddi wrth ysgrifennydd Capel y Graig, Muriel Bowen Evans, yn gofyn a fyddwn i'n fodlon cael fy ystyried ar gyfer yr ofalaeth gwahoddwyd fi'n ôl i bregethu ar 17 Gorffennaf 2005. Yna, cefais fy ngwahodd i gyfweliad ddechrau mis Medi pan fu raid i mi gadeirio fy nghyfweliad fy hunan! Yn addas iawn, pan ddaeth cadarnhad fy mod wedi fy nerbyn, rown i a Mary Davies ar ein gwyliau yn Torquay yn gwylio sioe Ken Dodd! Cynhaliwyd fy Ngwasanaeth Sefydlu yng Nghapel y Graig, Tre-lech ar 25 Mawrth, 2006.

Un o achlysuron mawr cyntaf fy ngweinidogaeth oedd dathlu canmlwyddiant a hanner sefydlu Capel Pen-y-bont yn 1856. Cafwyd cymorth Una Williams y Siop a Meryl Jones, Plasydderwen, i lunio arddangosfa a thynnwyd yr ieuenctid i mewn gan Lily May Thomas, Pantshoni, a'i merch, Linda Davies, Y Goetre.

Un o'r digwyddiadau mwyaf ysgytwol yn ystod y dathliadau uchod ar 26 Tachwedd 2006, oedd y ddwy funud o dawelwch er cof am yr hoelion wyth. Cyneuwyd hefyd gannwyll â thair fflam, un am bob hanner can mlynedd ac a oedd hefyd yn cynrychioli'r gorffennol, y presennol a'r dyfodol. Traddodais ddarlith ar hanes y capel, sail i lyfryn a gyhoeddais wedyn, a thorrwyd y gacen ben-blwydd gan yr aelod hynaf, Emlyn Morris, Trewrda Fach.

Yna, gwnaed cais gan gapeli cyfagos Bwlchnewydd a Chapel Cendy i ddod yn rhan o'r ofalaeth. Mewn ffair hen bethau yn Nantyci y clywais am hyn, drwy Byrnan Davies, trysorydd Capel Cendy. Ar ôl hir drafod, cytunwyd o'r diwedd i ehangu'r ofalaeth. Drwy ddod ynghyd, ffurfiai'r pum capel un o'r ysgolion Sul mwyaf yn sir Gaerfyrddin, a daeth dros 200 o bobl ynghyd i'r cyfarfod uno ym Mwlchnewydd ar 17 Gorffennaf 2007.

Dathlu canmlwyddiant a hanner Capel Pen-y-bont
ym mis Tachwedd 2006

Roedd 2008 yn nodedig oherwydd y paratoadau i ddathlu deucanmlwyddiant Capel Ffynnonbedr, ar 7 Medi. Fel rhan o'r dathliadau dadorchuddiwyd llechen yn nodi enwau'r deuddeg gweinidog a fu yno gan Nerys, merch Aeron Jones, y diacon hynaf. Gwraig Aeron, Betty, a dorrodd y gacen. Cyflwynwyd hefyd basiant gan y plant ar y thema 'Ar Lwybr Amser' wedi'i baratoi gan y ddwy athrawes ysgol Sul, Hevina Jones ac Alwen Davies. Yn ddiweddarach lansiwyd DVD o'r digwyddiadau a llyfryn a baratoais ar hanes yr eglwys.

Credaf yn gryf yn yr angen i ddod ag addolwyr Cristnogol at ei gilydd, ac i'r diben hwn sefydlais 'Sul Ysgolion Sul yr Ofalaeth'. Yn y cyfarfod cyntaf ym Mwlchnewydd ym mis Medi 2008 daeth 130 o blant, pobl ifanc ac oedolion ynghyd. Dechreuais hefyd weinyddu'r cymun i bawb o bob oedran mewn gwasanaethau ysgolion Sul lle roedd y cymun i'w weinyddu. Ym Mwlchnewydd

Cael fy sefydlu'n weinidog Bwlchnewydd a Chapel Cendy gan y Parchg Ddr Rheinallt Davies, Pencader, fis Gorffennaf 2007

bu'n gymaint llwyddiant fel y bu i'r gwin cymun ddod i ben!

Ymhen ugain mlynedd, os bydd y duedd bresennol yn parhau, ni fydd ond ugain o weinidogion Annibynnol yng Nghymru. Gyda chyfartaledd oedran addolwyr erbyn hyn dros saith deg, bydd dros hanner capeli Cymru wedi cau erbyn 2020. Yn 1953 roedd aelodaeth yr Annibynwyr yng Nghymru dros 119,000; erbyn 1988 roedd wedi disgyn i 54,000. Ddeng mlynedd yn ddiweddarach roedd i lawr i 38,000, ac erbyn mis Hydref 2010 mae yna lai na 25,000 o aelodau drwy Gymru. Pa ryfedd, felly, nad oes fawr neb am fyrddio llong sy'n suddo drwy fynd i'r weinidogaeth?

Yna ceir y goblygiadau ariannol. Yn y dyddiau pan oedd capeli'n llawn, câi gweinidogion eu trin yn warthus o ran cael eu talu. Roedd rhai, a oedd yn cynnal teuluoedd, ar eu cythlwng. Aeth llawer o Gymry Cymraeg i Loegr am fod y Saeson yn talu gwell cyflogau.

Ni ellir esbonio hyn drwy honni bod y Cymry'n rhy dlawd i dalu cyflog addas i weinidog. Yn wir, rhai o'r teuluoedd cyfoethocaf yn aml iawn oedd y cyfranwyr salaf i goffrau'r eglwys. Roedd rhai o'r eglwysi gorau eu byd, yn arbennig yn ne Cymru, ymhlith y gwaethaf am dalu eu gweinidog. Hwyrach fod hyn yn rhan o'r diwylliant Llafur lle

Gyda Nia ac Anwen Davies, athrawon Ysgol Sul Unedig Capel Cendy a Bwlchnewydd ar y 'Sul Arbennig' yn San Clêr, mis Mehefin 2008

Gyda'r Parchg Ieuan Davies, Waunarlwydd (dde) a gwesteion eraill wrth lansio dathliadau daucanmlwyddiant Capel Ffynnonbedr ym mis Medi 2008

Paratoi i dorri'r gacen gyda Mrs Betty Jones ar achlysur daucanmlwyddiant Capel Ffynnonbedr, Medi 2008

credai amryw o ddiaconiaid a oedd yn undebwyr y dylai gweinidog dderbyn llai o gyflog na glöwr. Dyma enghraifft arall o ragrith Llafur a oedd yn fodlon mynd ar streic am fwy o arian ond ar yr un pryd yn trin y rheiny oedd oddi tanynt gyda dirmyg.

Mae yna nifer o resymau eraill pam fod pobl yn gyndyn o fynd i'r weinidogaeth heddiw. Yn wahanol i'r dybiaeth mai dim ond ar ddydd Sul y byddwn yn gweithio, mae'r gweinidog ar alwad bob amser. Anodd yw gwneud unrhyw drefniadau ymlaen llaw gan fod yna gymaint o alwadau ar fyr rybudd. A fyddai rhywun yn disgwyl i adeiladydd, er enghraifft, weithio ar adeg ac amser penodol heb i neb ofyn iddo a yw'n rhydd ymlaen llaw?

Pan na fyddaf yn gwasanaethu mewn angladd, byddaf yn ddewisol iawn pa gynebryngau y byddaf yn eu mynychu. Mae gen i bolisi na fyddaf yn mynd i angladd neb ond rhieni, brodyr a chwiorydd, gŵyr neu wragedd aelodau, a hynny dim ond ar wahoddiad y teulu. Credaf hefyd mai'r unig ffordd y gall gweinidog dreulio gwyliau go iawn yw drwy fod i ffwrdd o'i ofalaeth. Mae gen i reol, felly, pan fyddaf ar wyliau o'm gofalaeth na wnaf dorri ar fy ngwyliau ar gyfer gwaith yr eglwys. Ni fyddai disgwyl i unrhyw un mewn gwaith arall wneud hynny, ac mae'r anallu hwn i ddweud 'na' ar adegau felly wedi cadw llawer o'r weinidogaeth.

Mewn erthygl yn *Y Faner Newydd* yn 2005, adroddodd y Parchg Goronwy Evans, Llambed, gyngor a dderbyniodd gan Jacob Davies ar gychwyn ei yrfa:

Noson o garolau gydag aelodau Clwb Cristnogol Tre-lech a'r Cylch yng Nghartref Dôl-y-felin, San Clêr, fis Rhagfyr 2008

Dyn yr Henebion wrth ei waith! Yng Nghapel Providence, Llangadog mewn noson brisio ym mis Chwefror 2010

> Bydd yn fugail iddyn nhw ond paid â bod yn gi bach iddyn nhw! Symud yn eu plith ond paid â gadael iddyn nhw ddamsgyn arnat ti. Cofia mai'r rhai sy'n dy seboni di heddi fydd yn dy siafo di yfory. Ac fe ges i sawl siafad yn ystod fy nghyfnod fel gweinidog. Rwyt ti'n was i Dduw ac i raddau i'r gynulleidfa, ond paid â bod yn wasaidd!

Ceisiais lynu at y cynghorion call hyn gydol fy ngyrfa.

Gwrthoda eraill y weinidogaeth am eu bod nhw'n ei gweld yn ffals. Ni fedrant fod yr hyn y mae eraill yn disgwyl iddynt fod, yn hytrach na'r hyn ydynt. Fy mholisi i yw bod yn barod i dderbyn pawb os derbyniant hwy fi fel yr ydwyf. Os na fyddaf yn gweinyddu'n swyddogol yn y capel neu'n rhan o ddigwyddiadau ffurfiol eraill, byddaf yn gwisgo'n anffurfiol pan af ar ymweliadau bugeiliol. Ar dywydd braf gwisgaf drowser cwta a chrys-T a byddaf bob amser yn gwisgo lliwiau llachar, ac yn annog eraill o'r aelodau i wneud yr un fath.

Gwn am eraill nad ymunodd â'r weinidogaeth gan iddynt deimlo ei bod hi'n swyddogaeth unig. Mae hynny'n wir ac yn ganlyniad anorfod o fod yn y swydd. Rhaid trafod pawb yr un fath er mwyn osgoi cyhuddiadau o ffafriaeth. Cymerwch etholiadau'r cyngor sir fis Mai 2008. Roeddwn yn wynebu dilema gan fod dau o'm haelodau'n ymladd am yr un sedd. Roedd diaconiaid ac aelodau o'm heglwysi wedi arwyddo papurau enwebu ar ran y naill a'r llall, a bu raid i mi esbonio wrth y ddau y byddwn i'n parhau'n ddiduedd yn gyhoeddus gan eu trin yn gyfartal.

Mae gen i'r parch mwyaf i'r ddau: David Thomas, neu Dai Tre-lech, sy'n gynghorydd annibynnol â deugain mlynedd di-dor o wasanaeth mewn llywodraeth leol, a Byrnan Davies, neu Byrnan Trallwyn, un o'm diaconiaid ffyddlonaf. Yr enillydd oedd David Thomas. Ydy, mae'r traddodiad annibynnol o gadw gwleidyddiaeth plaid allan o lywodraeth leol yn parhau yn Nhre-lech, Meidrim ac Aber-nant.

Mae angen i weinidog fod yn groendew hefyd. Cofiaf y Parchg Llewelyn Lloyd Jones yn fy rhybuddio y byddai arnaf angen ysgwyddau llydain yn y weinidogaeth. Sicrhaodd yr holl ymarfer codi pwysau a wnes dros y blynyddoedd y byddai hynny'n llythrennol wir. Mae'n rhaid cael meddylfryd na chaiff ei frifo'n hawdd ynghyd ag ymddiriedaeth gref yn Nuw. Addas yw dyfynnu geiriau'r hen emyn:

Bydd yn wrol, paid â llithro,
  er mor dywyll yw y daith
y mae seren i'th oleuo:
  cred yn Nuw a gwna dy waith.
Er i'r llwybyr dy ddiffygio,
  er i'r anial fod yn faith,
bydd yn wrol, blin neu beidio:
  cred yn Nuw a gwna dy waith.

Paid ag ofni'r anawsterau,
  paid ag ofni'r brwydrau chwaith;
paid ag ofni'r canlyniadau:
  cred yn Nuw a gwna dy waith.
Cei dy farnu, cei dy garu,
  cei dy wawdio lawer gwaith;
na ofala ddim am hynny:
  cred yn Nuw a gwna dy waith.

Fe gadwodd amryw draw oddi wrth y weinidogaeth oherwydd tuedd rhai aelodau i fynychu gwasanaethau dim ond pan maen nhw'n ceisio ffafr gan y gweinidog. Bob tro y gwelaf aelod papur mewn gwasanaeth ni allaf beidio meddwl, 'Beth mae ef neu hi ei eisiau gen i?' Yn aml bydd pobl o'r fath yn dod ataf ar ddiwedd y gwasanaeth yn gofyn ffafr, yn union fel petaen nhw'n archebu *Big Mac* o McDonald's. Bron yn ddieithriad, y ffafr fydd priodi neu fedyddio perthynas sydd ddim yn aelod.

Nid yn unig maen nhw'n dymuno cael ffafr, ond yn aml fe fyddan nhw'n disgwyl ei chael am ddim. Cofiaf y priodfab, yn dilyn gwasanaeth priodas yn Llwyncelyn, yn ymddiheuro am iddo anghofio'i waled ond yn gaddo y byddai'n talu'r ffi o £40 wedi iddo ddychwelyd o'i fis mêl. Fe aeth bron i flwyddyn heibio cyn i mi orfod ei atgoffa mewn arwerthiant cist car ger Aber-porth. Wrth i'r pâr drafod gydag un o'r gwerthwyr, fe osododd y gŵr £60 ar y cownter. Gafaelais mewn dau bapur £20 a dweud wrtho mai dyna oedd y ddyled na thalwyd. Gadewais ef yn fud.

Cofiaf hefyd fedyddio merch ym Mwlchnewydd. Rai misoedd wedyn dyma'i mam yn dweud bod y ferch am briodi. Disgwyliai i'r gwasanaeth fod am ddim gan fod y ferch nawr yn aelod. Bu raid i mi esbonio wrthi fod y ddau wasanaeth yn gwbl ar wahân. Er gwaethaf hynny, ni dderbyniais y tâl priodi o £80 yn llawn. Heddiw, mae mwy a mwy o deuluoedd yn mynnu i'w plant briodi mewn capel neu eglwys dim ond er mwyn cael cefndir dymunol i'r lluniau priodas.

Roedd gwaeth i ddod pan ofynnwyd i mi briodi pâr di-Gymraeg yng Nghapel y Graig, Tre-lech. Roedd un yn anghrediniwr a'r llall heb fod yn aelod. Yr hyn a wnes i oedd defnyddio gwasanaeth dyneiddiol o'r Taleithiau Unedig gydag ychydig o eiriau Cristnogol cyffredinol yma ac acw. Wrth edrych yn ôl, dylwn fod wedi dweud wrthynt am gynnal gwasanaeth sifil yng Nghaerfyrddin.

Problem arall yw pobl yn defnyddio gwasanaeth bedydd fel rheswm dros barti. Mae'n anhygoel fod cynifer o bobl na ŵyr sut mae ymddwyn yn barchus mewn bedydd. Un tro yn Neuadd-lwyd, bu'n rhaid i mi gyhoeddi o'r pulpud na fyddwn yn parhau â'r gwasanaeth os na chawn dawelwch. Câi'r plant dragwyddol heol i redeg o gwmpas y capel. O gael rhieni mor ddi-hid, pwy all feio'r plant?

Arferiad a gedwir ynghudd yn y Gymru wledig yw llosgach. Mae'n llawer mwy cyffredin nag y tybia rhywun. A do, deuthum ar draws enghraifft yn ardal Aberaeron lle nad oedd y plant yn sylweddoli mai'r dyn a alwent yn 'tad-cu' oedd eu tad. Clywais am enghreifftiau yn Nyffryn Teifi hefyd o rai tadau a deimlai fod ganddynt hawl i ffrwythloni eu merched eu hunain petai eu gwŷr yn methu gwneud hynny.

Ffenomen gynyddol y dyddiau hyn yw awydd rhai dynion i briodi merched Asiaidd, gan gredu bod y menywod hyn yn fwy ufudd na menywod lleol. Yn amlach na pheidio, all dim byd fod yn fwy camarweiniol. Gwn am un o fewn fy ngofalaeth yn Aberaeron a briododd ferch Thai dim ond i ddarganfod ei bod hi'n butain. Pan ysgarwyd nhw, canfu'r dyn, druan, fod y rhan fwyaf o'i arian wedi mynd hefyd.

Yn ardal Caerfyrddin, fe briododd gŵr gweddw â gwraig o Tsieina. O fewn tair wythnos roedd pedair ar ddeg o'i pherthnasau benywaidd wedi symud i fyw gyda hi a'i gŵr newydd. Yn fuan wedyn cefais sgwrs â ffermwr gweddw oedd yn gofidio bod ei feibion braidd yn swil. Pan glywodd am y menywod Tseineaidd, mynnodd wybod mwy gan fod ganddo ddiddordeb mewn dod o hyd i wragedd i'w feibion ac iddo'i hun.

Fe newidiodd y ffermwr ei feddwl pan adroddais wrtho brofiad un arall o ardal Caerfyrddin a briododd ferch o wlad Thai. Fe'i perswadiwyd i godi tŷ gwerth £60,000 i rieni ei wraig ar ben y gwaddol o £10,000 y bu'n rhaid iddo'i dalu i dad ei ddarpar wraig am ganiatâd i briodi ei ferch. O dan ddeddfau gwlad Thai doedd ganddo, fel tramorwr, ddim hawl i berchnogi tir yno. Ar ôl llai na dwy flynedd yn briod, collodd bopeth.

Does dim byd yn fy synnu bellach. Deuthum ar draws enghreifftiau o wrachyddiaeth a Christnogaeth, hyd yn oed, yn bodoli law yn llaw. Ceir hen hanes, er enghraifft, am deulu o wrachod yng Nghwm Gwaun a ddaeth yn aelodau o Gapel Caersalem, heb newid eu ffordd o fyw. Ymhlith pethau eraill, fe wnaethon nhw reibio morwyn fferm Gelli Fawr. Fe'i rhyddhawyd hi o'r swyn gan John Harries, Cwrt-y-cadno. Hyd yn ddiweddar, roedd gwrach o ardal Pennant hefyd yn mynychu'r capel yn rheolaidd. Yn Nhre-lech dywedwyd wrtha i fod cylch o wrachod yn dal i gwrdd yno. Yn wir, yn ardal Talog mae yna wrach sy'n hysbysebu eu galluoedd yn y papur lleol.

Dywed rhai mai mewnfudwyr Seisnig sy'n bennaf cyfrifol am y dirywiad yn nifer mynychwyr addoldai cefn gwlad. Fedra i ddim cytuno. Petai'r Cymry Cymraeg yn dod i addoli, medrem ddenu dros hanner cant i'n haddoldai gwledig yn hytrach na hanner hynny, fel sy'n digwydd heddiw. Does dim pwrpas beio Saeson am y difrawder a'r diogi sy'n cadw cymaint o aelodau papur rhag ymuno mewn addoliad.

Ar y llaw arall, mae rhai Cymry Cymraeg yn uniaethu defnyddio'r iaith â hybu diwylliant Cymraeg, gan roi ystyriaethau seciwlar o flaen addoli Crist. Iddyn nhw, mae glynu at ffurf gwbl Gymraeg o addoli'n weithred herfeiddiol yn erbyn Seisnigeiddio'r Gymru wledig. Ond ni ddylid codi cloddiau ieithyddol lle mae Cristnogaeth yn y cwestiwn. Dioddefais lid un gweinidog yn ardal Castellnewydd Emlyn oherwydd i mi droi i'r Saesneg yn awr ac yn y man ar gais un o'r diaconiaid.

Ddwy flynedd yn ôl cymerais ran mewn gwasanaeth gwirioneddol ddwyieithog mewn cyfarfod diolchgarwch yn Eglwys Annibynnol Cas-blaidd, a hynny ar gais y gweinidog, y Parchg Geoffrey Eynon. Fe'm trawyd gan y modd y gwnaeth y Cymry Cymraeg a'r di-Gymraeg ymuno'n hapus

Y briodas ddyneiddiol-Gristnogol gyntaf i'w chynnal yn Nhre-lech fis Mai 2010

Aelodau o'r Ysgolion Sul yn dathlu Sul y Cadoediad ym Mhen-y-bont ym mis Tachwedd 2009

yn yr addoliad, a gwelwyd yr un ysbryd yn y te a ddilynodd. Hwyrach mai dyma'r ffordd ymlaen i'r Annibynwyr yn y Gymru wledig os ydyn ni am sicrhau bod ein haddoldai'n cynrychioli eu cymunedau.

Pennod 11

Enoch Powell a ysgrifennodd: 'Does yna ddim ffrindiau mewn gwleidyddiaeth, dim ond cydnabod', ac fe ddywedodd Lloyd George, wrth gyfeirio at ddadleuon yn Nhŷ'r Cyffredin: 'Mae eich gwrthwynebwyr i gyd o'ch blaen, ond mae eich gelynion i gyd o'ch ôl.' Dros y blynyddoedd deuthum i werthfawrogi cywirdeb y geiriau hyn.

Fis Medi 1998 rown i'n hyrwyddo ymgeisyddiaeth Nick Bourne am arweinyddiaeth ymgyrch y Blaid Geidwadol ar gyfer etholiadau'r Cynulliad Cenedlaethol, a oedd i'w cynnal ym mis Mai 1999. Yng Ngwesty'r Glen yn Hwlffordd derbyniodd Nick alwad ar ei ffôn symudol oddi wrth Karen Lumley, ymgeisydd y Ceidwadwyr yn etholaeth Delyn. Dywedodd iddi fod yn sgwrsio â Stuart Andrew, a oedd wedi sefyll dros y Ceidwadwyr yn Wrecsam yn etholiad cyffredinol 1997. Roedd e wedi dweud wrthi, yn gwbl gyfrinachol, ei fod yn bwriadu ymuno â'r Blaid Lafur gan y teimlai nad oedd yn cael chwarae teg yn y broses ddethol ar gyfer sefyll fel ymgeisydd ar gyfer y Cynulliad oherwydd ei fod yn hoyw. Cynghorodd Nick Bourne hi i barhau â'r ffasâd o gyfeillgarwch ac ymddiriedaeth tuag at Stuart Andrew er mwyn i hwnnw ddal i fod yn gyfeillgar â hi. Byddai hyn yn galluogi Nick i ddarganfod pryd oedd y newid ochr yn debyg o ddigwydd. Fe'm brawychwyd gan y ffaith fod Karen wedi bradychu'r gyfrinach roedd Stuart wedi'i hymddiried iddi a chan ymateb oeraidd a dideimlad Nick Bourne.

Does yna ddim modd y byddwn i'n bradychu rhywun a fyddai'n ymddiried ynof fel ffrind er mwyn cael ffafr wleidyddol. Wedi'r cyfan, mae yna lawer o faterion pwysicach na gwleidyddiaeth mewn bywyd. Diwedd y gân fu i Stuart Andrew ddychwelyd i'r gorlan Geidwadol o ganlyniad

Ar wyliau yn Lanzarote
ym mis Ionawr 2007

i agenda gymdeithasol fwy rhyddfrydol David Cameron, ac etholwyd ef yn Aelod Seneddol dros Pudsey yn etholiad cyffredinol Mai 2010. Yn y cyfamser trechodd Karen Lumley'r cyn-Ysgrifennydd Cartref, Jackie Smith, yn Redditch yn yr un etholiad.

Fe wynebais innau sefyllfa debyg yng Nghwm Cynon ganol yr wythdegau. Roedd ymgeisydd o'r enw David Ball wedi ymladd nifer o etholiadau lleol ar ran y Ceidwadwyr mewn ardal anodd iawn. Roedd yn aelod o Geidwadwyr Ifanc Cwm Cynon pan oeddwn i'n gadeirydd y mudiad rhwng 1985 a 1987, a daethom yn ffrindiau. Gyda Margaret Thatcher yn ymddangos fel petai hi'n mynd yn fwyfwy eithafol, penderfynodd David, a oedd yn fwy o Geidwadwr un-genedl, ymuno â'r Democratiaid Rhyddfrydol. Er i mi ei annog droeon i ailfeddwl, wnes ddim i ddatgelu ei fwriad i unrhyw un. Dylai cyfeillgarwch gael blaenoriaeth dros gredo wleidyddol bob amser. Yn wir, yn aml mae'n well gen i gwmni cymdeithasol pobl â daliadau gwleidyddol gwahanol na rhai fy mhlaid fy hun.

Mae yna rai gwleidyddion Ceidwadol gobeithiol sydd wedi ceisio defnyddio fy arbenigrwydd, ac o gael yr hyn a ddymunent, wedi cefnu arnaf. Roedd yna wraig a'm cynorthwyodd yng Ngheredigion adeg etholiad cyffredinol 1997 a oedd yn gobeithio bod yn wleidydd ei hun. Fe wnes i fwydo'i huchelgais, ei chynghori ar ysgrifennu areithiau a sut i ateb cwestiynau mewn cyfarfodydd i ddewis ymgeiswyr ar gyfer San Steffan a'r Cynulliad. Wedi iddi gael ei hethol yn Aelod Cynulliad yn 2003, welais i byth mohoni wedyn. Methodd gadw'i sedd yn 2007 ac mae hi nawr yn fyfyrwraig hŷn. Peth felly yw bywyd!

Mewn achos arall, ysgrifennais areithiau ar gyfer dyn fel y gallai gynnig am etholaeth. Fi ysgrifennodd ei araith ar gyfer etholiadau'r Cynulliad yn 2003 ac ymgyrchais ar ei ran cyn etholiadau'r Cynulliad ym mis Mai 2007. Wedi iddo gael ei ethol, rwy'n dal i ddisgwyl gwahoddiad i ymweld ag ef. Fel y dywedodd David Maxwell Fyfe, 'Nid yw diolch yn rhan naturiol o fywyd gwleidyddol.'

Yn anffodus, does yna ddim gwir gymeriadau ar ôl yn y Cynulliad sy'n barod i ddweud eu meddwl a datgan yr hyn mae'r bobl yn ei deimlo. Mae yna ormod ohonynt o bob plaid sy'n siarad fel dymis taflwr llais. Maen nhw'n dueddol o ganu o'r un llyfr emynau, ac fe drodd cywirdeb gwleidyddol yn wallgofrwydd gyda phob dadl gynhennus sy'n codi ar lawr y Cynulliad yn cael ei thagu'n fwriadol. Yr hyn sy'n rheoli yw consensws soeglyd, gyda radicaliaeth go iawn ar y dde a'r chwith ar goll. Ni chredaf fod y Cynulliad Cenedlaethol wedi llwyddo i'w adfer ei hun ar ôl colli rhai o'r hoelion wyth gwleidyddol go iawn.

Roedd Dafydd Wigley a'r Dr Phil Williams o Blaid Cymru'n feddylwyr gwreiddiol a allai fod wedi cyfrannu'n sylweddol at wleidyddiaeth Cymru. Roedd gan Ron Davies (Llafur) wir weledigaeth o'r ffordd yr hoffai weld datganoli'n datblygu dros y blynyddoedd, ac roedd Rod Richards a David Davies yn cynnig gwrthbwysedd adain dde ac yn barod i darfu ar y colomennod er mwyn ysgogi dadl wleidyddol. Nawr does yna ddim agenda wleidyddol amgen. Taflodd Plaid Cymru eu hegwyddorion dros fwrdd y llong er mwyn mynd i glymblaid gyda Rhodri Morgan yn 2007. Gall Rhodri, ac yn awr Carwyn Jones, hawlio'r clod am unrhyw lwyddiant a gyflawnir ac ar yr un pryd osod y bai am unrhyw fethiant economaidd ar blât Ieuan Wyn Jones, dyn hynaws a chynyddol ddoeth. Collodd y Democratiaid Rhyddfrydol gyfle euraid i ffurfio llywodraeth glymbleidiol ddi-Lafur drwy ymuno â'r Blaid Geidwadol a Phlaid Cymru yn dilyn Etholiadau'r Cynulliad 2007.

Mae Nick Bourne yn haeddu clod am wneud i'r Blaid Geidwadol Gymreig ddod yn dderbyniol fel darpar bartner i Blaid Cymru a'r Democratiaid Rhyddfrydol. Cyflawnwyd hynny, efallai, drwy lastwreiddio polisïau Ceidwadol i'r fath raddau fel nad yw'r blaid erbyn hyn yn wahanol mewn unrhyw ffordd i'r consensws soeglyd o'r chwith i'r canol sy'n tra-arglwyddiaethu ym Mae Caerdydd. Gyda llawer o gymorth gan David Cameron, llwyddwyd i droi'r Blaid Geidwadol yn rym gwleidyddol go iawn yng Nghymru unwaith eto.

Cynyddodd y Ceidwadwyr eu cynrychiolaeth etholiadol yn y Cynulliad o un aelod i bedwar ym mis Mai 2007, er mai dim ond un aelod ychwanegol a gafwyd at gyfanswm cyffredinol y blaid, sef deuddeg, yn sgil pleidleisio cyfrannol cymhleth. Yn ogystal, daeth y Ceidwadwyr ar ben y pôl yng Nghymru am y tro cyntaf ers 1874 yn yr Etholiadau Ewropeaidd yn 2009. Dyma'r tro cyntaf ers etholiad cyffredinol 1918 i'r Blaid Lafur yng Nghymru fethu dod yn gyntaf o ran y bleidlais boblogaidd.

Roeddwn i wrth fy modd â pherfformiad y Ceidwadwyr yn yr etholiad cyffredinol ar 6 Mai 2010. Cododd canran y bleidlais i 26 y cant a'r gynrychiolaeth seneddol o dri aelod i wyth. Yn arbennig o galonogol roedd gweld yr abl Jonathan Evans yn cael ei ethol dros Ogledd Caerdydd, Guto Bebb dros Aberconwy ac Alun Cairns dros Fro Morgannwg. Yn fy etholaeth fy hun, sef Gorllewin Caerfyrddin a De Penfro, da oedd gweld Simon Hart, arweinydd y Cynghrair Cefn Gwlad, yn curo Nick Ainger o 3,423 o bleidleisiau. Fe ddangosodd perfformiad gwael Plaid Cymru yma fod ffermwyr Cymraeg eu hiaith yn ucheldir sir Gaerfyrddin yn arbennig yn barod i adael y Blaid ar raddfa fawr a throi at y Ceidwadwyr er mwyn cael gwared ar Lafur. Mae hyn yn cadarnhau fy marn y gwnewch chi, pan grafwch groen ffermwr, ddod o hyd i Geidwadwr.

Canlyniad arall a ddaeth â llawer o bleser i mi oedd buddugoliaeth wych Glyn Davies dros y Democrat Rhyddfrydol lliwgar Lembit Opik yn sir Drefaldwyn o 1,184 o bleidleisiau. Roedd hwn yn ganlyniad ysgubol o gofio i'r etholaeth, ac eithrio yn etholiad cyffredinol 1979, fod yn gadarnle Rhyddfrydol ers 1880. Llwyddodd Glyn i sicrhau gogwydd anferth o 13.2% oddi wrth y Democratiaid Rhyddfrydol i'r Ceidwadwyr Cymreig ac ennill buddugoliaeth, a rhaid priodoli hynny i'w boblogrwydd personol a'i allu wrth ymgyrchu. Ar lefel genedlaethol, bydd Glyn Davies a Guto Bebb yn arbennig yn asedau gwerthfawr ar gyfer atgyfnerthu'r elfen dros ddatganoli o fewn y Blaid Geidwadol Gymreig. O ganlyniad llawenheais o glywed ymatebion cadarnhaol y Prif Weinidog David Cameron ac Ysgrifennydd Cymru, Cheryl Gillan, i'r refferendwm arfaethedig ar bwerau ychwanegol i'r Cynulliad a gynhelir y flwyddyn nesaf. Edrychaf ymlaen at chwarae rhan weithgar yn yr ymgyrch hon er mwyn cynorthwyo i sicrhau Senedd Gymreig go iawn.

Er bod hyn oll yn glodwiw, credaf y dylai Nick Bourne gymryd rhan fwy blaenllaw yng ngwleidyddiaeth Cymru. Yn anffodus, erys ei broffil cyhoeddus yn isel a dylai ei gyflwyno'i hun fel darpar arweinydd ar gyfer llywodraeth newydd. Mae angen i nifer o Aelodau Cynulliad y Ceidwadwyr gael llawer mwy o effaith ar y corff hwnnw drwy fod yn fwy ymosodol mewn trafodaethau. Yn wir, ymddengys bod dau neu dri ohonynt mor brysur yn ceisio ennill ffafrau'r gwrthbleidiau, er mwyn ennill eu lle ar feinciau blaen gweinyddiaeth ddi-Lafur, fel eu bod nhw weithiau'n anghofio iddynt gael eu hethol fel Aelodau Ceidwadol.

Bu methiant Glyn Davies i gael ei ailethol i'r Cynulliad ym mis Mai 2007 yn niweidiol i'r Blaid Geidwadol Gymreig. Mae ganddo lawer o edmygwyr y tu allan i'w blaid a byddai wedi gwneud cyfraniad pwysig drwy ddenu i'r gorlan fwy o gefnogwyr adain dde Plaid Cymru sy'n ystyried y clymbleidio gyda'u hen elyn, Llafur, fel brad. Er hynny, dylai ethol Glyn i Senedd San Steffan ym mis Mai 2010 gynnig iddo lwyfan ar gyfer denu at y Ceidwadwyr hyd yn oed fwy o'r garfan honno a fyddai fel arfer yn pleidleisio dros Blaid Cymru ond nad oes ganddynt unrhyw gydymdeimlad â dyheadau mwyfwy sosialaidd adain chwith y blaid honno.

Mae'r ailstrwythuro gwleidyddol hwn yng ngwleidyddiaeth Cymru'n gwbl bosib oherwydd i Blaid Cymru gael ei gwrthod mor sylweddol gan yr etholwyr yn etholiad cyffredinol mis Mai 2010. Dim ond tair etholaeth allan o ddeugain a enillwyd gan Blaid Cymru, a gorffennodd yn bedwerydd gwael o ran denu'r bleidlais boblogaidd. Nid yn unig y bu iddi fethu adennill Ynys Môn oddi ar Lafur ar adeg pan oedd Gordon Brown yn arweinydd mwyaf amhoblogaidd Llafur ers dyddiau Michael Foot, ond fe'i darostyngwyd hefyd yn ei hetholaeth darged yng Ngheredigion. Yno, llwyddodd y diwyd a'r cydwybodol Mark Williams i gynyddu ei fwyafrif o'r pitw 219 pleidlais yn etholiad 2005 i 8,324 anferth o fwyafrif dros ymgeisydd gwannaidd Plaid Cymru, Penri James.

Gwelodd Plaid Cymru hefyd ei mwyafrifoedd Seneddol yn cael eu cwtogi'n sylweddol yn Arfon ac yn Nwyrain Caerfyrddin a Dinefwr. Hyd yn oed yng nghadarnle Plaid Cymru yn Nwyfor Meirionnydd fe lwyddodd y Ceidwadwyr i ddenu dros hanner y bleidlais a enillodd Elfyn Llwyd. Er i'r Blaid lwyddo i leihau mwyafrif Llafur yn Llanelli, collodd yno o 4,701 o bleidleisiau i Nia Griffith. Yn y cyfamser, yn y

Cymoedd – lle gobeithiai ennill cefnogaeth sylweddol gan bleidleiswyr Llafur oedd wedi'u dadrithio – collodd y Blaid yn drwm. Er i'r Blaid wario'n helaeth ar ymladd Cwm Cynon, y Rhondda a Chaerffili, ni chafodd unrhyw lwyddiant yno. Yng Nghaerffili daeth yn drydydd ar ôl y Ceidwadwyr. Yn wir, cafodd hyd yn oed ei churo gan y BNP yn Nwyrain Casnewydd a Gorllewin Casnewydd. Wfft i glymbleidio Plaid Cymru a Llafur yn y Cynulliad!

Un o ganlyniadau mwyaf arwyddocaol llwyddiant y Blaid Geidwadol Gymreig yn etholiad cyffredinol Mai 2010 oedd ethol Alun Cairns, un o Aelodau Cynulliad Rhanbarth De-orllewin Cymru ers 1999, yn Aelod Seneddol dros Fro Morgannwg. Y dybiaeth ymhlith sylwebyddion gwleidyddol oedd y byddai'n ildio'i sedd yn y Cynulliad ac y byddai Chris Smart o Borth-cawl, a osodwyd yn ail gan aelodau'r Blaid Geidwadol yn ardal De-orllewin Cymru, yn gwasanaethu fel Aelod Cynulliad ar y Rhestr Ranbarthol tan Etholiadau'r Cynulliad ym mis Mai 2011.

Ond roedd meddwl am gael rhywun mor wrthwynebus i ddatganoli ac a oedd yn ffrind mynwesol i Peter Davies, a chyn-gefnogwr i Rod Richards, yn aelod o Grŵp Cynulliad y Ceidwadwyr Cymreig yn wrthun i Nick Bourne a'i gefnogwyr. Fel dull o atal i Chris Smart ei hawl ddemocrataidd i sedd yn y Cynulliad, defnyddiwyd tacteg Machiavelaidd hollol ddiegwyddor, a hynny yn gwbl groes, gellid tybio, i gyfiawnder naturiol.

Yn ymarferol, golygai'r ymgyrch dros gadw Chris Smart allan o'r Cynulliad ar unrhyw gyfrif y byddai Alun Cairns yn cynnig ei ymddiswyddiad o'r Cynulliad i Fwrdd Rheoli'r Blaid Geidwadol Gymreig. Ond adroddodd y *Western Mail* ar 29 Mai i'r ymddiswyddiad ymddangosiadol hwn gael ei wrthod, gan olygu y câi Alun barhau fel aelod o'r Cynulliad tan etholiadau 2011. Gwylltiwyd Chris Smart, a mynnodd, gyda chryn hygrededd, na fyddai'n ymarferol i Alun weithredu'n effeithiol fel Aelod Cynulliad ym Mae Caerdydd ar ran un rhanbarth etholiadol ac yntau, ar yr un pryd, yn cynrychioli etholaeth arall yn Llywodraeth San Steffan. Roedd ei benderfyniad, meddai Chris Smart, yn sen ar y 30,000 o bobl yn y rhanbarth a oedd yn bleidleiswyr Ceidwadol ond na chaent yn awr eu cynrychioli'n effeithiol yn y Cynulliad. Doedd y rhai a oedd yn gyfrifol am hyn ddim hyd yn oed wedi'i hysbysu, meddai; clywsai am y peth drwy'r cyfryngau.

Ymhellach, mae hi'n anodd osgoi'r canlyniad y dylai Alun, fel y gwnaeth Rod Richards yn 2002, fod wedi cynnig ei ymddiswyddiad i'r Llywydd, yr Arglwydd Dafydd Elis-Thomas, yn hytrach nag i Fwrdd Rheoli'r Ceidwadwyr Cymreig, nad oedd ag unrhyw beth i'w wneud â'r mater.

Dengys y digwyddiad hwn fod yna, y tu ôl i wên ymddangosiadol gyfeillgar ac ymarweddiad hamddenol a chwrtais Nick Bourne, ryw ddymuniad annhosturiol i ddileu unrhyw ddarpar wrthwynebiad i'w arweinyddiaeth o'r Grŵp Ceidwadol Cymreig yn y Cynulliad. Dywedir ei fod yn hollol benderfynol o arwain ei blaid yn etholiadau'r Cynulliad yn 2011. Yn ogystal, dywedir mai prif uchelgais Nick Bourne yw nid yn unig ddisodli Plaid Cymru fel yr ail blaid yn y Cynulliad o ran nifer y seddi a'r bleidlais boblogaidd, ond hefyd sicrhau iddo'i hun swydd y Dirprwy Brif Weinidog os caiff llywodraeth glymbleidiol amryliw ei sefydlu o ganlyniad posib i'r etholiadau pe na bai yna fwyafrif clir i unrhyw blaid.

Byddai presenoldeb Tori go iawn o feddylfryd annibynnol fel Chris Smart yn aelod o'r Grŵp Ceidwadol Cymreig yn y Cynulliad yn sicr yn fygythiad i gynlluniau aruchel Nick o gyd-fyw gyda Phlaid Cymru a'r Democratiaid Rhyddfrydol. O ganlyniad, rhaid oedd dienyddio Chris Smart yn wleidyddol mewn gwaed oer yn enw uchelgais wleidyddol bersonol a chyfleustra bwriadol ar ran Nick, hyd yn oed petai hynny'n amddifadu Ceidwadwyr de-orllewin Cymru o gynrychiolaeth llawn amser yn y Cynulliad am flwyddyn. Yn y cyfrif olaf, hwn oedd y pris yr oedd Nick Bourne yn barod i'w dalu, mae'n debyg, er mwyn bwrw allan bresenoldeb byw olaf cyfnod arweinyddiaeth Rod Richards o'r posibilrwydd o gael unrhyw rym o fewn rhengoedd uchaf y Blaid Geidwadol Gymreig. Er i mi sefyll ar y tu allan i dalwrn gwleidyddiaeth etholiadol ers i mi gynorthwyo yn etholiadau'r Cynulliad yn 2007, a hynny o ganlyniad i ymrwymiadau mwy a mwy o waith ar y cyfryngau, rwy'n parhau'n aelod ffyddlon o'r Blaid Geidwadol Gymreig.

Mwynheais y profiad o ymddangos ar *Pawb a'i Farn* ym mis Ionawr 2009 yn Hwlffordd gyda'r panelwyr Brychan Llŷr, y wraig fusnes Catherine Rees a'r ymgyrchwr iaith diflino Ffred Ffransis.

Teimlwn yn siŵr fod Dewi Llwyd, y cyflwynydd, ynghyd â'r criw cynhyrchu wedi gobeithio am wrthdaro geiriol rhyngof fi a Ffred. Yn wir, fe wnaeth y ddau ohonom sylweddoli hynny, ond doedden ni ddim yn barod i chwarae yn ôl y sgript. Synnwyd Dewi pan wnes i ddisgrifio Ffred fel dyn egwyddorol sy'n ymarfer yr hyn y mae'n ei gredu. Fe'm synnwyd innau pan ddywedodd Ffred ei fod yn fy edmygu i mewn llawer ffordd, gan ddweud fy mod i'n rhy onest i fod yn Aelod Seneddol.

Er hynny, bu'n ddadl fywiog mewn ysbryd da ac un ddigon doniol ar brydiau. Daeth hyn yn amlwg yn ystod y drafodaeth ar fewnfudwyr a'r argyfwng ariannol. Doedd Dewi Llwyd ddim yn sylweddoli bod Ffred a minnau'n Annibynwyr brwd, a Ffred yn aelod yn y Tabernacl, Pencader. Yn wir, bu'r ddau ohonom yn sgwrsio'n gyfeillgar iawn yng Nghyfarfod Chwarter yr Annibynwyr Cymraeg a gynhaliwyd yno ym mis Mawrth 2005. Yna, fis Medi 2008 bu Ffred yn siaradwr gwadd yng nghyfarfod Cyfundeb

Gorllewin Caerfyrddin o Eglwysi'r Annibynwyr Cymraeg ym Mwlchnewydd. Yno, cyflwynodd ei gredo parthed ei egwyddorion Cristnogol. Dylai'r cyfryngau sylweddoli bod yna rai pethau sydd goruwch gwleidyddiaeth ac a fedr gael effaith sylweddol ar ddadl gyhoeddus.

Trafodaeth ddiddorol arall fu honno ar *Dau o'r Bae* ar Radio Cymru, gyda Vaughan Roderick a Bethan Jones yn cyflwyno'n fyw, ym mis Gorffennaf 2009. Roeddwn i'n rhannu'r llwyfan â'r actores Sharon Morgan, Terry Davies (Llafur) a Mark Cole (Democrat Rhyddfrydol). Cododd dadl ar fater gêm griced y Lludw rhwng Lloegr ac Awstralia yng Nghaerdydd. Pan ddywedodd Sharon ei bod hi'n cefnogi agwedd Adam Price, Aelod Seneddol Plaid Cymru, y dylai'r Cymry gefnogi Awstralia am nad oedd yna dîm Cymreig, fe'i gwrthwynebwyd gan y tri arall ohonom ar y sail mai criced oedd yn bwysig, nid gwleidyddiaeth. Mynnais fod agwedd Adam yn cynrychioli'r meddylfryd cul hwnnw 'unrhyw un ond Lloegr'. Atgoffai safiad Adam Price fi o agwedd rhai pobl at Ryfel y Falklands yn 1982. Ar y pryd gwisgai rhai cenedlaetholwyr Cymreig grysau tîm pêl-droed yr Ariannin tra oedd aelodau o'r Gwarchodlu Cymreig yn aberthu eu bywyd dros ryddhau'r ynyswyr o grafangau goresgyniad anghyfreithlon gan gyfundrefn filitaraidd yr Ariannin.

Yn eironig, pan ymddangosais gydag Adam Price ar *Pawb a'i Farn* yng Nghaerfyrddin ym mis Hydref 2009, cefais brofiad pleserus wrth i'n cyfarfyddiad cyhoeddus cyntaf brofi i fod yn un cynnes. Llifai'r sgwrsio rhyngom a daeth yn amlwg ein bod ni'n rhannu llawer o obeithion cyffredin o ran hyrwyddo Cymru ar lwyfan byd-eang. Ar y panel roedd Nia Griffith, Aelod Seneddol Llafur Llanelli. Dywedodd Adam wrthi y dylai fod arni gywilydd o'r ffaith fod Ceidwadwr Cymreig fel fi'n llawer mwy cefnogol na'r Blaid Lafur i'r egwyddor o sefydlu Senedd go iawn i Gymru.

Gobeithiaf yn fawr y caiff Adam Price ei ethol i'r Cynulliad yn 2015 gan fod ar y sefydliad hwnnw angen pobl sy'n barod i siarad eu meddwl ac i roi ysgytwad go iawn i'r holl wleidyddion hunanfodlon o bob plaid sy'n trigo ym Mae Caerdydd.

Crisialir yr ymwybyddiaeth honno gan Siôn (neu John) White, un o'r cymeriadau a bortreadir ar *Pobol y Cwm*. Dyma lanc dosbarth gweithiol Eingl-Gymreig o'r Rhondda sy'n mynychu Prifysgol Cymru; yno, ceisia'i bortreadu ei hun fel gwladgarwr Cymreig er mwyn dod yn boblogaidd ymhlith plant cenedlaetholwyr Cymraeg risbectabl dosbarth canol. Golyga hyn fod yn rhan o Gymdeithas yr Iaith Gymraeg a chefnogi Plaid Cymru. Yna, ar ôl iddo ennill ei gymwysterau Cymraeg da, mae'n symud i'r Fro Gymraeg lle mae'n byw ei ffantasïau. Mae gan Siôn White yr wyneb i bregethu wrth y trigolion sy'n Gymry Cymraeg beth sy'n gwneud Cymro da. Mae'r dyn hwn sy'n ddosbarth canol yn economaidd ac sy'n gyfieithydd hunangyflogedig yn cyhuddo rhai o'i gymdogion dosbarth gweithiol o beidio â bod ag unrhyw ddiddordeb mewn amddiffyn yr iaith a'i diwylliant. Mae gan y bobl hyn, fodd bynnag, flaenoriaethau eraill, sef yr angen i ennill cyflog er mwyn darparu ar eu cyfer eu hunain a'u teuluoedd. Ni fedrant ymroi i weithgareddau cenedlaetholdeb dosbarth canol, megis condemnio unrhyw beth sy'n ymwneud â Phrydeindod. Yn ogystal, ni wêl llawer o siaradwyr Cymraeg brodorol unrhyw anghysondeb mewn bod yn falch o'u Prydeindod yn ogystal â'u Cymreictod; maen nhw'n gyffyrddus gyda'u hunaniaeth genedlaethol ddwbwl ac yn ystyried Siôn White fel creadur od.

Mae Siôn White a'i gyd-deithwyr yn ennill eu bywoliaeth i raddau helaeth ar draul y trethdalwyr drwy ymgymryd â gwaith cyfieithu ar ran cyrff cyhoeddus yn bennaf. Cred llawer o Gymry Cymraeg nad yw cyfieithu pob dogfen gyhoeddus i'r Gymraeg ac yna'u dosbarthu i bawb yn cyfrannu fawr ddim tuag at gadw'r iaith Gymraeg yn fyw. Yn wir, mae'r iaith dechnegol a ddefnyddir gan Siôn White a'i gyfeillion mor gymhleth fel nad yw'n syndod o gwbl fod naw deg y cant o siaradwyr Cymraeg yn llenwi ffurflenni dwyieithog yn Saesneg.

Llawer gwell na gwastraffu arian mawr ar ddosbarthu deunydd dwyieithog cyflawn i bawb fyddai defnyddio'r cyllid ar gyfer darparu mwy o gymorth ariannol i gynnal mwy o ddosbarthiadau i ddysgwyr. Fodd bynnag, dylai fersiynau Cymraeg o bob ffurflen gyhoeddus neu breifat fod ar gael ar ofyn. Golygai hyn sicrhau statws cyfartal i'r iaith heb y gwario ynfyd ar ddosbarthu ffurflenni dwyieithog i wyth deg y cant o'r rhai sydd ddim yn siarad Cymraeg a'r mwyafrif llethol o siaradwyr Cymraeg sy'n dewis llenwi ffurflenni yn Saesneg. Byddai'r rheiny'n barotach i lenwi ffurflenni drwy gyfrwng y Gymraeg petaen nhw'n cael eu cyhoeddi yn iaith y bobl, yn hytrach nag mewn rhyw ffiloreg annealladwy a ddefnyddir gan Siôn White a'i debyg.

Yn y *Western Mail* ym mis Medi 2009 fe gyhoeddodd David Rosser o CBI Cymru erthygl ddeallus iawn lle mynnai mai'r ffordd orau o hyrwyddo'r iaith oedd drwy ganolbwyntio ar gyfieithu yn ôl y galw yn hytrach na chyfieithu popeth a gyhoeddir.

Mewn llythyr yn yr un papur ar 24 Medi, fe wnaeth y Dr Dafydd Huws, aelod blaenllaw o Blaid Cymru o Gaerffili, adlewyrchu teimladau pobl fel fi parthed gwiriondeb cyfieithu pob dogfen i'r Gymraeg:

> Mae eisiau cynnal statws ac urddas yr iaith ond yr angen pennaf yw cael mwy o bobl Cymru i'w siarad hi er mwyn i ni wireddu'r freuddwyd o gael cenedl wirioneddol ddwyieithog. Mae gormod o adnoddau yn cael eu gwario ar gyfieithu defodol biwrocrataidd, llawer ohono'n ddiangen ac aneffeithiol, o'i gymharu

> â'r hyn sydd ei wir angen, sef cynnydd yn y trefniadau a'r tiwtoriaid i ddysgu Cymraeg i oedolion, a chryfhau mudiadau fel Twf i ennill mamau y newydd-anedig o blaid yr iaith. Anadl bywyd iaith yw ei siarad a'i chlywed, ac nid gwario adnoddau prin er mwyn yr hunanfodlonrwydd o gael "canmol hon fel jwg ar seld". Nid gwastraffu adnoddau prin i gael buddugoliaeth pyrhaidd o iaith fud yn casglu llwch cyfieithedig yw'r flaenoriaeth nawr, ond sefyll yn ôl ac edrych ar y darlun mawr. Rhaid cofio mai trwch y genedl ddi-Gymraeg sy'n talu am achub yr iaith.

Dengys ystadegau a ryddhawyd yn ddiweddar fod Bwrdd yr Iaith Gymraeg wedi derbyn £13.3 miliwn o arian y trethdalwyr wedi'i glustnodi ar gyfer 2010 i hyrwyddo'r Gymraeg. S4C yw'r orsaf deledu leiafrifol a ariennir fwyaf yn Ewrop gyfan. Datgelwyd yn ddiweddar fod S4C yn derbyn tua £100 miliwn o arian cyhoeddus oddi wrth y Llywodraeth. Ni all neb ddadlau, felly, nad yw'r iaith Gymraeg yn derbyn cefnogaeth ariannol sylweddol. Dyletswydd pobl Cymru nawr yw sicrhau bod yr iaith Gymraeg yn parhau ac yn ehangu fel iaith fyw drwy ei siarad a'i hysgrifennu.

Gall Siôn White ymddangos fel talp o anghysondeb. Ar yr un llaw, gwêl ei hun fel aelod o'r werin chwedlonol sy'n honni'n aml ei fod yn fab i löwr er mwyn profi ei wehelyth dosbarth gweithiol. Ar y llaw arall, mae am fyw'r bywyd da o fewn ffordd ddosbarth canol o fyw. Mewn gwirionedd, nid yw fymryn gwell na'r person materol sy'n ffynnu yn Essex, cyn belled ag y mae crynhoi eiddo fel mesur o statws cymdeithasol yn bod. Y gwahaniaeth mawr yw fod y dyn neu'r fenyw o Essex yn fwy gonest nag ef. Ni fyddan nhw'n ceisio cuddio'u cred fod meddiannau materol yn gyfystyr ag ethos statws cymdeithasol, tra mae Siôn White yn cuddio o dan gochl hyrwyddo gwerthoedd cymunedol Cymreig.

Yn yr un modd mae aelodau o'r Cymry Cymraeg dosbarth canol risbectabl sy'n uchel eu cloch wrth feirniadu Saeson sy'n prynu tai haf yn y Fro Gymraeg yn euog o ragrith ar raddfa enfawr. Yn wir, ceir aelodau amlwg o Blaid Cymru sy'n berchen tai haf yn Sbaen, Portiwgal a Ffrainc. Os yw Seisnigeiddio'n tanseilio Cymreigrwydd yn yr ardaloedd lle ceir y diwylliant brodorol Cymreig, fel Aberaeron a'r Ceinewydd, beth yn y byd mae'r gwladychwyr Cymreig rhan-amser hyn yn ei wneud i ddiwylliant brodorol cyfandir Ewrop? Mae'r rhagrith hwn yn annealladwy i mi ac yn enghraifft *par excellence* o'r crochan yn galw'r tegell yn ddu.

Ceisia Siôn White hefyd ei dwyllo'i hunan ei fod yn sosialydd sy'n cadw'n driw i'w wreiddiau dosbarth gweithiol. Mewn gwirionedd, gwelir ef gan y cyhoedd yn gyffredinol fel *entrepreneur* cyfalafol. Does dim o'i le ar hynny, ond i Siôn White mae cyfalafiaeth yn air brwnt. Dyma agwedd arall na allaf ei deall, gan i sosialaeth a chomiwnyddiaeth gael eu gwrthod yn llwyr fel systemau economaidd yn yr ugeinfed ganrif.

Nid yn unig mae gan Siôn White a'i griw obsesiwn llwyr gyda diogelu'r iaith a'r diwylliant Cymraeg yma ond hefyd gyda brwydro yn erbyn anghyfiawnder dewisol dramor. Byddant yn gwrthwynebu rhyfeloedd sy'n ymwneud â'r wladwriaeth Brydeinig yn Afghanistan ac Irác. Yn wir, fe wnes i wrthwynebu'r rhyfeloedd hynny, ond am resymau gwahanol. I mi, nid yw'r naill ryfel na'r llall yn berthnasol i fuddiannau strategol Prydain. Os yw'r Taleithiau Unedig am chwarae rhan filwrol yno, mater iddyn nhw yw hynny. Er hynny, os daw buddiannau Prydain dan fygythiad uniongyrchol mewn unrhyw ran o'r byd, fel a ddigwyddodd ar y Falklands yn 1982, mae gan Brydain yr hawl i'w hamddiffyn ei hun.

Gallaf ddeall pam y gwnaeth cynifer o Gymry Cymraeg dosbarth canol, fel Siôn White, wrthwynebu Diwrnod y Lluoedd Arfog ar 27 Mehefin 2009. Bwriadwyd y digwyddiad fel dathliad cyhoeddus o gefnogaeth i luoedd arfog Prydain am sicrhau rhyddid Ynysoedd Prydain rhag goresgyniad tramor dros y canrifoedd. Yn ogystal, heb eu harwriaeth adeg yr Ail Ryfel Byd byddai Prydain, yn cynnwys Cymru, dan reolaeth y Natsïaid. Canlyniad hynny fyddai hil-laddiad pobl 'annymunol' fel yr Iddewon, y Slafiaid, sipsiwn, hoywon, yn ogystal â'r iaith a'r diwylliant Cymraeg, bron yn sicr. Petai pawb wedi bod yn heddychwyr bryd hynny, byddai Hitler wedi ennill y rhyfel.

Dylai Plaid Cymru deimlo cywilydd o hyd ynghylch ei pholisi swyddogol o niwtraliaeth tuag at yr Almaen Natsïaidd yn ystod yr Ail Ryfel Byd a'i chefnogaeth gyhoeddus i ffasgwyr y Cadfridog Franco adeg Rhyfel Cartref Sbaen cyn hynny. Crisialwyd y cyhuddiad hwn mewn llythyr gan y Llafurwr Eddie Legg yn *Western Mail,* 22 Medi 2009:

> Pryd y bydd Plaid Cymru'n ymddiheuro am ei hymddygiad adeg yr Ail Ryfel Byd? Roedd Plaid am i Gymru fod yn niwtral gan obeithio y byddai Cymry'n gwrthod consgripsiwn ar sail y ffaith eu bod nhw'n Gymry. Tra oedd Plaid a'i gwrthwynebwyr cydwybodol yn cysgu'n dawel yn eu gwelyau, fe wnaeth fy nhad a miloedd o Gymry ymuno yn rhengoedd eu cymdogion ym Mhrydain, Ewrop a gweddill y byd i'n cadw ni'n rhydd rhag gwallgofrwydd Adolf Hitler a'i beiriant rhyfel Natsïaidd. Rhag i ni anghofio, arweiniodd y rhyfel at farwolaeth 50,000,000 o bobl a dinistr miloedd o ddinasoedd a threfi.

Gwrthwynebwyd Diwrnod y Lluoedd Arfog gan nifer o genedlaetholwyr Cymreig fel Siôn White am eu bod nhw'n ofni y byddai'n cadarnhau gwerthoedd Prydeinig cyffredinol yng Nghymru. Rhaid iddynt, o ran hynny, dderbyn bod y gwerthoedd hynny, sy'n mynd yn ôl ganrifoedd ac sy'n clymu Ynysoedd Prydain wrth ei gilydd, yn nodweddion a gefnogir gan y mwyafrif mawr o bobl Cymru. Amlygiad arall o undod Prydain oedd y ffaith fod y mwyafrif o'r Cymry wedi croesawu deugeinfed pen-blwydd Arwisgiad y Tywysog Charles yn 2009.

Pennod 12

Er fy mod i'n feirniadol o stereoteip dosbarth canol Cymraeg Siôn White, rwyf yn rhannu rhai o'i nodweddion cyffredinol. Mae fy nghefndir yn y Cymoedd yn un dosbarth canol, yn fab i athrawes ac i siopwr. Derbyniais addysg ddosbarth canol yn Ysgol Rhydfelen ac yna es ymlaen i sefydliad prifysgol. Mae fy nghefndir crefyddol yn un Cymraeg, wedi fy nghodi yn Eglwys Annibynnol Ebeneser, Trecynon. Rwy'n weinidog Annibynnol, swydd ddosbarth canol, yn sicr o ran statws cymdeithasol.

Er hynny, mae gen i nodweddion tra gwahanol i Siôn White a'i griw. Dylanwadwyd yn drwm arnaf gan gefndir Slofenaidd fy nhad, a oedd yn geidwadol, yn gefnogol i'r frenhiniaeth ac yn ffyrnig wrth-gomiwnyddol. Arweiniodd traddodiad milwrol cryf y teulu Aubel at fy ngwrthwynebiad i gymodi a heddychiaeth. Creodd profiadau Nhad fel glöwr amheuaeth ynof am arweinwyr undebau, rhai ohonynt yn awyddus i droi anghydfod diwydiannol yn wrthdaro gwleidyddol.

Roedd cefndir ceidwadol-ryddfrydol Mam hefyd i'r dde o'r canol yn y sbectrwm gwleidyddol. Ni ellid disgrifio hyd yn oed ei magwraeth ymneilltuol fel un radical gan iddi ddod dan ddylanwad Ceidwadaeth Anglicanaidd fy mam-gu. Fe wnaeth y nodweddion etifeddol hyn greu math ar Annibyniaeth Gymreig ryddfrydol ei naws ynof, ac fe amlygir hynny yn fy awydd i gynnal gwasanaethau crefyddol dwyieithog. Yn wir, ystyriaf yr iaith Gymraeg fel cyfrwng i drosglwyddo neges yr Efengyl mewn addoliad Cristnogol yn hytrach na bod yn rhan annatod ddiwylliannol o'r bregeth. Mae hyn yn cyferbynnu'n gryf â safbwyntiau'r mwyafrif o weinidogion Annibynnol

Cymraeg, sy'n gweld y defnydd o'r iaith fel rhan annatod o'r addoliad.

Gall y gymysgfa enetig Gymreig-Slofenaidd hon greu tyndra ynof weithiau. Fe wnes i, yn ddiamau, etifeddu llawer o nodweddion Slofenaidd oddi wrth fy nhad. Mae'r rhain yn cynnwys hunanddisgyblaeth lem, ysbryd annibynnol ac weithiau wrthwynebiad tuag at awdurdod. Bu Nhad yn gyfrifol, mae'n ymddangos, am blannu ynof ryw fath o geidwadaeth anarchaidd baradocsaidd, sy'n cyfuno rhyddfrydiaeth ac awdurdodyddiaeth.

Mae'n rhaid fod Mam wedi chwarae rhan arwyddocaol mewn mowldio agweddau 'Cymreig' fy nghymeriad. Mae'r rhain yn cynnwys cariad at hanes a diwylliant Cymru, heb unrhyw ymhlygiadau gwleidyddol. Roedd Mam yn cynrychioli rhyw hen wladgarwch Cymreig a fedrai werthfawrogi'r gwerthoedd gorau heb fod yn wrth-Brydeinig o gwbl. Credai y gallai fod yn wladgarol heb fod yn aelod o Blaid Cymru, a bu'r etifeddiaeth hon yn hollbwysig o ran llunio llawer o'm credoau.

Amlygwyd yr agwedd etifeddol hon ynof pan oeddwn i'n aelod o banel *Pawb a'i Farn* yn Aberystwyth ym mis Mawrth 2010, lle roedd y gynulleidfa i gyd o dan ddeg ar hugain oed. Roedd gweddill y panel – Efa Gruffudd Jones, y Parchg Aled Huw Thomas a Mark Cole – yn gryf o blaid neuaddau Cymraeg fel Neuadd Pantycelyn yn Aberystwyth. Fe'm hatgoffwyd o safiad Mam a wrthwynebodd unrhyw fwriad i mi fynd i astudio i Aberystwyth yn 1979. Disgrifiais neuaddau Cymraeg fel sefydliadau mewnweledol, cul ac ansicr, sef yr elfennau a welir o fewn yr elît dosbarth canol Cymraeg. Mynnais fod neuaddau cymysg yn ehangu gorwelion y myfyrwyr o'u mewn tra oedd neuaddau Cymraeg yn fridfeydd i genedlaetholdeb Gymreig, ac i Blaid Cymru'n arbennig.

Mae gen i agwedd bragmataidd at fywyd. Gorfodwyd Nhad i fod yn bragmataidd oherwydd natur ansicr ei fywyd, yn bennaf o ganlyniad i'r Ail Ryfel Byd. Fe'i gorfodwyd i fod yn bragmataidd hefyd yn ei agwedd at bopeth wrth iddo gyrraedd Prydain fel dyn dadleoledig yn 1948. O lwyddo'n bersonol a chael ei dderbyn yn gymdeithasol yn ei wlad newydd, ni wnaeth Nhad ond yr hyn roedd angen iddo'i wneud. Roedd i Mam natur yr un mor bragmataidd. Dysgodd wneud y gorau o'i bywyd o gael ei gorfodi i ddychwelyd i Aberdâr i ofalu am ei rhieni yn eu salwch. Pwysleisiodd wrthyf finnau'r angen i ddal ar bob cyfle a ddeuai i'm rhan.

Dywedir amdanaf fy mod i'n dactegwr deallus ond yn strategydd gwael dros y tymor hir. Yn sgil hynny, credaf i mi fethu neu wrthod mwy nag un cyfle yn fy mywyd i ddilyn llwybr rhesymegol. Yn wir, cefais fy meirniadu gan lawer o bobl dros y blynyddoedd am ganiatáu i'm bywyd gael ei chwythu oddi ar ei gwrs gan amrywiol ddigwyddiadau; byddwn i, ar y llaw arall, yn eu disgrifio fel cyfleoedd.

Yn hytrach na dilyn gyrfa academaidd a chyrraedd safle darlithydd prifysgol, hwyrach, honnwyd i mi gael fy nrysu gan uchelgais wleidyddol. Er hynny, ni chafodd fy niddordebau gwleidyddol effaith andwyol ar fy astudiaethau academaidd, sydd wedi cael y flaenoriaeth gen i bob amser. Wrth edrych yn ôl, sylweddolaf i mi gael tri phrif ddewis gyrfaol: gallaswn fod wedi ennill cyflog fel athro neu ddarlithydd, neu fod wedi mynd i'r weinidogaeth yn ieuengach; yna roedd y dewis gwleidyddol. Cefais gyfle i ddilyn y tri opsiwn, gyda llwyddiant amrywiol. Hoffaf amrywiaeth mewn bywyd. Er hynny, byddwn wedi llwyddo mwy o safbwynt materol pe buaswn wedi canolbwyntio ar un o'r tri yn unig.

Weithiau fe fyddaf yn siarad gormod am Nhad, a fu farw yn 1987. Mewn gwirionedd rwy'n dal i fyw yn ei gysgod. Caiff beth bynnag a gyflawnaf yn fy mywyd ei fesur yn erbyn yr hyn y llwyddodd Nhad i'w wneud yn ystod – ac yn dilyn

– yr Ail Ryfel Byd. I gymhlethu'r sefyllfa, fe'm ganed o dan arwydd Virgo, ac mae hynny'n dueddol o'm gwneud i'n berffeithydd ac yn feirniadol o eraill yn ogystal â bod yn llym arnaf fy hun. O ganlyniad tuedda pethau i syrthio'n fyr o'r targedau a osodaf yn fy mywyd gan ei gwneud yn anodd i mi fodloni ar fy ffawd, a hynny wedyn yn arwain at ddiflastod. Dyma pam fod y llew rhuadwy o'm mewn yn fy ngyrru i chwilio am heriau newydd i'w goresgyn mewn bywyd.

Mae'r hyn sydd gan y dyfodol i'w gynnig i mi yn ddirgelwch. Gobeithiaf weld Llywodraeth gyda'r grym i greu deddfau yn rheoli dros faterion domestig Cymru. Byddai hyn yn dod â sefyllfa Cymru yn nes at un Jersey, un o'm hoff fannau. Er hynny, credaf y dylai materion fel amddiffyn a pholisi tramor barhau yn nwylo'r Deyrnas Gyfunol. Er fy mod i wedi fy mhlesio'n fawr gan y sefyllfa wleidyddol yn Slofenia, lle mae cenedl fach yn ffynnu, gwrthwynebaf gael Cymru annibynnol o fewn yr Undeb Ewropeaidd. Er fy mod yn cefnogi Teyrnas Gyfunol ffederal, gyda Chymru'n cael lle llawer mwy amlwg o'i mewn, rwy'n gryf o blaid Prydain unedig. Yn hynny o beth, ystyriaf ddatganoli fel diwedd y daith yn hytrach na cham tuag at arwahanrwydd oddi wrth y Deyrnas Gyfunol. Credaf, felly, mewn hunanlywodraeth i Gymru mewn materion cartref, ond nid mewn unrhyw syniad o annibyniaeth y tu allan i'r Deyrnas Gyfunol. Y ffordd orau o warchod buddiannau Cymru yw iddi barhau'n rhan annatod o Brydain Fawr.

Mae'r rheiny sy'n credu y gallai Cymru ffynnu fel gwlad annibynnol o fewn yr Undeb Ewropeaidd yn sylfaenol anghywir. Ni fyddai Cymru ar wahân i weddill Prydain yn gymwys yn gyfreithiol i fod yn aelod o'r Undeb Ewropeaidd oherwydd ymunodd Cymru â'r sefydliad hwnnw ym mis Ionawr 1973 yn enw'r Deyrnas Gyfunol. Byddai'n rhaid i Gymru annibynnol felly ailymgeisio i fod yn aelod o'r Undeb Ewropeaidd. Mae'n debygol y câi cais Cymru ei wrthod gan Sbaen a Ffrainc gan y byddai derbyn cais Cymru'n annog cenedlaetholwyr Gwlad y Basg, Catalonia a Llydaw i wneud yr un peth o fewn eu gwledydd eu hunain. Hynny yw, ni fyddai unrhyw wladwriaeth gall yn hau hadau ei dinistr ei hun drwy ganiatáu i Gymru ymuno â'r Undeb Ewropeaidd fel endid ar wahân i'r Deyrnas Gyfunol.

Rwy'n ffafrio symud y pwerau o'r Undeb Ewropeaidd yn ôl i Lywodraeth San Steffan neu, yn wir, i'r Cynulliad yng Nghaerdydd. Gwrthwynebaf Daleithiau Unedig Ewropeaidd am fy mod i'n credu y dylai sofraniaeth a phwerau deddfu fod yn nwylo pobl Prydain yn hytrach na dan reolaeth biwrocratiaid anetholedig Brwsel. Dyna pam yr ymfalchïaf yn y ffaith i'r pleidiau gwleidyddol gwrth-Undeb Ewropeaidd wneud mor dda yn etholiadau Ewrop ym mis Mehefin 2009. Er i mi bleidleisio dros y Ceidwadwyr, llawenheais wrth i UKIP ennill un o bedair sedd yng Nghymru. Profodd canlyniadau'r etholiadau hyn ledled Prydain fod pobl yn gwrthwynebu trosglwyddo mwy o bwerau o San Steffan i'r Undeb Ewropeaidd. Dymunant fod yn gyfrifol am eu rheoli eu hunain, ac mae lleiafrif sylweddol yn ffafrio tynnu allan o'r fiwrocratiaeth annemocrataidd a chostus sy'n dwyn enw'r Undeb Ewropeaidd.

Bydd llawer o Saeson yn symud i Gymru oherwydd iddynt deimlo bod eu diwylliant Eingl-Sacsonaidd yn cael ei erydu gan fewnfudwyr o'r Trydydd Byd. Ceisiant ail-greu yng Nghymru'r ffordd o fyw oedd yn gyfarwydd iddynt yn Lloegr y pumdegau a'r chwedegau cynnar pan oedd y diwylliant brodorol yn rheoli. Er fy mod i'n gwrthwynebu hiliaeth o bob math, credaf yn gryf ym mhregeth fy nhad, 'Pan fyddi yn Rhufain, gwna'r hyn a wna'r Rhufeiniaid'. Er y dylid parchu pob diwylliant, dylid rhoi blaenoriaeth bob amser i'r traddodiad brodorol. Synnwyr cyffredin yw hyn, un sy'n gyffredin yn y rhan fwyaf o wledydd y byd, yn arbennig yn y gwledydd Mwslimaidd.

Credaf y dylai pawb, beth bynnag fo'u tarddiad ethnig, gael eu trin yn gyfartal o dan ddeddfau traddodiadol Prydain o fewn y Deyrnas Gyfunol. Dyma pam y credaf nad yw unrhyw symudiadau i ganiatáu hawliau cyfreithiol arbennig i arferion crefyddol a fewnforiwyd yn cyd-fynd â'r syniad o gyfartaledd i bawb. Mae hi'n ddyletswydd ar bawb sy'n penderfynu ymsefydlu o fewn Ynysoedd Prydain nid yn unig i dderbyn deddfau ac arferion sefydledig ond hefyd i integreiddio'n llawn i draddodiadau hanesyddol y Deyrnas Gyfunol. Dyma'r union beth a wnaeth Nhad pan symudodd yma i fyw yn 1948. Yn union fel y mae traddodiadau diwylliannol a deddfau Saudi Arabia yn Islamaidd eu tarddiad, ac yn haeddu cael eu parchu o fewn y wlad honno, mae diwylliant a chyfreithiau Prydain Fawr yn Iddewig-Gristnogol ac yn haeddu cael eu trin yr un fath.

Un o gwestiynau mawr bywyd yw, 'Beth petai?' Yn wleidyddol, mae'n bosib y byddwn wedi cael fy ethol fel Aelod Seneddol Llafur petawn i wedi aberthu fy egwyddorion er mwyn hwylustod gwleidyddol. Yn dilyn etholiad cyffredinol 1983 dywedwyd wrth Nhad gan Ben Shellard, aelod Llafur amlwg iawn yn Aberdâr, y câi ei fab abl, petai e'n newid ei got, ei wobrwyo'n hael ymhen amser. Wedi'r cyfan, bu'r Dr Kim Howells yn gomiwnydd cyn cael ei ethol yn Aelod Seneddol Llafur dros Bontypridd yn 1989. A dyna i chi Peter Hain – cyn-Gadeirydd y Rhyddfrydwyr Ifainc cyn cael ei ethol yn Aelod Llafur dros Gastell-nedd yn 1991. Ar y llaw arall, fe'i cawn hi'n anodd cydweddu â Phlaid Lafur y Cymoedd a seiliwyd ar ethos dosbarth. Ar y cyfan, dwi'n difaru dim i mi beidio â dilyn y llwybr gwleidyddol hwnnw.

O ran fy ngyrfa, byddai wedi cymryd cyfeiriad gwahanol iawn petawn i heb fynd ymlaen o Ysgol Rhydfelen i'r brifysgol. Byddwn wedi etifeddu busnes ffrwythau a llysiau'r teulu. Ar y pryd roedd yn talu'n dda, er bod yr ysgrifen ar y mur i siopau cornel yn Aberdâr gydag ymddangosiad yr archfarchnadoedd. Yn ogystal, mae'n siŵr y teimlwn fel carcharor y tu ôl i gownter siop, fel y gwnaeth Nhad. Ni fyddai bywyd fel un Ronnie Barker yn *Open All Hours* wedi bod yn addas i rywun o'm natur aflonydd i. Tybed a fyddwn i, fel cynifer o'm cyd-drigolion, wedi troi at ddiwylliant y dafarn, gan foddi fy niflastod yn y botel? Na, dwi'n difaru dim mynd i'r brifysgol a dianc oddi wrth fywyd y tu ôl i gownter siop.

Gallaswn fod yn dad yn ddeunaw oed oni bai am ymateb eithafol Nhad i'r ffaith fod cariad i mi yn feichiog. Ef oedd yn iawn gan nad oedd gen i unrhyw ddiddordeb mewn priodi'r ferch. Yn wir, petawn i wedi cael fy ngorfodi i briodi, rhywbeth a ddigwyddodd i nifer o'm ffrindiau, gallasai'r canlyniadau fod yn drychinebus. Mae'n siŵr y byddwn wedi cerdded i ffwrdd o'm cyfrifoldebau i chwilio am borfa frasach.

Y digwyddiad hwn wnaeth fy arwain at safbwynt moesol rhyddfrydol dros erthylu. Dylanwadwyd arnaf hefyd gan Mam, a oedd wedi cael erthyliad cyn iddi gwrdd â Nhad. Roedd y tad yn frawd i actor Cymreig y cyfarfu ag ef yn ystod y 1940au. Gwrthwynebai Mam safbwynt gwrth-erthylu'r Eglwys Gatholig. Credai mai'r fenyw oedd â'r hawl i ddewis – wedi'r cyfan, ei chorff a'i bywyd hi oedd yn y fantol.

Mae'r safbwynt rhyddfrydol hwn ar erthylu yn enghraifft o'r dylanwad seciwlar Cristnogol a etifeddais gan Mam. Unwaith eto gwelir sut y gall awdurdod ac ewyllys rydd fodoli ochr yn ochr yn fy mhersonoliaeth.

Un pwnc y newidiais fy marn amdano yw gwrywgydiaeth. Etifeddodd fy rhieni agwedd homoffobig eu cenhedlaeth. Roedd Nhad wedi curo dyn yn y gwaith yn Aberaman am i hwnnw ei 'gyffwrdd' mewn man anghymwys yn 1949; credai Mam fod y fath beth yn 'annaturiol'. Cofiaf i mi gael cryn sioc yn Ysgol Rhydfelen o weld bachgen yn gwneud awgrymiadau hoyw wrth un arall. Petawn i yn sefyllfa'r ail fachgen hwn, mae'n siŵr y buaswn wedi ymateb fel y gwnaeth Nhad. Ond o ganlyniad i rai profiadau pan own i'n athro yn Llundain fe wnes i gymryd tro pedol ar y mater. Yno, byddwn yn cymdeithasu â chyd-athrawon a oedd yn agored eu hagwedd, ac fe ddiflannodd fy rhagfarnau gwrywgydiol yn raddol.

Ond mae'r mater yn dal yn ddadleuol, a chododd ei ben o fewn fy ngweinidogaeth yn sir Gaerfyrddin. Mynegodd menyw ei hawydd i ddod yn aelod ond dywedwyd wrthyf gan un o'm diaconiaid mewn eglwys gyfagos fod y fenyw'n cyd-fyw â menyw arall. Ond roedd hi'n fenyw o egwyddorion Cristnogol, ac fe'i derbyniais yn llawen fel aelod o'r eglwys a chafodd gefnogaeth y gynulleidfa oedd yn bresennol. Ond gwn am un o'm haelodau sy'n rhy ofnus i 'ddod allan'.

Mae'r ddadl yn un agored ymhlith yr Anglicaniaid, ond caiff ei brwsio dan y carped mewn cylchoedd ymneilltuol. Er hynny, mae yna nifer o weinidogion hoyw sydd naill ai'n weithredol neu'n anweithredol yng Nghymru. Gwn am weinidog yn y gorllewin a gafwyd yn euog o anlladrwydd difrifol cyn i'r ddeddf parthed gwrywgydiaeth newid yn 1967. Ond mae aelodau ei gapel – a'i wraig – yn credu o hyd mai i ffwrdd yn dilyn cwrs diwinyddol oedd e yn hytrach nag o dan glo. Ac er bod y sefyllfa wedi newid yn ddirfawr yn ddiweddar, gwell gan rai ddal i guddio yn y closet.

Disgrifiwyd fi gan rai fel 'workaholic'. Ond camddeall fy mhersonoliaeth yw hyn. Cytunaf fod y llinell rhwng gwaith a phleser yn un denau. Er enghraifft, mae trafod hen bethau ar *Wedi 3* neu *Wedi 7* yn waith, ond caf hefyd lawer iawn o bleser wrth wneud hynny. Y mae, felly, yn gyfuniad perffaith o'm cynorthwyo i ennill bywoliaeth a dod â llawer o fwynhad ar yr un pryd. Felly hefyd fy nghyfarfodydd gyda'r nosau'n trafod hen bethau, yn ogystal â'm gwaith cyfrifiadurol.

Mae yna bleserau hefyd sydd ddim yn gysylltiedig â gwaith. Mwynhad yw chwilio am grochenwaith Fictoraidd ar lun ffigurau fflat Swydd Stafford i'w hychwanegu at fy nghasgliad o ddarnau crefyddol, gwleidyddol, militaraidd a brenhinol. A'r arferiad o gasglu darnau arian, sydd wedi para ers dyddiau plentyndod. Treuliaf oriau'n pori'r rhyngrwyd a mynychu ffeiriau, a daw hyn oll â chryn bleser i mi.

Deil bocsio proffesiynol i fod yn elfen ganolog o'm diddordeb mewn chwaraeon. Rwy'n gefnogwr brwd i Amir Khan, Pencampwr y Byd yn y Pwysau Welter Ysgafn, sydd wedi olynu Joe Calzaghe fel llysgennad bocsio Prydain ar lwyfan byd. Sgarlets Llanelli yw fy hoff dîm rygbi a Manchester United yw fy hoff dîm pêl-droed. Sbardunwyd fy nghariad at y cyntaf gan Delme Thomas, capten y tîm a gurodd y Teirw Duon yn 1972, a Bobby Charlton a George Best oedd fy arwyr pêl-droed cynharaf.

Mae ffilmiau, teledu a'r theatr hefyd yn mynd â'm bryd yn ogystal â cherddoriaeth boblogaidd. Fy hoff grŵp yn y saithdegau a'r wythdegau oedd Abba, a deil eu cân 'Waterloo' i atsain hyd lwybrau'r cof ar ôl iddi ennill cystadleuaeth Eurovision 1974. Es i weld 'Abba Mania' yn Blackpool yng Ngorffennaf 2010.

Do, dros yr hanner can mlynedd diwethaf rwy wedi mwynhau bywyd lliwgar a chynhyrfus. Tra cytunaf y dylwn fod wedi elwa'n fwy yn ariannol o'm talentau honedig, ni chwenychais erioed bethau materol er mwyn bod yn ffasiynol. Er fy mod i'n ymdrin â bancio dros y rhyngrwyd, ni fu cerdyn credyd erioed yn fy meddiant. Talaf mewn arian parod am bopeth, bron. Arferai Nhad ddweud: 'Os na fedri di fforddio rhywbeth, cynila ar ei gyfer a thala mewn arian parod er mwyn i ti gael disgownt.' Yn anffodus, gwell gan gwmnïau heddiw i bobl brynu ar hurbryniant er mwyn gwneud mwy o elw o'u cynhyrchion. Pa ryfedd fod Prydain mewn cymaint o lanast economaidd, gyda'r athroniaeth cerdyn credyd – 'prynwch nawr, talwch wedyn'? Yr agwedd o fynnu cael popeth ar yr un pryd sy'n gyrru pobl a llywodraethau i ddyled. Dyma paham fy mod yn cefnogi polisïau economaidd llywodraeth David Cameron a gyhoeddwyd ym mis Hydref 2010 o leihau'r ddyled genedlaethol gyda thoriadau lym mewn gwariant cyhoeddus. I mi, hyd yn oed ym maes hen bethau, y gwerth hanesyddol yn hytrach na'r gwerth ariannol sy'n bwysig. Plannodd fy rhieni ynof y syniad mai'r hyn sydd rhwng y clustiau sy'n bwysig. Ni all neb ddwyn oddi arnom lwyddiannau academaidd ond gellir colli ffortiwn nes bydd dim ohoni ar ôl ar ddiwedd y dydd.

Er efallai y byddaf yn difaru rywbryd na chefais deulu, byddai fy ysbryd rhydd ac annibynnol wedi gwneud bywyd teuluol yn anodd i mi. Ni fu cynnal perthynas gyda phartner benywaidd am dros dair blynedd ar ddeg yn hawdd i mi. Yn wir, haedda Mary Davies fedal aur am lwyddo i oddef fy mrwdfrydedd afreolus ar brydiau, yn ogystal â mhenderfyniad pengaled a'm hawch am fywyd. Bydd rhai'n gofyn pam na wnes i erioed briodi. Y gwir yw na fedrwn yn hawdd ystyried y syniad o ymrwymo'n llwyr i un person am byth. Er hynny, pwy a ŵyr beth a ddaw? Roedd Charlie Chaplin a'r Doctor William Price yn eu hwythdegau pan ddaethon nhw'n dadau!

Teimlaf y bydd fy ngalwad i'r weinidogaeth yn ddigon i mi barhau'n gysylltiedig â'r swydd honno yn y dyfodol agos. Er hynny, rhaid i mi gyfaddef bod fy ymrwymiad parhaol i'r weinidogaeth wedi'i seilio ar draddodiad teuluol a'r gred yn agweddau llesol dysgeidiaeth Gristnogol yn hytrach nag unrhyw brofiad o gael fy aileni.

Ar y llaw arall, aildaniwyd fy mrwdfrydedd yn y weinidogaeth gan fy mhrofiadau ymhlith fy nghyd-Gristnogion yng Nghynhadledd Flynyddol Undeb yr Annibynwyr Cymraeg yng Ngholeg y Drindod,

Siaradwr gwadd gydag aelodau o Glwb Probus Sant Pedr yng Nghaerfyrddin ym mis Mehefin 2010

Caerfyrddin, ganol mis Gorffennaf 2010. Yno traddodwyd araith ysbrydoledig gan yr Ysgrifennydd Cyffredinol, y Dr Geraint Tudur, ar ei weledigaeth o'r ffordd ymlaen i Gristnogaeth.

Cyn hynny bu'r Llywydd, y Parchg Guto Prys ap Gwynfor, yn amlinellu'r gwaith cydwybodol yr ymgymerwyd ag ef er mwyn hybu Cristnogaeth gan grwpiau ymroddedig o Gristnogion ledled Cymru, sy'n cysegru llawer o'u hamser, yn aml yn wirfoddol, i ledaenu'r Efengyl fel neges y Newyddion Da a gyhoeddwyd gan Grist.

Ond yr hyn a roddodd fwyaf o lawenydd i mi fu gweld rhai o aelodau ac athrawon Ysgol Sul Unedig Capel Cendy a Bwlchnewydd yn agor y sesiwn fore dydd Sadwrn gyda gwasanaeth ar y thema 'Addoliad Crist yn yr Oes Fodern'. Roedd yn newydd ac yn radical, yn adfywiol ei ysbryd. Defnyddiwyd technoleg fodern i lunio rhaglen bryfoclyd a gymharai'r hen a'r newydd. Codaf fy het i'r bobl ifanc cydwybodol hyn a'u hathrawon ysgol Sul ymroddedig sy'n gwneud cymaint i gynnal fy ymrwymiad i barhau yn y weinidogaeth.

Er hynny, rhaid i mi gyfaddef iddi fod yn anodd i mi wrthod cynnig am swydd fel ymchwilydd a sgriptiwr i Aelod Ewropeaidd Ceidwadol newydd o Loegr yn dilyn etholiadau Ewrop 2009. Teimlwn fy mod yn berchen ar y cymwysterau angenrheidiol, ond profodd yr angen i adael Cymru a fy eglwysi yn ddigon i mi lynu wrth y llwybr cul ac union am y tro, o leiaf. Ond am ba hyd y llwyddaf i ffrwyno'r llew rhuadwy y tu mewn i mi?

Yn fy nadansoddiad olaf, ceisiaf gadw agwedd gadarnhaol tuag at y dyfodol. Rhaid i mi dderbyn bod yr argoelion ystadegol yn darogan y bydd hanner nifer capeli Cymru wedi cau erbyn diwedd y degawd hwn. Ac fe fydd yn rhaid i batrwm addoli newid yn llwyr os yw Cristnogaeth i oroesi yn yr oes ôl-Gristnogol hon. Mewn degawd arall mae'n annhebyg y gall fy ngofalaeth yn Nhre-lech a'r Cylch gynnal gweinidog llawn-amser. Bydd yn rhaid naill ai ehangu'r ofalaeth hon o bum eglwys, neu i mi fynd i weinidogaethu i ran arall o Gymru neu hyd yn oed symud i Loegr. Pwy a ŵyr na fydd gofyn i mi newid fy ngyrfa? Rhaid fydd ystyried pob posibilrwydd. Pa gyfleoedd posibl bynnag a ddaw i'm rhan, byddaf yn eu hystyried yr un mor bragmataidd ag y gwnes i gyda chyfleoedd eraill amrywiol dros y blynyddoedd.

Beth bynnag fydd barn y byd am fy llwyddiannau a'm methiannau, gallaf ddweud i mi, fel Sinatra, wneud y cyfan fy ffordd fy hunan.

Hunangofiannau eraill o Wasg Carreg Gwalch

'Mae'r dramodydd Meic Povey wedi creu sawl cymeriad bythgofiadwy ar lwyfan a theledu dros y blynyddoedd, ond ef ei hun yw'r gwrthrych yn ei waith diweddaraf, a gellid dadlau ei fod yn llawer mwy cofiadwy a lliwgar na'r un ohonynt.' – Tudur Huws Jones, *Daily Post Cymraeg*

'... dyma'r agosaf peth i berffeithrwydd i mi ei ganfod erioed o fewn y byd hunangofiannol ... llwyddodd Meic Povey i droi brwydr a marwolaeth ei wraig yn stori am brydferthwch ac urddas.' – Lyn Ebenezer, *Gwales*

'Dwi ddim yn dal yn ôl – yn bersonol nac yn fy ngwaith.' – Meic Povey, *Y Cymro*

'Mae hon yn llawer mwy na chyfrol ar jazz – mae hi'n gofnod hanesyddol hefyd am Dre'r Sosban pan oedd y lle'n brifddinas y diwydiant tun, cyfnod pan oedd cymdogaeth dda yn rhywbeth llawer mwy nac ystrydeb. Mae hi hefyd yn cofnodi brwydr bersonol Wyn dros gyfiawnder i bobl ddu ...' – Lyn Ebenezer, y golygydd

'Mae Wyn Lodwick fel ei gerddoriaeth – yn gwneud ichi deimlo'n hapus, braf. O fewn munud neu ddwy i'w weld eto, bydd eich hwyliau'n well.' – Dylan Iorwerth, *Golwg*

'... hunangofiant eithriadol ddarllenadwy hwn sy' fel petai yn crisialu statws Wyn Lodwick yn y byd diwylliannol Cymraeg, ei gariad at Lanelli a'i gymeriad hoffus ...' - *Gwales*